"十二五"职业教育国家规划教材立项

养老机构文书拟写与处理

YANGLAOJIGOU WENSHU NIXIE YU CHULI

李素珍　盖春瑞◎主　编

海洋出版社

2024年·北京

内容简介

本书依据教育部2014年正式颁布的《老年人服务与管理专业教学标准》编写，突出职业特色，强调实际动手操作能力培养，强化职业态度、职业素养培育。

主要内容：本教材共分为9个项目，包括岗位认知，养老机构常用公文、常用事务文书、常用礼仪文书、常用书信、常用经济文书的写作，养老机构收发文处理以及文书归整。

本书特色：1.全书由9个模块构成，每个模块都以实际案例为核心，通过任务目标、案例导入、问题讨论、知识学习、任务训练、拓展学习和能力测评等部分形成有职业特色的完整教学体系；2.所有案例都来自行业第一线，具有典型性和实用价值；3.每个项目后还附有练习题以帮助读者检验学习效果。

读者对象：本书适合职业院校老年服务与管理专业和相近专业学生作为教材使用。由于该专业教学标准涵盖了《养老护理员国家职业技能标准》（2011 年版）和《秘书国家职业标准》（2006 年版），因此本书也适合养老机构和社会培训机构作为培训教材使用。

图书在版编目(CIP)数据

养老机构文书拟写与处理/李素珍，盖春瑞主编.
—北京：海洋出版社，2017.2（2024.9 重印）
ISBN 978-7-5027-9724-9

Ⅰ.①养… Ⅱ.①李…②盖… Ⅲ.①养老院—文书—写作—教材 Ⅳ.①H152.3

中国版本图书馆 CIP 数据核字（2017）第 031118 号

责任编辑：张鹤凌　张墨嫘
责任校对：肖新民
责任印制：安　淼
排　　版：晓　阳
出版发行：海洋出版社
地　　址：北京市海淀区大慧寺路 8 号
邮政编码：100081
经　　销：新华书店

发 行 部：（010）62100090
总 编 室：（010）62100034
网　　址：www.oceanpress.com.cn
承　　印：涿州市般润文化传播有限公司
版　　次：2017 年 3 月第 1 版
2024 年 9 月第 4 次印刷
开　　本：787mm×1092mm　1/16
印　　张：18
字　　数：280 千字
定　　价：45.00 元

老年人服务与管理专业教材编审委员会

老年人服务与管理专业教材编写委员会

顾　问　赵红岗（北京社会管理职业学院）

时念新（菏泽家政职业学院）

主　任　屠其雷（北京社会管理职业学院）

副主任　袁慧玲（菏泽家政职业学院）

委　员（按姓氏音序排列）

郭　丽（菏泽家政职业学院）

胡英娣（河北女子职业技术学院）

李素珍（河北女子职业技术学院）

马晓风（菏泽家政职业学院）

孟令君（北京社会管理职业学院）

倪晶晶（宁波卫生职业技术学院）

单　奕（钟山职业技术学院）

王　丽（北京社会管理职业学院）

王　丽（宁波卫生职业技术学院）

朱小棠（北京社会管理职业学院）

朱晓卓（宁波卫生职业技术学院）

出版说明

实行“双证书”制度，是党中央、国务院适应社会主义市场经济要求，推动职业教育、职业培训改革的重要举措。早在1993年，《中共中央关于建立社会主义市场经济体制若干问题的决定》就提出：“要制定各种职业的资格标准和录用标准，实行学历文凭和职业资格两种证书制度。”从那时起，“双证书”制度历经制度确立、探索试点、积极推进三个发展阶段。2014年，《国务院关于加快发展现代职业教育的决定》（国发〔2014〕19号）指出：“服务经济社会发展和人的全面发展，推动专业设置与产业需求对接，课程内容与职业标准对接，教学过程与生产过程对接，毕业证书与职业资格证书对接，职业教育与终身学习对接。重点提高青年就业能力”“推进人才培养模式创新……积极推进学历证书和职业资格证书‘双证书’制度”。

近年来，国家有关部门为促进就业和提高劳动者素质，对职业院校实施“双证书”制度作出了许多政策安排，“双证书”制度在广大职业学校得到有效推行，学历证书、职业资格证书成为毕业生就业找工作的“敲门砖”和“通行证”。但是，我们也发现，职业院校的学历认证和职业资格认证还没有从根本上实现贯通，存在各行其道、“两张皮”的普遍现象，缺乏打通两者的桥梁和纽带。其中，融合双证的课程与教材建设滞后是关键原因。

为了探索解决这个长期困扰中国职业教育界的难题，人力资源和社会保障部职业技能鉴定中心部级课题《职业技能教学用书开发技术规范和评价体系研究》课题组（项目编号：RS2013-16，以下简称课题组）在“双证书”课程资源建设开发方面做了积极研究和有益尝试。课题组认为，“双证书”课程是指实现国家职业标准和专业教学标准对接，职业技能鉴定与专业课程学习考核对接的课程，它是使学生在不延长学习时间的情况下，同时获得学历证书和职业资格证书的学校正规课程。加强对“双证书”课程教材开发的研究，对探索从课程层面做到“双证结合”，引导学校用好现有职业技能鉴定政策，推动学生职业技能和就业竞争力提升，具有十分重要的意义。开发职业技能鉴定与学校课程考试“两考合一”的“双证书”教材，可以形成“双证书”政策落地的基础性教学资源，解决推行“双证书”制度、实施“两考合一”的“最后一公里”问题。

为了在教材层面上做到专业教学标准与国家职业标准的内容对接，课题组通过研究，提出了《中等职业学校“双证书”课程教材开发技术规范》，主要技术要点如下：一是以专业教学标准为依据，细化“双证书”培养目标；二是以国家职业技能标准为依据，确定“双证书”课程；三是根据双证结合的理念，编制“双证书”课程实施规范；四是结合职场工作实际，开发“双证书”综合实训课程；五是积极改革教学模式，建设“双证书”课程标准；六是根据职教特色，组织编写“双证书”教材；七是做好试题开发组织和考务服务，为“两考合一”做好技术保障。这一技术规范为实现教学内容与职业标准“双覆盖”、教学过程与岗位要求“双对照”、课程考试与技能鉴定“双结合”的职业院校教材开发目标提供了技术指引。

2013 年以来，在课题组的统一组织下，外语教学与研究出版社、高等教育出版社、语文出版社、教育科学出版社、中国人民大学出版社等各参研单位共开发了中等职业学校机电技术应用等 20 个专业“双证书”课程实验性教材。

“双证书”课程实验教材的开发采取专业负责人制，每个专业由一名资深专家对教学目标、内容选择、内容组织进行总体把关，然后指导各册主编分头编写，最后再由本专业教学专家、职业技能鉴定专家、企业专家、课程开发专家组成的编审委员会共同审定，确保符合课题组提出的职业院校“双证书”教材开发技术规范。同时，努力在教材开发中对接“四新”（新知识、新技能、新产品、新工艺），做到不遗漏知识点、技能点、态度点。

“双证书”教材的开发编写遵循了教育部门颁布的《中等职业学校专业教学标准》规定的课程名称和“主要教学内容和要求”，并在教材中融入了相应的五级、四级国家职业技能标准的要求，有助于学生学习掌握职业技能鉴定所要求的相关知识和必备技能，并获取相应等级的职业资格证书，为推动职业院校实施“双证书”制度提供了必要的教学资源支持。

“双证书”课题实验教材的开发，是一个新的探索，欢迎广大中等专业学校和职业高中积极试用，并提出宝贵意见，我们将进一步改进和完善。

职业教育是使“无业者有业，有业者乐业”的伟大事业。让我们携起手来，为建设现代职业教育体系和构建终身职业培训体系尽自己的一份绵薄之力。

人力资源和社会保障部职业技能鉴定中心

《职业技能教学用书开发技术规范和评价体系研究》课题组

2015 年 6 月 23 日

前言

人口老龄化已经成为全球性的社会问题，世界各国都把它提上重点研究的议事日程。根据联合国的界定，我国于 2000 年进入老龄化社会。截至 2014 年底，我国 60 岁及以上老年人口数量比上年增加了 999 万，总数达到 2.12 亿，在总人口中所占比重达到 15.5%。据预测，2025 年，老年人口数量将超过 3 亿。面对这一日趋严峻的社会问题，大力发展养老服务业已迫在眉睫，社会急需大量的养老服务机构和专业的养老服务管理人才。在国家有关养老法律、法规、政策、制度的保障下，相关职业院校、培训机构适应养老服务行业的需要，积极发展养老服务职业教育，加强养老服务与管理专业人才培养有利于提高养老服务行业的专业化、规范化程度，提升养老服务行业发展水平。为此，我们编写了这本《养老机构文书拟写与处理》教材。

本书主要内容

本书分为 9 个项目。

项目一：岗位认知，主要帮助读者了解养老行业和养老机构文员职业写作的基本知识。

项目二：养老机构常用公文（一），介绍了养老机构常用法定公文、请示与批复和报告的写作知识和方法。

项目三：养老机构常用公文（二），介绍了养老机构通知、常用通报和常用函的写作知识和方法。

项目四：养老机构常用事务文书，介绍了养老机构常用工作计划与工作总结，常用会议记录、工作简报、消息以及常用规章制度的写作知识和方法。

项目五：养老机构常用礼仪文书，介绍了如何拟写养老机构常用请柬与邀请函，常用感谢信、慰问信和常用讣告、唁电唁函、挽联、悼词。

项目六：养老机构常用书信，介绍了如何拟写养老机构常用介绍信、证明信，求职信与辞职信和常用申请书。

项目七：养老机构常用经济文书，介绍了如何编写养老机构常用企业介绍、说明书，常用条据、订货单和常用意向书、协议与合同。

项目八：养老机构收发文处理，介绍了养老机构文书工作的内容及如何按照规范流程处理收文和发文。

项目九：养老机构文书归整，介绍了如何归整、如何管理养老机构纸质文书和电子文件。

编写原则和特点

以教育部颁布的《老年人服务与管理专业教学标准》、人力资源和社会保障部颁布的《养老护理员国家职业技能标准》（2011 年版）及《秘书国家职业标准》（2006 年版）为依据，本书注重实际动手能力的培养，理论知识必需、够用即可，同时突出实用性和通俗性，图文并茂。

本教材行业特色突出，注重图表表达，体系新颖，内容契合养老机构工作实际，每个项目任务围绕养老事务管理工作内容展开，渗透着养老行业的职业意识、职业素养和职业情感教育，实用性强，寓行业教育、人文教育、素质教育于一体。

编写结构

本书共 9 个项目，每个项目由下列几个部分组成。

（1）任务目标环节。列出知识、技能、态度 3 个层次的学习目标，明确“学什么”。

（2）案例导入环节。根据学习目标，由实际案例导入学习过程。

（3）问题讨论环节。结合学习目标，提出由案例引出的问题，使读者带着问题学习。

（4）知识学习环节。给出解决问题所需要的基础知识，帮助读者进行自学，从而培养解决问题的能力。

（5）拓展学习环节。提供与任务相关的知识，以拓展读者的知识面。

（6）任务训练环节。通过完成模拟任务，强化所学知识。

（7）学习测评环节。通过实践来测评学生对知识、技能、态度 3 个方面的掌握情况。

教学建议

本书适合职业院校老年人服务与管理专业和相近专业作为教材使用。由于在内容上涵盖了《养老护理员国家职业技能标准》(2011 年版)及《秘书国家职业标准》(2006 年版)的相关要求，因此本书也适合养老机构和社会培训机构作为培训教材使用。

1. 学时安排建议

本教材总学时为 64 学时。项目一建议 2~4 学时，项目二至项目八建议各项目 4~8 学时，项目九建议 2~4 学时。开设本课程的院校可根据自身情况进行安排，每周 2~4 课时不等。

2. 教学方法建议

(1)案例分析法：指导学生研读实际案例，结合任务对案例活动进行有针对性的分析、审理和讨论，并作出自己的判断和评价，以开发学生分析能力、判断能力和决策能力。

(2)小组讨论法：结合实际案例和问题讨论环节，将学生分组，指导学生组内讨论，并记录讨论结果，每组选派一名同学汇报，教师给予评价。此法可以培养学生的合作意识和思维表达能力，亦可提高学生的积极主动性。

(3)讲授法：教师讲解与任务有关的重要理论知识，为学生解决老年人具体问题打好坚实的理论基础，必要时可以作出一定的知识拓展，以开阔学生视野、激发学习兴趣。

3. 教学注意事项

教学要以任务为中心，知识讲解应重点突出；教法灵活多变，强化实训演练，切实提高学生的文书拟写与处理能力；注重能力测评，把握学生知识、技能、态度的掌握情况；突出职业态度的培养，将职业态度和人文素养融入每个教学任务。

自学建议

结合学习目标，先看案例，分析出养老机构文书有哪些需要解决的问题，思考怎么去解决这些问题；然后结合基本知识，厘清任务训练中解决问题的思路与相对应的技术；最后在实际工作中尝试应用。此外，在学习过程中，端正自己的职业态度，培养奉献精神；注重可操作性知识的学习，多思考，勤演练，以解决养老机构文书拟写与处理的具体问题。

读者对象

《养老机构文书拟写与处理》既可供职业院校老年人服务与管理专业的学生使用,也可作为老年人服务与管理机构人员进行继续教育和职业院校文秘教师的教学参考用书。

本书主编为李素珍、盖春瑞。全书由李素珍、赵赟、曹莉、何志静、杨宇楠、李辉等编写。李素珍负责对全书编写体例、各项目内容安排、练习形式等进行设计、统稿，冯李子对初稿、二稿进行了校核，苏少彬、赵彩珍等参与了养老机构走访、部分材料搜集工作。

把养老行业与文书档案工作结合编写教材，是一次新颖的尝试，我们力求用第一手的实践材料，把最新的文书档案知识融进教材，以期能更准确地服务于我国养老服务这一欣欣向荣的“朝阳事业”。在编写中，我们走访了一些养老机构，搜集了一些材料，参考借鉴了相关专家学者科研成果及有关网络材料，在此一并表示深深的谢意。限于编者水平，书中难免会有不妥之处，敬请使用者提出宝贵意见。

编者

2016 年 12 月

目 录

项目一

岗位认知

本课程是老年服务与管理专业养老管理方向课程模块中一门实践性很强的专业技能课，目的是培养学生将来到养老机构从事办公室文书与事务管理工作，辅助养老机构领导、办公室主任做好文书工作。本项目从认识养老行业、认知养老机构文员职业写作两个任务展开，帮助学生从行业发展、职业岗位要求等方面做好学习准备，明确努力方向。

任务一　认识养老行业

目前中国养老有两种形式：一种是居家养老，另一种是养老院养老。随着社会发展，老龄人口增加，家庭老龄化、空巢化、高龄化日益明显。由于需求不同，入住养老机构养老成为越来越多老年人的选择。一日三餐、日常护理、医疗保健等养老机构细致的服务，为老人省去不少麻烦，养老院养老形式越来越受到人们的重视。本任务旨在帮助学生正确认识我国养老机构，了解养老事业发展，树立做好养老工作的信心。

任务目标

知识目标	知道养老机构的概念及发展现状。
能力目标	能区分不同养老机构类型，熟悉养老机构服务宗旨。
态度目标	认识养老事业的重要意义，树立做好养老机构工作的信心。

案例导入

某职业技术学校老年服务与管理专业学生董娟娟，平时喜欢抄抄写写，到福利院参加过两次志愿者活动后，就想从事养老这一行业。其想学习有关养老机构的基本知识，了解养老事业的发展状况，以便确立从事养老工作方向的志向。

问题讨论

1. 什么是养老机构？目前我国常说的养老院有哪几种形式？
2. 养老行业服务对象是哪些人？服务要求是什么？
3. 你认为养老事业前景如何？

知识学习

一、我国常见的养老机构形式

目前我国的养老机构主要有养老院、敬老院、老年公寓、老年护理院、社会福利院等形式，这些养老单位本质上都是老年服务机构，而名称不同，侧重点也会有所不同，见表 1-1。

表 1-1　常见养老机构形式

名称	性质	服务对象	服务设施	服务内容	主体
敬老院/光荣院	福利救济型养老服务机构	城市街道、农村乡镇、村组设置的供养“三无”“五保”老人、残疾人员和接待社会寄养老人、烈属、优抚伤残军人	设有生活起居、文化娱乐、康复训练、医疗保健等多项服务设施	免费提供吃、穿、住、医、葬的服务	集体供养为主，辅之以国家和社会必要的援助
福利院	爱心福利院场所	救助社会困难人士、疾病患者	提供衣食住宿或医疗条件。设有起居生活、文化娱乐、医疗保健等多项服务设施	免费提供吃、穿、住、医、葬的服务	国家、社会团体；享受一定补贴
养老院	社会养老服务机构	专为接待自理老人或综合接待自理老人、介助老人、介护老人安度晚年	设有生活起居、文化娱乐、康复训练、医疗保健等多项服务设施	收取一定费用帮助老人安度晚年	公办、民办
老年公寓	综合管理的住宅类型；机构养老范畴	专供老年人集中居住	具备餐饮、清洁卫生、文化娱乐、医疗保健服务体系	收取一定费用帮助老人安度晚年	公办、民办

续表

名称	性质	服务对象	服务设施	服务内容	主体
护老院	社会养老服务机构	专为接待介助老人	设有生活起居、文化娱乐、康复训练、医疗保健等多项服务设施	收取一定费用帮助老人安度晚年	国家事业单位
护养院	社会养老服务机构	专为接收生活完全不能自理的介护老人	设有生活起居、文化娱乐、康复训练、医疗保健等多项服务设施	收取一定费用帮助老人安度晚年	社会福利机构；享受专项补贴
护理院/优抚医院/老年康复医院/老年关怀医院	老年医疗护理服务的医疗机构	长期卧床老年患者、残疾人、临终患者、绝症晚期和其他需要医疗护理的老年患者	设有生活起居、文化娱乐、康复训练、医疗保健、心理关怀、陪伴守护等多项服务设施	提供基础护理、专科护理，根据医嘱进行支持治疗、姑息治疗、安宁护理，消毒隔离技术指导、社区老年保健、营养指导、心理咨询、卫生宣教和其他老年医疗护理服务	公办、民办
托老所（日托所）	近年来在西欧、日本等国兴建的各种类型的“老人之家”	一是收容身体健康，生活能自理的老人；二是收容生活可部分自理，还需要部分照顾的老人；三是收容生活上不能自理，患有各种慢性病或残疾的老人	略懂医务常识的工作人员。具有一定面积的活动场地，一些简单家具，一些文娱体育用品	看书读报聊天，打牌弈棋或开展其他有益的文体活动	街道与老年联合会合作的服务项目

二、有关养老机构的概念

养老机构是国家机关、企事业单位和社会力量及公民个人依法开办的，为老年人提供养护、康复、托管等服务的机构，以达到老有所养、老有所依、老有所为、老有所教、老有所学、老有所乐，增进健康、延缓衰老的目的。2012 年 2 月颁布新修订的《中华人民共和国老年人权益保障法》(中华人民共和国主席令第72号)(以下简称《老年人权益保障法》),建立了养老机构行政许可制度,明确民政部门对养老机构进行指导,为加强养老机构管理提供了法律保障。2013年6月颁布的《养老机构设立许可办法》(民政部令第48号)和《养老机构管理办法》(民政部令第49号)(以下简称两个《办法》)对养老机构设置、服务与管理作了明确规定。《老年人权益保障法》和两个《办法》都已于2013年7月1日起施行,政策性强,意义重大,受到老年人重视和社会广泛关注,将有力推动养老机构健康有序地发展。

养老机构的设置主体有公办、民办、公办民助,管理机关是各级政府的民政管理部门。

养老机构养老、社区养老、居家养老是我国目前三大养老服务体系,作为应对老龄化社会的三大支柱,有各自特点也存在一定共性。

养老机构是社会养老专有名词,社会养老是养老服务体系的重要内容。养老服务体系是指老年人在生活中获得的全方位服务支持系统。随着社会发展,在家庭养老服务功能日趋弱化的背景下产生并发展的社会养老服务体系,是指政府、社会对养老服务有支持意义的各种制度、政策、机构等方面所构成的系统。我们所说的养老机构就是社会养老服务体系里的社会养老机构。

三、养老机构的服务特点与宗旨

1. 养老机构服务对象

主要服务对象是老年人,年龄60~100岁。根据老年人身体状况分为三种。

(1)自理老人:自己能够完全料理衣食住行、不依赖他人护理的老年人。

(2)介助老人:由于身体某方面有缺陷及病态,需要借助某种工具,料理衣食住行的老年人,可以称为介助老人或半自理老人。

(3)介护老人:衣食住行不能自理,借助他人护理才能完成衣食住行某方面的活动,这样的老人称为介护老人或失能老人。

2. 养老机构服务特点

公益性、三全性。

公益即“公众利益”之意。公益性事业,是指直接或间接地为社会公共经济活动、社会活动和居民生活服务的部门、企业及其设施。养老机构多不以盈利为主要目的，公益性是最突出的特点。

"三全"服务是指全人、全员、全程服务。"全人"服务，是指养老机构不仅要满足老人的衣、食、住、行等基本生活照料需求，还要满足老人医疗保健、疾病预防、护理与康复以及精神文化、心理与社会等需求；"全员"服务，是指要满足入住老人的上述需求，需要养老机构全体工作人员共同努力；绝大多数入住老人是把养老机构作为其人生的归宿，从老人入住那天开始，养老机构工作人员就要做好陪伴着老人走完人生最后里程的准备，这就是"全程"服务。

3. 养老机构服务宗旨

安排、照料、护理好老人，让老年人满意、让子女和亲属放心，为政府和社会分忧。在具体宣传、表述方式上可以灵活体现。我国《老年人社会福利机构基本规范》（MZ008—2001）要求各养老机构在建院之初都必须明确其服务宗旨，并严格按照所设定的服务宗旨开展养老服务工作。

四、养老机构种类

按照机构的主体功能和医疗介护程度，将养老机构分为住养型（供养型）、护养型、护理型三类（表 1-2）。

表 1-2　养老机构分类体系

机构类型	服务对象	服务内容	机构形式
住养型（供养型）	生活能够自理，无须专人照顾的老人	提供包括膳食、洗衣、起居照顾在内的半托或全托服务，基本不提供医疗护理服务	老年公寓、社区日间照料中心、托老所、养老院、敬老院、光荣院等
护养型	健康欠佳、肢体伤残或轻度残障，能够适度自理的老人	在提供基本照护服务的基础上，提供有限度的个人康复与医疗护理	社会福利院、养老院、敬老院等
护理型	基本无自理能力，需要长期护理的老人	提供长期的完整的个人康复与医疗护理	老年康复医院、老年护理医院、临终关怀医院等

五、养老事业发展前景

1. 养老问题——老龄化社会到来

近年来，"老龄化社会"这个词不绝于耳。根据联合国的统计标准，如果一个国家（地区）60 岁以上老年人口达到总人口数的 10%，或者 65 岁以上老年人口占人口总数的 7%以上，那么这个国家（地区）就已进入人口老龄化。随着人口老龄化程度的不断加深，最直接的后果就是社会养老负担加重——老年基础设施和满足老年人特殊需求的老年产业急需发展，社区照料服务需求迅速增加。

据统计，到 2000 年末，中国 65 岁及以上老年人口占比达到 7%，标志着中国已经进入老龄化国家行列，养老问题已成为事关改革发展稳定大局、人民幸福安康的重大社会问题。

2. 养老机构发展——中国养老法律、法规文件保障

为了更好地满足老年人的需求，加快发展老年服务事业，国家制定和实施《国民经济和社会发展第十二个五年规划纲要》《中国老龄事业发展“十二五”规划》和《社会养老服务体系建设“十二五”规划》，对养老服务事业发展作了总体部署，明确提出要加快发展社会养老服务，培育壮大老龄产业，加强公益性养老服务设施建设。到 2020 年全面建成以居家为基础、社区为依托、机构为支撑的覆盖城乡的多样化养老服务体系，把服务亿万老年人的“夕阳红”事业打造成蓬勃发展的朝阳产业，使之成为调结构、惠民生、促升级的重要力量。

3. 养老事业前瞻

养老事业是一个“朝阳事业”。在社会竞争日趋激烈、家庭养老功能日渐弱化的今天，依靠社会大力发展养老服务业已经成为大众的共识。

（1）养老机构在养老事业中的重要意义。养老机构是养老行业的支撑细胞，养老机构作为发展养老事业的重要组成部分，既是构建和谐社会的重要内容，也是社会文明的重要标志。在全社会营造尊老爱幼的大环境，弘扬中华民族敬老优良传统，是建立社会主义核心价值观的一个重要组成部分，也是我国经济转型、发展服务产业和扩大内需的一个重要推动力量。一方面，养老机构不仅解决了子女养老的后顾之忧，更可以促进老年群体与其他群体的和谐相处，加强老年人之间的交流，满足老年人多层次需求，丰富老年人精神文化生活，提高生活质量；另一方面，作为完善社会养老服务体系的养老机构，可以拉动经济全面增长，补齐服务业发展“短板”，释放有效需求，培养养老服务专业人员，产生为数众多的就业岗位，提高就业人员数量，提高整体生活水平，保障老年人晚年生活，促进社会稳定。因此，养老机构的发展与壮大，将为养老事业注入新的活力，并逐渐成为我国解决养老问题的重要途径。

（2）社会急需养老事业人才。随着社会经济的发展及人们生活水平与精神文化需求的提高，人们对于高品质社会养老的需求会不断提高，尤其是需要高素质技能型养老人才。现阶段养老机构的岗位主要缺乏两类人才，一类是基础护理类人才，另一类是高端管理类人才。培养养老服务与管理人才，适应养老事业的发展需求，将极大提升养老服务与管理水平。他们既能胜任各级政府老年工作管理部门，又能胜任各级各类养老机构、养老社区管理服务、老年人管理咨询服务和心理测评部门、老年服务中介组织、老年工作培训基地、各类老年康复保健机构咨询服务与管理等工作，有创业意愿的毕业生还能创立小型养老院（10 张床位），实现自主创业的梦想。一些中高职毕业的专业人才，经过短期的一线实践，熟悉养老院的工作环境和情况后，可以辅助做一些行政管理工作，朝着养老院的管理层成长。经过几年的锻炼，成长为养老行业管理型人才，而这样的管理型人才是目前各养老院普遍比较缺乏的。养老人才的巨大缺口，使得这一行业的前景颇被看好。

拓展学习

1. 城镇三无老人

城镇三无老人，是指城镇居民中无劳动能力、无生活来源、无赡养人和扶养人，或者其赡养人和扶养人确无赡养或扶养能力的 60 周岁及以上老年人。

2. 农村五保老人

根据《老年人权益保障法》第 23 条第 2 款和《农村五保供养工作条例》的有关规定，农村的老年人必须同时具备以下 3 个条件，才可以申请“五保供养”：① 无劳动能力；② 无生活来源；③ 无赡养人和扶养人，或者其赡养人和扶养人确无赡养能力或者扶养能力。同时具备以上条件的农村老年人，应当由本人申请或者由村民小组提名，经村民委员会审核，报乡、民族乡、镇人民政府批准，发给“五保供养证书”，由农村集体经济组织负担保吃、保穿、保住、保医、保葬的“五保供养”。

任务训练

训练目的：检验学生知识掌握的程度。

训练方法：结合学生到过的几家养老院填写检测题，要求每位学生完成练习题，检验学生知识掌握及运用的程度。

训练题目：

1. 养老机构有哪些常见名称？

2. 养老机构服务对象包括哪些老人？

3. 从事养老事业工作应牢记的服务宗旨是什么？

4. 养老机构常见的三种类型是什么？

5. 你如何看待养老行业？

根据以上内容填写下表。

分　项	填写内容
养老机构名称	
养老机构接待部门人员	
该院服务宗旨的表述	
服务对象有几类老人	
你为哪一种类型老人服务	
你对老人的感觉评价	
你对养老行业的看法	

学习测评

对于本任务，可根据学生听课及【任务训练】情况对学生进行考核。可从知识学习、技能要求和职业态度几个方面进行考核。

项目	考核标准	得分
知识学习（30分）	认真听老师讲课（5分）	
	听课过程中有无提出问题（5分）	
	能否回答什么是养老院（5分）	
	能否说出养老机构5个以上常见名称（5分）	
	能否知道养老机构不同类型划分标准（10分）	
技能要求（50分）	能说出养老机构服务三大类型老人（20分）	
	能说出养老机构服务宗旨（20分）	
	能说出养老机构的三种类型（10分）	
职业态度（20分）	正确认知养老机构，认识到养老事业的前景广阔（10分）	
	培养尊老敬老的情感（5分）	
	树立从事养老事业的信心（5分）	
总分		

任务二　认知养老机构文员职业写作

现阶段养老机构的岗位主要缺两类人才，一类是基础护理类人才，另一类是管理类人才。而老年服务与管理专业培养的是养老机构事务员，具有初级秘书职业资格，从事养老机构办公室文员工作。本任务帮助学生正确认识养老机构文员工作，明确养老机构文员岗位职责，了解养老机构文员应具备的素质与能力，明确自身职业发展方向，树立做好文员写作工作的奋斗目标。

任务目标

知识目标	明确养老机构文员的岗位职责，了解养老机构文员应具备的素质与能力。
能力目标	能说出养老机构文员职业写作内容与要求。
态度目标	明确养老机构文员职业发展方向。

案例导入

老年服务与管理专业学生董娟娟毕业后想到养老机构办公室工作，发挥自己的特长。可她并不了解养老机构事务员与办公室文员有何区别，岗位职责与任职要求也不太清楚，更不清楚平常都要写哪些东西。请帮助董娟娟解决所遇到的困惑。

问题讨论

1. 什么是事务员？文员与事务员是一回事吗？
2. 养老机构文员工作内容有哪些？
3. 从事养老机构文员工作有什么要求？
4. 如何做好养老机构文员写作？

知识学习

一、养老机构办公室文员工作认知

1. 事务员与文员

事务员，顾名思义，就是处理一般事务性工作的员工，也称办公室文员。养老机构事务员就是主要负责单位文书拟写、文书整理、办公用品的管理等文职事务的人员。养老机构事务员作为与养老机构领导（或办公室主任）密切接触的工作人员，协助领导（或办公室主任）联系接待，办理文书和交办事项的工作人员，常称为秘书、助理或文员，一般称呼文员、办事员较多，由于多与文字工作密切相关，我们以办公室文员为准。

2. 养老机构文员工作内容与要求

养老机构事务员虽不是技术含量很高的职位，但要做好却不是简单容易的事。对此，应该了解养老机构事务员的工作职责和工作内容。对于养老机构办公室的新员工来说，行政管理工作的方方面面，都会与个人在养老企业中的发展密切相关，因而一定要努力熟悉部门职能，妥善处理工作中的问题。养老机构招聘文员岗位要求举例如下。

[例文 1] 沈阳××老年公寓招聘办公室文员。

岗位职责

1. 负责老年公寓的内外文书处理工作。

2. 负责各部门报表的收编以及整理。

3. 协助领导组织召开相关会议，编印会议材料，做好会议记录。

4. 做好老年公寓档案管理工作。

5. 完成领导或部门经理交代的其他工作。

任职资格

1. 熟悉办公室行政管理知识及工作流程。

2. 熟练运用现代办公设备，熟悉文电、来信来访处理，远程通信传递，印信管理，文书资料的档案管理和机要保密工作。

3. 工作仔细认真，对老人有耐心、有爱心。

4. 亲和力强，能积极主动开展工作。

5. 有初级秘书职业资格证书者或老年服务管理专业、文秘专业毕业生优先考虑。

[例文 2] 南京市建邺区××老年公寓招聘文员。

岗位要求

1. 爱岗敬业、尊老敬老；协助领导或相关部门做好养老院一切工作。

2. 熟悉办公室行政管理知识及工作流程，具备文案拟写能力及良好的沟通、组织能力和团队协助精神。

3. 熟练运用 Office 等办公软件；及时做好文书收发、整理、归档。

4. 工作仔细认真、责任心强、有爱心、有耐心者优先录用。

通过以上例子，我们对养老机构文员工作有了大致了解，下面综合分析一下养老机构文员岗位具体工作范围与内容。

（1）养老机构文员工作范围：①养老机构文书拟写与处理；②养老机构会议组织与管理；③养老机构文件资料管理；④养老机构信息档案管理；⑤养老机构人际沟通与工作协调；⑥养老机构来电来访接待；⑦协助养老机构领导或其他部门开展工作。

（2）养老机构文员的日常工作内容有广狭之分；内容形式有别；判断文书规范与否；传统与网络信息服务，及时撰写及收发文书。

①广狭之分。广义文员写作：文员写作的全部文字材料总和，即工作中的写作和个人创作。狭义文员写作：履行职能活动中形成的应用性文书，不包括个人作品。

②内容形式区别。文稿撰拟，领导交办工作任务，有初稿、改稿、定稿等。

口授笔录：领导交办常规性工作，为确保万无一失，以文字形式记录好领导的授意，以备日后确认。

文稿审核：不仅自己要写一手好文章，还承担其他部门的文稿审核工作。这也是文秘工作职责之一。

③从文本制作的规范与否来看分为规范性文书和非规范性文书。规范性文书，从授意、拟写、审核、制发到处理都有一套制度性或约定性的程序规范，如公文、事务文书等；还有一种是处理日常事务的比较随意的文字文本，如便笺、备忘录、电子邮件、值班表、短信息等，灵活多变是处理日常职能工作的手段。

④传统与网络信息服务，及时撰写及收发文书。手写纸质、电脑打印纸质、电子版邮箱发送与接收要求全面掌握。在现代高科技背景下，无纸化写作、办公成为大势所趋。手段和载体的改变使文员工作节奏加快、效率提高，科技的进步，使文员在网络环境下写作更容易、更高效，但遣词造句、动笔能力是文员基本的素养。

文书作为指导工作、传达意图、交流情况、沟通信息、联系事务的文字载体，必须通过文书写作这一特殊活动才能实现。养老机构文员工作内容：通过“三办”——办文、办会、办事来发挥自己的作用。而文书写作与处理是文秘最主要的工作任务，而且办会、办事两种职能活动都离不开文书的拟写和处理。

养老机构的办公室属于综合办事部门，职能是辅助管理、综合服务。直接为机构领导服务，处于承上启下、联系左右、沟通各方的地位，是养老机构管理中发挥重要作用的辅助管理部门，其运行状态如何，将直接影响整个养老机构内部工作状况，直接影响全局工作开展。

（3）养老机构办公室文员工作要求，详见表1-3。

表1-3 养老机构办公室文员工作要求

工作要求		说明
知识	养老行业知识	了解养老机构服务宗旨，了解养老行业有关法律法规、政策及专业知识，学习养老行业先进理念经验，有助于养老机构更好地发展
	文秘写作知识	具有文秘写作知识，熟悉养老机构办公室文员写作内容，可有效促进养老机构规范发展，及时享受政策优惠成果
	计算机操作知识	了解计算机基本功能，掌握计算机基本操作
基本能力	观察能力	观察是认识养老机构各方面工作的主要途径。养老机构办公室文员应培养和锻炼自身敏锐的观察力，提高搜集信息和反馈信息的基本能力
	理解能力	对本职工作内容把握准确，比较准确理解上级的指导精神、执行上级的指示
	判断能力	能准确判断一般性问题，掌握其实质，找到合理、有效的解决方案
职业能力（专业能力）	表达能力	口头表达清晰，书面表达准确（职业能力核心）
	操作能力	熟练掌握计算机办公软件的应用，能操作现代办公设备
	辅助管理能力	具备辅助领导解决事务、辅助决策、辅助沟通、辅助协调能力
	事务处理能力	办文、办事、办会
职业素养	职业道德	能自觉遵守养老行业企业法规、规范和规章制度
	职业态度	热爱养老服务事业，能脚踏实地工作，热心公益事业
	职业精神	尊老敬老，以人为本，爱岗敬业，爱心奉献

3. 养老机构办公室文员职业发展

养老机构老年服务与管理专业，初始岗位为机构养老一线事务员管理者、社区养老一线事务员管理者，职业方向为养老机构高层管理人员、社区养老高层管理人员。毕业生经过短期的一线实践，熟悉养老院的工作环境和情况后，可以辅助做一些行政管理工作，向管理层发展。经过几年的锻炼，成长为养老行业管理型人才，而这样的管理型人才是目前各养老院普遍比较缺乏的。

此外，还可胜任各级政府老年工作管理部门，胜任各级各类养老机构、养老社区管理服务、老年人管理咨询服务和老年心理测评部门、老年服务中介组织、老年工作培训基地、老年康复保健机构咨询服务与管理等工作。

二、如何做好养老机构文员职业写作工作

文书写作与处理的几项基本知识如下。

1. 文书、公文、文件

（1）文书—公文—文件。从内涵来看，在许多情况下是通用的，具有同一性。三者一致：如文书的核心和主体部分是公务文书，而公务文书就是公文；公文既包括法定公文，也包括常用应用文，而法定公文正是通常所说的“文件”。

（2）文书 > 公文 > 文件。文书是一个集合名词，即书面材料的总称。它既包括公文，也包括私人文书，如私人书信等。文书包括公文，公文是文书的重要组成部分。文书还指一种职业，如文书工作。文件不仅是一个集合名词（指文件的全部），也是一个具体名词，一般是具有固定规格的有红头文件并有编号的公文。文书的外延较大，公文的范围次之，文件的范围较窄。

2. 要认识文书拟写的重要性

文书拟写，是指文书的起草工作。文书拟写与处理指文书拟制、文书办理与文书整理，它在养老机构的工作中占有十分重要的地位。

（1）文书拟写是展示养老机构单位的形象窗口。养老机构醒目得体的尊老敬老服务宗旨，清晰明了的入住流程，严谨规范的规章制度、营养配餐、服务管理规范，温馨优雅的养老机构环境介绍等，不仅表现出养老机构文员拟写水平的个人素质，更反映了养老机构日常工作服务与管理的质量水平。

（2）文书拟写是实现养老机构职能任务的重要工具，沟通上下级工作及内外联系的重要桥梁。

养老机构文员熟练地掌握拟写文书的要领和方法，才能实现养老机构企业的职能任务服务。文书拟写是养老机构有效管理的重要手段，在开展工作活动的过程中，拟写工作计划、工作总结，还要使用文书同上级民政部门或其他养老机构（养老院、

老年公寓等）进行联系。文书拟写水平的高低，与发挥文书的效用有很大关系。

（3）文书拟写是养老机构工作情况的凭证和依据。养老机构从设立与报批，到运营服务与管理，都离不开文书拟写。及时整理归档的这些文书，见证了养老机构不同时期的工作情况，成为养老机构发展与管理的重要凭证和依据。养老机构文员必须充分认识文书拟写的重要性，勤学苦练，提高写作水平，保证文书质量，使文书更好地为养老机构的工作服务。

文员还应了解文书拟写的以下几项基本要求。

1. 文书拟写的基本要求

文书属于应用文，在写作上同一般文章有相似之处，如文理通顺、便于阅读理解等。但由于文书的性质、特点和作用不同于一般文章，文书拟写又具有自己的一些特殊要求，主要有以下几点：

（1）观点正确。文书的指导思想和内容必须符合党的基本路线和国家的政策、法律，必须在思想政治上同党中央保持一致。

（2）实事求是。从实际出发，实事求是。

（3）及时迅速。文书拟写必须注意及时、适时，绝不允许出现迟缓、拖延进而贻误工作的情况。对于紧急文书，必须争分夺秒地完成拟写任务，对于日常反映情况、指导工作的文书，也必须发得适时。

（4）简明生动。一是文字精练，提倡写短文，去除一切空话、套话；二是开门见山，不转弯抹角；三是结构布局要严谨，条理清楚，层次分明，便于受文单位工作人员迅速阅读和处理，提高办事效率。

（5）体式规范。拟写文书必须符合规定的体式，要根据不同文种的要求，写全文书结构的各个组成部分，以保证文书的完整性、正确性和有效性。

（6）注意书写材料的运用。文书的书写材料包括载体材料和字迹材料。拟写文书应该使用统一的印有固定格式的 A4 纸张，而且要讲究纸张的质量，以便于长期或永久保存。文书的字迹材料应选用黑色或蓝黑墨水，不能使用铅笔和圆珠笔。

2. 拟写文书的步骤和方法

文书的拟写，大体要经过以下 5 个步骤：①明确发文主旨；②搜集有关材料，进行调查研究；③拟出提纲，安排结构；④起草正文；⑤反复检查，认真修改。

3. 文种的选择

文种即文书的种类，又叫文书的名称。公务文书、事务文书等，目前使用的法定公文主要有15种。2012年7月1日起新实施的《党政机关公文处理工作条例》规定公文种类有15种：决议、决定、命令（令）、公报、公告、通告、意见、通知、通报、报告、请示、批复、议案、函和纪要。本书将根据初级秘书职业资格要求进行通知、通报、报告、请示、函等公文介绍。

还有一些常用文种，事务文书如计划、总结、简报、条据等，礼仪文书如请柬、慰问信、介绍信、证明信等，规章文书如规定、制度、职责等，经济文书如合同、意向书、协议书等，记录类文书如会议记录等，我们将在以后相关项目任务中学习。

文员还要了解养老机构行业事务文书的写作特点。养老机构文书拟写除具备一般文书的写作特点外，还具有自己的独特之处。

1. 了解养老行业知识，熟悉养老行业有关政策法律法规

养老行业属于服务行业，目前在我国还处于初级阶段，其服务对象、服务特点、服务范围都有各自独特之处。从事养老机构文书拟写工作，应密切关注养老行业发展动态，了解国家相关政策，使养老机构工作开展更加规范合理，也可及时享受到应有的优惠或补贴政策。

2. 重视礼节礼貌

养老行业属于服务行业，除实质性的内容外，在行文中应注重礼节礼貌，注意用词的轻重适度。

3. 应掌握养老行业常用术语

反映养老机构工作的企业文书，涉及养老领域许多方面的专业知识。从业人员应掌握《老年人社会福利机构基本规范》，熟悉养老行业专业术语，如失能老人、失智症老人、老年人设施、老年社区等用语。为设立养老机构，开展养老工作提供规范准确的表达。如果对养老行业知识、术语不清楚，写起来就十分困难。因此，掌握养老行业知识、行业术语，对养老机构文书的拟写十分重要。

任务训练

训练目的：检验学生知识掌握的程度。

训练方法：要求每位学生完成练习题，检验学生对知识掌握及运用的程度。

训练题目：

1. 养老机构事务员有哪些称呼？

2. 养老机构文员工作范围有哪些？

3. 养老机构文员应具备哪些职业能力？

4. 文书>公文>文件是什么意思？

5. 对照养老机构办公室文员工作要求一览表，查看一下自己在哪些方面比较欠缺，草拟自我提高的学习计划。

6. 将下列文书分别归入法定公文、礼仪文书、事务文书、记录文书、经济文书等不同类别。

通知、通报、公报、报告、函、会议记录、计划、介绍信、证明信、入住流程、入住协议、合同、工作总结等。

7. 建立文书写作文件夹，用来搜集养老机构常用词语、文员常用词语。

学习测评

对于本任务，可根据学生听课及【任务训练】情况对学生进行考核，可从知识学习、技能要求和职业态度几个方面进行考核。

项目	考核标准	得分
知识学习（30分）	认真听老师讲课（5分）	
	听课过程中有无提出问题（5分）	
	能否回答什么是养老机构事务员（5分）	
	能否说出养老机构事务员主要工作内容（5分）	
	能否说出文书、公文、文件的不同（5分）	
	能否说出做好养老机构文员写作注意事项（5分）	
技能要求（50分）	比较客观地指出自己从事文书工作的优势与不足，知道自己的努力方向（20分）	
	能正确划分文书种类（20分）	
	开始有意识搜集养老机构常用词语与文书工作词语（2~5个）（10分）	
职业态度（20分）	正确认知养老机构文员岗位职责，认识到文员工作的重要性（10分）	
	培养文员职业写作情感（5分）	
	树立从事养老机构文员写作的信心（5分）	
总分		

综合练习

一、填空题

1. 目前，我国养老机构有养老院、敬老院、________、老年护理院、社会福利院等形式，都是养老服务机构。

2. 养老机构的管理部门是各级政府的________部门。

3. ________、社区养老、居家养老组成我国目前三大养老服务体系。

4. 养老机构是________专有名词，主要服务对象是_____岁至_______岁的老人。

5. 根据身体状况，把老年人分成三种：自理老人、________（或半自理老人）、________（或失能老人）。

6. 养老机构服务具有________、三全性（________、________、________）等特点。

7. 养老机构服务宗旨一般是安排照料好老人，让_____满意、让_____放心、为_____分忧。

8. 养老机构文员工作通过_________、__________、_________三办实现自身职能。

9. 2012 年《党政机关公文处理工作条例》规定公文有______种。

10. 养老事业是充满希望的事业，常被称为______事业。

二、判断对错，错的改正过来。

1. 社会养老服务体系不包括居家养老。

2. 养老机构指的是社会养老服务体系的社会养老服务机构。

3. 老有所养，老有所依，老有所为，老有所学，老有所乐，增进健康，延缓衰老。

4. 敬老院、光荣院、福利院都是公办的，老人进去享受免费服务。

5. 从事养老服务行业具有医疗护理、社会工作、老年服务与管理等专业背景更有利于工作开展。

三、选择题

1. 养老机构设置主体一般有（　　）。

A. 公办　　B. 民办　　C. 公办民助　　D. 其他

2. 需要依靠某种工具料理衣食住行的老人称为（　　）。

A. 介护老人　　B. 介助老人　　C. 失能老人　　D. 半自理老人

3. 完全需要他人护理才能完成衣食住行活动的老人称为（　　）。

A. 介护老人　　B. 介助老人　　C. 失能老人　　D. 半自理老人

4. 中国传统老人节是哪天？（　　）

A. 二月初二　　B. 八月十五　　C. 五月初五　　D. 九月初九

5. 养老机构服务最主要的是替谁分忧？（　　）

A. 子女　　B. 社会　　C. 老人　　D. 政府

四、搜集养老机构常见服务标语口号 3~5 条。

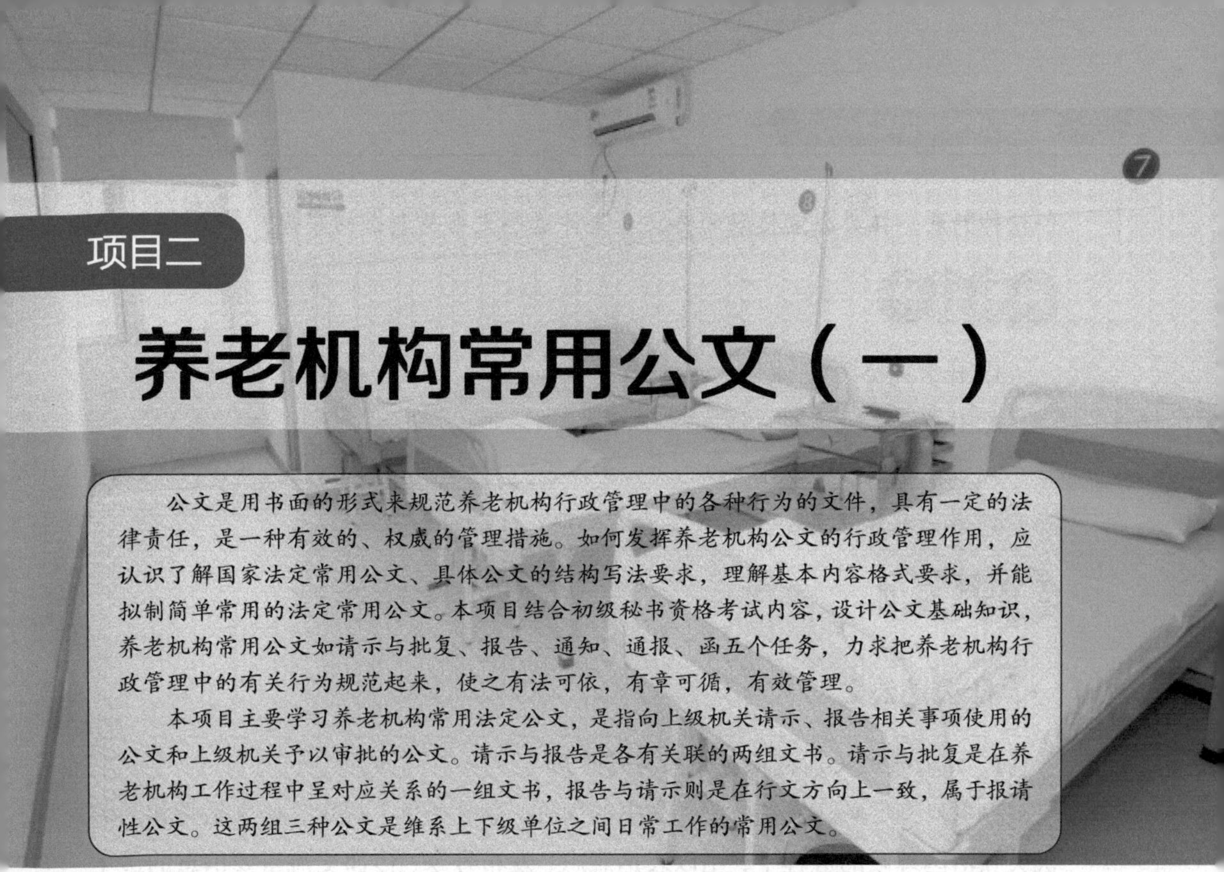

项目二

养老机构常用公文（一）

公文是用书面的形式来规范养老机构行政管理中的各种行为的文件，具有一定的法律责任，是一种有效的、权威的管理措施。如何发挥养老机构公文的行政管理作用，应认识了解国家法定常用公文、具体公文的结构写法要求，理解基本内容格式要求，并能拟制简单常用的法定常用公文。本项目结合初级秘书资格考试内容，设计公文基础知识，养老机构常用公文如请示与批复、报告、通知、通报、函五个任务，力求把养老机构行政管理中的有关行为规范起来，使之有法可依，有章可循，有效管理。

本项目主要学习养老机构常用法定公文，是指向上级机关请示、报告相关事项使用的公文和上级机关予以审批的公文。请示与报告是各有关联的两组文书。请示与批复是在养老机构工作过程中呈对应关系的一组文书，报告与请示则是在行文方向上一致，属于报请性公文。这两组三种公文是维系上下级单位之间日常工作的常用公文。

任务一　认识养老机构常用法定公文

养老机构常见到的正式法定公文什么样？如何识别并理解公文？学习依据是中共中央办公厅、国务院办公厅印发的《党政机关公文处理工作条例》（中办发〔2012〕14 号）（2012 年 7 月 1 日起施行）（以下简称新《条例》）和中华人民共和国国家标准《党政机关公文格式》（GB/T 9704—2012）（2012 年 6 月 29 日发布，2012 年 7 月 1 日施行）的规定。

任务目标

知识目标	了解公文的基本知识，熟悉上级机关、相关管理机关的公文。
能力目标	能够识别并运用公文格式，及时了解行业动态、与时俱进、调整工作思路，提高工作质量和水平。
态度目标	培养严谨认真拟制公文的工作作风。

案例导入

老年人服务与管理专业学生董娟娟到民政局所属的老年公寓办公室实习，经常接到上级公文送呈领导，有时需要按照领导要求上报公文，一些工作要按照文件精神开展。在办公室接触的公文、文件这些文书是怎么回事呢?

问题讨论

1. 什么是公文?
2. 什么是红头文件?
3. 正式公文是什么样的?
4. 养老机构常见公文格式要素有哪些?

知识学习

一、什么是公文

1. 公文的定义、特点与公文写作作用

（1）公文定义。公文是公务文书的简称。新《条例》规定，公文是党和国家机关在治国理政的进程中，用以表达意志、发布号令、传递交流重要信息的最主要载体和工具，是一种具有特定效力和规范格式的文书。公文的质量直接反映机关的思想深度、政策水平和对社情民意、重大问题的分析掌控能力，直接关系党的意志和方针政策的传达贯彻成效，直接体现机关干部的能力素质和工作水准。

（2）公文特点。

一是权威性和政策性。法定的作者，法定的内容，体现公文的权威性。法定的作者，指法定的机构及其代表人，公文的作者一般以文件版头、机关印章领导人签署为凭证和取信的标志。法定作者制发公文的权利和名义受法律保护，《中华人民共和国刑法》第 167 条规定：伪造、变造国家机关、企业、事业单位、人民团体的公文，“处三年以下有期徒刑、拘役、管制或者剥夺政治权利；情节严重的，处三年以上十年以下有期徒刑”。法定作者的名义不受侵犯。法定 15 种公文的名称、内容、作用、格式，不能违背。行政公文体现国家领导者的权力和意志，是行政管理的工具，具有权威的作用。如果违背它所规定的法规政策措施等，就意味着不服从管理，将受到一定的处罚。

二是针对性和指导性。公文有一定的阅读对象范围，如密级，限定阅读人级别，涉及国家重要机密的，可能发到省部级至厅级，涉及一般机密的，发至县团级，党员内部，而公告一般面向广大人民群众。公文不能非法阅读或越级阅读，否则将受到惩罚。

三是规范性和约束性。公文采用现代汉语语体。结构内容格式化，制发程序化。使用规范的现代汉语、书面语。公文格式又称文件格式，从公文的用纸规格、发文编号、秘密等级、缓急程度，到标题、主送机关、抄送机关、附件等都有严格的标准要求，公文除一般文件格式外，还有信函格式、命令格式、纪要格式等特殊格式。对公文的书写格式、排版装订、用印等严格规定，为维护公文的权威性和规范处理提供有力的保障。

四是程序性和严密性。新《条例》对公文处理作了严格规定。公文处理工作由公文拟制、公文办理、公文管理组成。公文发文处理，包括复核、登记、印制和核发 4 个环节；收文处理包括签收、登记、初审、承办、传阅、催办、答复 7 个环节。对公文定密和解密、密级文件的复制和汇编、公文的销毁和移交、新设立单位的发文立户等作了具体规定。

五是对应性和定向性。根据公文行文方向将公文分为上行文、平行文、下行文。不同行文关系、行文规则使公文具有不同方向。如向具有隶属关系的上级行文使用上行文，遵守上行文行文规则，采用请示或报告文种，只能向一个上级机关请示一个内容。上级作出答复，采用下行文，使用批复文种。没有下级机关的请示，就没有上级机关的批复，这体现了不同级别使用公文的对应性与定向性。

（3）公文写作作用。公文作为指导工作、传达意图、交流情况、沟通信息、联系事务的文字载体，必须通过公文写作这一特殊活动才能实现。

2. 公文的种类

新《条例》规定，公文种类有 15 种：决议、决定、命令（令）、公报、公告、通告、意见、通知、通报、报告、请示、批复、议案、函和纪要。

区分公文种类的方式一是体现公文性质，二是反映行文方向，三是表达行文目的，四是揭示公文特点（表 2-1）。

表 2-1　公文种类一览

序　号	标　准	类　别
1	来源	外来公文，自制公文
2	行文方向（隶属关系）	上行文，平行文，下行文
3	紧急程度（办理时限）	特急，加急
4	秘密等级（办理范围）	绝密，机密，秘密

续表

序　号	标　　准	类　　别
5	内容处理	承办性，参阅性
6	特点作用	指挥性，知照性，建议意见性，报请性，商洽记录性
7	制发级别	国家级，省部级，地市级，县乡级
8	内容性质	人事劳资，财务金融，党团工妇，社会福利等

二、公文格式要素——公文外观

公文外观应符合中华人民共和国国家标准《党政机关公文格式》（GB/T 9704—2012）。

公文格式的种类，根据公文载体的不同，分为文件格式、信函格式、命令格式、纪要格式等（图 2-1 ~ 图 2-4）。

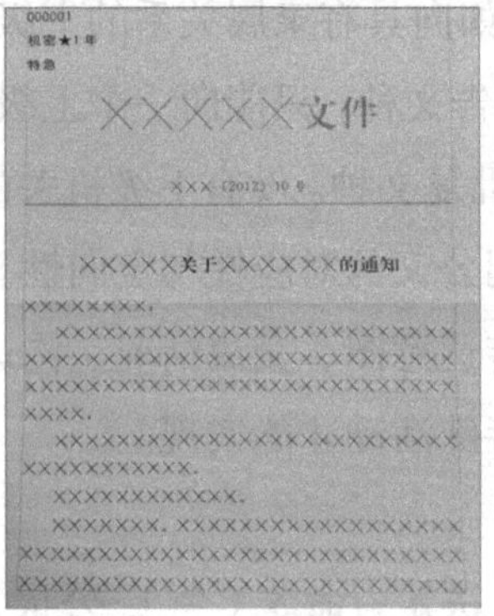

图 2-1　文件格式

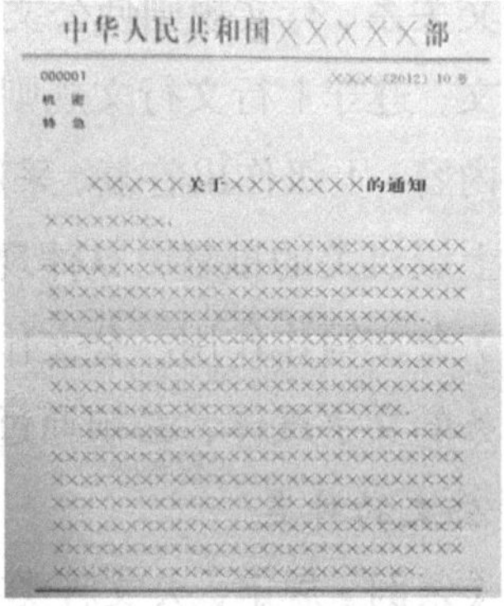

图 2-2　信函格式

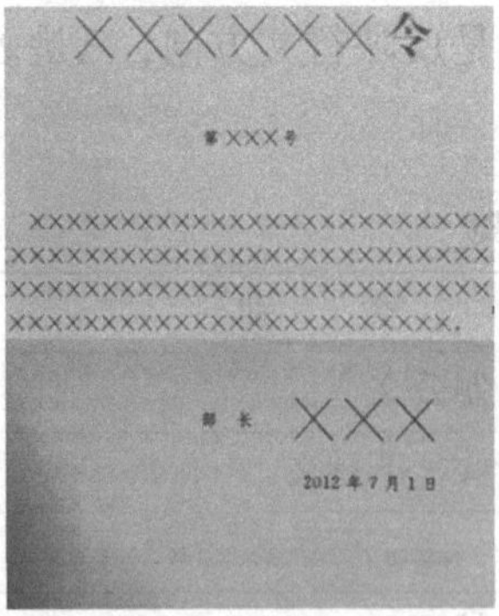

图 2-3　命令格式

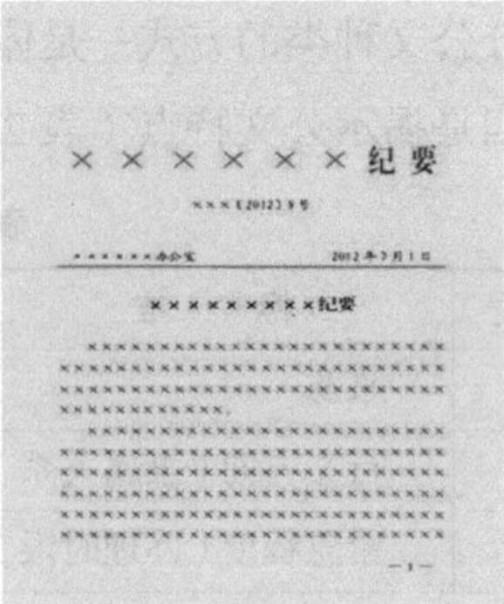

图 2-4　纪要格式

1. 公文通用格式——文件格式

新《条例》规定，公文格式各要素分为版头（眉首）、主体、版记三部分（图 2-5）。

图 2-5　文件格式

（1）版头。公文首页红色分隔线（又叫红色反线）以上的部分称为版头（图 2-6），又称眉首部分。

党政机关下发的文件，刊头的名称常印成红字文件格式的文件称为“红头文件”，是民间一种俗称，并非法律用语。

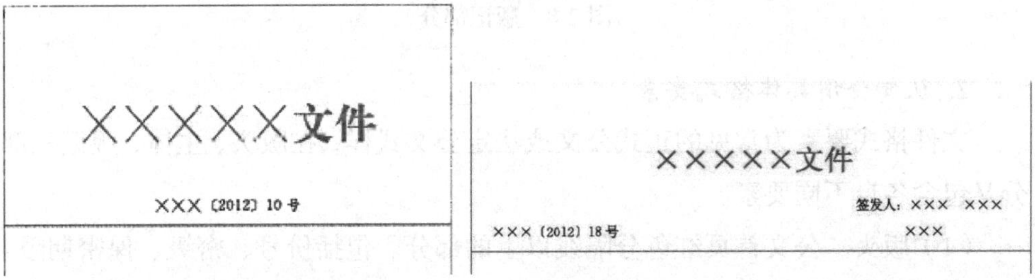

（a）　下行文版头　　　　（b）　上行文版头

图 2-6　版头部分

（2）主体。公文首页红色分隔线（不含）以下、公文末页首条分隔线（不含）以上的部分称为主体（图 2-7）。

关于×××的通知 各区民政局： ××××××××××××× ××× ××× ××× ××× ××× ××× ××× ××× ××× ××× ××× ××× ××× ××× ×××××××× ××× ××× ××× ×××　。 附件 1. ××× 附件 2. ××× ××× ××××年××月××日

图 2-7　主体部分

（3）版记。公文末页首条分隔线以下、末条分隔线以上的部分及有关页码的规定，被称为版记（图 2-8），又称文尾部分。

抄送：×××，×××。 印制单位：　　　　印制日期 （印制份数）

图 2-8　版记部分

2. 认知会用具体格式要素

文件格式要素为常见的正式公文或法定公文式样，在版头、主体、版记三部分又包含各自不同要素。

（1）版头。公文首页红色分隔线以上的部分。包括份号、密级、保密期限、紧急程度、发文机关标志、发文字号、签发人、版头中的分隔线 8 个要素。

① 发文机关标志：××民政局文件，大字红色印制。

② 发文字号：机关代字+年度六角括号如〔2010〕+发文序号（不加“第”或“0”）。

例如，河北省民政厅 2014 年发 65 号文，冀民字〔2014〕65 号。

（2）主体。公文首页红色分隔线（不含）以下、公文末页首条分隔线（不含）

以上的部分称为主体。包括公文标题、主送单位、正文、附件说明、发文单位名称、成文日期、印章、附注、附件 9 个要素。

公文标题的标题要素：发文机关+事由+文种。

例如，杭州市民政局关于举办“关爱老年人节日送欢乐”巡回演出的通知、关于六安市裕安区老年公寓建设项目的请示。

（3）版记。公文末页首条分隔线以下、末条分隔线以上的部分称为版记。包括抄送单位、印制单位、印制日期、印制份数 4 个要素。

三、公文的排版形式

排版形式指公文各组成要素在文件版面上的标印格式。

1. 公文用纸幅面尺寸

采用国际标准 A4 型纸：210 mm × 297 mm。

公文页边与版心尺寸为公文用纸天头 37 mm，公文用纸订口 28 mm，版心尺寸 156 mm × 225 mm（不含页码）。

发文机关标识上边缘至版心上边缘为 25 mm。对于上报的公文，发文机关标识上边缘至版心上边缘为 80 mm。

2. 公文书写形式

从左至右横排、横写。其标识第一层为“一、”，第二层为“（一）”，第三层为“1.”，第四层为“（1）”。

3. 字体字号

发文机关标识使用 2 号小标宋体字，红色标识；秘密等级、保密期限、紧急程度用 3 号黑体字；发文字号、签发人、主送机关、附注、抄送机关、印发机关、印发时间用 3 号仿宋体字；签发人姓名用 3 号楷体字；正文用 3 号仿宋体字，一般每面排 22 行，每行排 28 字，正文中如有小标题可用 3 号小标宋体字或黑体字。

4. 页码

用 4 号半角白体阿拉伯数字标识，置于版心下边缘之下一行，数码左右各放一条 4 号一字线，一字线距版心下边缘 7 mm。单页码居右空 1 字，双页码居左空 1 字。

拓展学习

信函格式。发文机关标志使用发文机关全称或者规范化简称，居中排布，发文机关标志下 4 mm 处印一条红色双线（上粗下细），发文机关全称下 4 mm 处为一条武文线（上粗下细），距下页边 20 mm 处为一条文武线（上细下粗），两条线长均为 170 mm。每行居中排 28 个字。发文机关名称及双线均印红色。版记不加印发机关和印发日期、分隔线，位于公文最后一面版心内最下方。首页不显示页码。

信函式：以信函形式制发的公文。

（1）发文机关标识。大字红色距离天头 30 mm，写发文单位的全称。如国务院要写成“中华人民共和国国务院”，后面不加“文件”二字。

（2）红色双横线（武文线、文武线）。上粗下细，称武文线；上细下粗，称文武线，线长 170 mm。

（3）发文字号。在武文线下空 1 行右侧，与一般格式要素明显不同，其发文字号中的机关代字除一般格式要素都有的“发”“×字”外，还有其独特的“×函”，可用函代指其他文种。

（4）公文标题。空 1 行居中排，从标题开始与一般格式要素同。

（5）信函式公文首页不标页码。

任务训练

训练目的：检验学生知识掌握及运用的程度，快速提升认知公文能力水平。

训练方法：结合学习公文基本知识，要求每位学生完成训练题，检验学生知识掌握及运用的程度。

训练题目：

1. 看看下面这篇公文，指出由哪些格式要素组成。

××市发展和改革委员会文件

洪发改社字〔2005〕43号

关于××市社会福利院分院立项的复函

市民政局：

你局《关于市社会福利院设立分院立项的函》洪民字〔2005〕73 号收悉。经研究，现函复如下。

一、为进一步改造市社会福利院，完善基础设施，为生活无着的老人、残疾人及弃婴营造更好的人性化生存环境，拟同意南昌市社会福利院分院项目建设。

二、项目地点：该项目位于××县××镇闵垅水库旁。

三、建设内容和规模：总建筑面积 70700 平方米，主要建设收养人员用房、值班用房、办公用房及其附属用房。另建设一块绿地、一个果园、一块菜地、一口鱼塘、一个养殖场。

四、项目总投资及来源：该项目总投资 1.5 亿元，主要通过福利彩票、政府支持、社会捐助、自筹等途径解决。

望接文后，尽快完善其他基本建设手续，并委托有资质单位编制项目可研报告报批。

（公章）

2005 年 9 月 28 日

主题词：民政　福利院　立项　函复

抄报：市政府×××常务副市长

抄送：市政府办公厅、市建委、市规划、国土局、财政局

××市发展和改革委员会办公室　　2005 年 9 月 28 日印发

（共印 10 份）

2. 重庆市民政局准备对辖区养老机构进行行政补贴发布 2012 年 139 号文件通知，请拟出发文机关标志、发文字号和公文标题。

3. 解释这份公文的发文字号和主要内容。

浙民发〔2013〕115 号

浙江省民政厅关于开展养老护理知识技能进家庭进社区活动的通知

拓展训练

根据以下文字材料，制作一份文件格式的正式公文。

以发文字号鄂康新民函〔2014〕15 号制作康巴什新区民政局文件。标题是关于报送养老服务情况调研报告的函。主送机关是康巴什新区加快产业发展工作领导小组办公室。正文内容：根据《康巴什新区党工委办公室 新区管委会办公室关于印发现代服务业服务需求调研实施方案的通知》（鄂康新党办发〔2014〕46 号）文件精神，高度重视，精心组织，通过查阅资料、考察调研等方式，形成了《关于康巴什新区发展候鸟式养老产业的思考》的调研报告。专达此函。附件：关于康巴什新区发展候鸟式养老产业的思考。时间是 2014 年 6 月 10 日。

学习测评

对于本任务，可根据学生听课及任务训练情况对学生进行考核。可从知识学习、技能要求和职业态度几个方面进行考核。

项目	考核标准	得分
知识学习（30 分）	认真听老师讲课（5 分）	
	听课过程中有无提出问题（5 分）	
	能否回答什么是公文（5 分）	
	能否说出公文种类（5 分）	
	能否说出文书、公文、文件的不同（5 分）	
	能否说出格式要素（5 分）	
技能要求（50 分）	能拟出并解释清楚公文发文字号 （20 分）	
	能拟出正确公文标题（20 分）	
	能有意识查对公文格式要素（2~5 个）（10 分）	
职业态度（20 分）	正确认知法定公文，认识公文工作的重要性（10 分）	
	培养公文写作的严谨态度（5 分）	
	树立读懂、理解、拟写公文的信心（5 分）	
总分		

任务二　请示与批复

请示是每一个下级单位都会用到的请求性公文，尤其是起步发展不久的养老行业单位，有许多问题、政策不是很清楚、明确，需要得到上级机关明确指示或书面批复，才能有针对性地开展工作，保证养老机构正常运转。本任务主要学习养老机构工作中常用的请示这一公文，帮助学生解决在养老机构工作中遇到的一些问题，如对有关养老政策界限给予明确，对养老机构成立、经费等某些事项进行审批时，学会向上级机关拟写请示，同时读懂上级机关的批复，准确理解上级有关养老政策的指示与审批，促进养老机构良好发展。

任务目标

知识目标	了解请示的基本知识，弄清隶属关系、行文关系。
能力目标	熟悉请示批复格式要求，把握具体规范用语，读懂会写简单请示批复公文。
态度目标	尊重上级，注意礼仪礼貌用语。

案例导入

某镇敬老院一切准备就绪，安置30位老人入住，需向镇政府请示。听说市里下来了实习学生，想请学生看看他们写的请示符不符合要求。

这是敬老院写的公文，这样写出的请示符合要求吗？应该怎么写？

请　示

××镇汪湾二级敬老院在上级有关部门的大力支持下，关心弱势群体，体现民生工程，目前，敬老院建设已竣工，准备安排人员入住。经2008年1月10日村民代表大会通过，决定以下三十位五保老人入住。

年畈：张先义、王甫明、陶友申；石岗：朱学奎、阙义和、朱学柱、方贤青；炮岭：韦发明、方贤发；高场：班代来；龙庙：刘自福；安口：张得政、贯正如；韦冲：周言增；塘埂：韦发传、方光法；贯冲：汪昌明；冒石：毛方安；兴塘：陶友胜；龙树：潘安才；陈岭：贯大存、贯大会；双塘：吕国山；李洼：朱涌云；付坝：储世珍、梅白怀；后畈：徐德稳；老庄：王甫明、贯正怀；相畈：叶志贤。

妥否，请批示。

问题讨论

1. 什么时候需要请示上级？

2. 请示相对的上级一般是哪个部门？

3. 请示行文应注意哪些用词？

4. 请示后上级一般是给予什么样的回复？

知识学习

一、请示写法

请示为上行文，是向上级机关请求指示、批准的公文。请示主要有以下特点。

（1）请求（批）性。内容具有请求性，往往是本机关无权解决或把握不准又必须解决的问题，因此没有上级机关的指示、决断，请示事项就不能得到解决，请求帮助是根本目的。

（2）单一性。一文一事，便于领导批复；报告有的可一文多事。

（3）事先性。问题发生或处理前行文，不可先斩后奏。

请示的种类：①请求指示的请示（求示性请示）；②请求批准的请示（求批性请示）；③请求批转的请示（求转性请示）。

请示应慎重使用，本机关职权范围内可解决的问题，或上级机关以往政策中明确的问题，不应在请示之列。

遇有新问题无执行依据；遇有困难，无力解决；超越职权范围，无权决定；意见分歧，难以工作；遇有突发情况或意外事情，需终止任务的执行；其他按上级有关规定应当请示事项。

请示主要由以下 8 个部分组成。

（1）标题。由制发机关、事由、文种三部分组成。不单用文种式，如“请示”，也不用发文机关+文种，如“养老院请示”。标题中一般较少采用“申请”“请求”“恳请”等字样以免与文种“请示”语义重复。例如，关于筹建“杭州金色年华老年公寓”的请示、关于六安市裕安区老年公寓建设项目的请示、淮安市关于核定市老年公寓护理服务费标准的请示。

（2）发文字号。为完全式。机关代字+年度序号（六角括号）+发文序号。

机关代字，国家级直接写简称，如国务院为国字或国办发，民政部为民字或民办发；六角括号将年份括起，不用中括号也不用小括号，更不能用简称（如08、09）；发文序号不加“第”，也不加“0”。如，民政部文件：民字〔2013〕89号；河北省民政厅文件：冀民字〔2013〕67号；石家庄市民政局文件：石民字〔2014〕38号。

在发文字号下空2行，居左空1字，右侧留签发人位置，右空1字。根据教材刊载需要，不注发文机关标识与签发人，将发文字号立于标题右下侧。

（3）主送机关。为直属上级机关，即一般只报送一个主管的领导机关。如送给无隶属关系的主管机关，则是错误的。例如，石家庄新华区民政局业务上级主管石家庄市民政局，行政主管是石家庄市新华区政府。

（4）正文。正文由请示事由+请示事项+尾语组成。

事由要写明提出请示的原因、背景或依据，要阐述充分，有理有据；请示事项要明确具体、切实可行；尾语，常以简短的文字概括请示的具体要求，再次点明主题，如“以上意见，请予批示”，“以上要求，请予批准”，或“如无不当，请批转”等。

（5）发文机关署名。在正文之后的右下方标注发文机关名称。可用全称或规范化简称。

（6）成文时间。写在落款之下。用阿拉伯数字书写。

（7）附注。在主体尾部应有附注。新《条例》指出，“请示应在附注处注明联系人的姓名和电话，加圆括号”。

（8）印章。

写作要求：一定要弄清楚本单位与所发的单位之间的关系，如隶属关系、行政级别关系、业务工作关系等，据此才能采取合适的文体，在文中使用相应的语气和措辞，这样才能文如其事、恰如其分。否则一个细小的疏忽，就会酿成大错。

（1）写请示须遵循下列原则：一文一事，一般只主送一个主管的领导机关，不多处主送，不送领导者个人；按隶属关系逐级请示，一般情况下，不越级请示，请示上报的同时不抄送下级与同级机关；请示与报告不能混用，不能将请示写成报告，即不写“请示报告”。

（2）两个以上单位联合向上级机关请示时，要在事前确定主办单位，经过认真磋商，取得统一认识，而后会签、印发。

（3）不得越级行文。

（4）请求批准行政规章的请示，要在正文中说明制定此项规章的必要性及其主要内容，然后规章草案作为请示的附件，一并报送。

（5）语气宜谦恭温和。多用“请”“拟”“建议”，不可生硬武断，避免“我们决定”“我们认为应该”等。

请示案例如下。

［例文］

关于推荐青岛颐和老年公寓加入全国爱心护理工程试点单位的请示

中国老龄事业发展基金会：

青岛颐和老年公寓成立于2005年10月，是一所经民政部门批准设置的非营利性的，具有卫生部门颁发的医疗机构执业许可证的，集生活照料、医疗、康复、护理于一体的，并以临终关怀服务为主要特色的民办养老服务机构。现有养老机构两处，总面积6800平方米，总床位477张，均坐落在老城区。其中费县路105号青岛颐和老年公寓，面积4200平方米，床位299张；嘉祥路3号青岛市南区颐和老年爱心护理院，面积2600平方米，床位178张。在青岛市市南区养老服务行业中起到了良好的示范和带动作用。

为在贵会的指导下，推进该院管理服务上台阶、上水平，更好地发挥示范带动作用，根据《中国老龄事业发展基金会“爱心护理工程”试点工作规程》，我区研究推荐青岛颐和老年公寓加入“全国爱心护理工程试点单位”，恳请贵会予以批准。

青岛市市南区民政局

2008年3月12日

二、认识批复

（一）批复的概念和特点

（1）批复是上级机关答复下级机关请示事项的下行公文。下级机关遇有本单位无权、无力、无法解决的事项需要向上级机关请示时，上级机关就使用“批复”这一文种答复请示事项。批复的内容主要是对请示事项明确表态，同意或不同意，或部分同意，有时还对请示事项作出修正、补充。

（2）批复具有以下特点。

①一文一复。批复与批示的不同点，批示针对的文种较多，有报告、计划、总结、意见等，而批复则只针对请示。

②行文具有被动性。批复的写作以下级的请示为前提，它是专门用于答复下

级机关请示事项的公文，先有上报的请示，后有下发的批复，一来一往，被动行文，这一点与其他公文有所不同。

③内容具有针对性。批复要针对请示事项表明是否同意或是否可行的态度，批复事项必须针对请示内容来答复，而不能另找与请示内容不相关的话题。因此批复的内容必须明确、简洁，以利于下级机关贯彻执行。

④效用的权威性。批复表示的是上级机关的结论性意见，下级机关对上级机关的答复必须认真贯彻执行，不得违背，批复的效用在这方面类似命令、决定，带有很强的权威性。

（二）批复的结构与写法

批复的结构通常包括标题、主送单位、正文、落款和成文时间 5 个部分。

1. 标题

批复标题的写法最常见的是完全式的标题，即由发文机关、事由和文种构成。一般写成“关于×××的批复”。有的可表明态度，同意或不同意，批准或不批准。

例如，绍兴市民政局关于同意筹建绍兴市袍江康乐养老院的批复、杭州市民政局关于同意筹建杭州金色年华老年公寓的批复、关于同意成立杭州美华老龄事业服务发展中心的批复。

2. 主送单位

请示主要受理单位名称。

3. 正文

批复正文包括引语和批语两部分。引语是批复的第一段或第一句话，这是批复的根据。其作用在于表示已经知道下级请示的问题，从而引出应有的答复性的文字。一般用“××〔××××〕号文收悉”，表明批复者的态度，如“同意……”或“不同意”“根据……意见，现函复如下：……”“经研究，批复如下：……”。

结尾，可自然收尾，或提出希望要求，有的再写上“此复”一类结束语。

4. 落款

在正文后右下方标注发文机关。

5. 成文时间

成文时间用阿拉伯数字书写。

（三）写作要求

1. 慎重及时

批复既是上级机关指示性、政策性较强的公文，又是对下级单位请求指示、批准的答复性公文，因此，撰写批复要慎重、及时。批复机关收到请示后，要及时进行周密的调查了解，掌握有关情况，根据现行政策法令及办事准则，经认真研究，及时给予答复。

2. 针对请示答复

请示要求一文一事，批复也应有针对性地一文一批复，请示要求解决什么问题，批复就答复什么问题，上下行文互相对应。

3. 明确态度

批复意见不管同意与否，必须十分清楚明白，态度明朗。不能含糊其词，模棱两可，以免下级无所适从。

批复的主送机关明确只有请示机关一个，如果所请示问题有普遍性，或需告知其他一些机关，可用以下办法处理：一是除批复原请示单位外，并转有关单位；二是将批复抄送有关单位；三是将有关意见另用“通知”行文，将本机关对一些普遍性问题的意见及时传达下去。

拓展训练

（一）分析下面这篇公文

请　示

因工作需要，我部门急需购进新型护理床，请批准经费12.4万元。

另：我部门缺少对口护理人员2名，请尽快招聘解决。

请批复。

××养老院全护理部

2014年5月26日

分析：

（1）标题不能单用文种请示，标题可用完全式或关于+事由+请示组成。

（2）该公文中缺少主送单位。

（3）正文内容请示事项在两件以上，不符合一文一事行文规则；开头不能顶格书写。

（4）结尾用语不符合请示惯用语。

（二）分析下面批复结构写法

××市民政局关于同意筹建“××金色年华老年公寓”的批复

××省马寅初人口福利基金会：

你们提交的《关于要求筹建“××金色年华老年公寓”的请示》（2012 年 1 月 4 日）等相关申办材料收悉。经审核和现场勘察，符合《××市社会福利机构管理办法》的规定，同意筹建“××金色年华老年公寓”。现将有关事项批复如下。

拟建养老机构名称：“××金色年华老年公寓”。地址：西湖区转塘街道金家岭 188 号。占地面积：约 116 亩。建筑面积：约 10 万平方米。拟定床位：2500 张。筹建负责人：徐爱光。业务主管单位：××市民政局。该项目属社会办非营利性养老机构，预计总投资约 2.1 亿元（自筹）。

接文后，请按《老年人社会福利机构基本规范》《老年人建筑设计规范》等做好筹建工作。如两年内未通过方案会审，自行取消筹办资格。

（印章）

2012 年 1 月 18 日

分析：本文标题是一个完全式标题，由发文机关+关于事由+文种组成，公文标题除法规规章之外一般不加标点符号，“××金色年华老年公寓”的引号应当去掉；主送机关“××省马寅初人口福利基金会”是请示的单位，符合批复针对请示单位发文。

任务训练

训练目的：检验学生知识掌握及运用的程度。

训练方法：结合学习请示批复的基本知识，要求每位学生完成训练题目，检验学生知识掌握及运用的程度。

训练题目：

1. 根据下面内容拟写请示标题。

（1）浙江民间个人准备筹建“绍兴市袍江康乐养老院”向杭州市民政局行文。

（2）青岛市民政局向中国老龄事业发展基金会行文请求推荐青岛颐和老年公寓加入“全国爱心护理工程试点单位”。

（3）淮安市老年公寓请求淮安市物价局核定老年公寓护理服务收费标准。

2. 根据上面所学请示标题写作技巧，你认为下面请示标题有什么问题？

（1）关于要求拨付市老年公寓建设资金的请示。

（2）关于要求向上争取扶持项目新建老年公寓的请示。

（3）关于申请活动经费的请示。

（4）要求给予修缮敬老院项目资金补助的请示。

（5）关于拨付敬老院项目建设资金请示报告。

3. 阅读下文，分析下面公文正文的结构。

关于××市裕安区老年公寓建设项目的请示

省发改委：

随着人口老龄化的问题越来越突出，××市老年人口已经达到68万，占全市人口10.5%，且老年人口继续以年均3%的速度增长，预计2040年将是我市人口老龄化的高峰期。而我市养老服务业发展相对滞后，尚无一所上规模、档次的居家养老式的老年公寓。裕安区在充分市场调研的基础上，拟新建裕安区老年公寓项目。项目法人为裕安区老年公寓服务管理中心。建设内容为建两层至三层分散式老年公寓9000平方米14幢，配备医疗保健、文体健身、娱乐设施设备等。总投资1300万元，其中已争取社会捐款200万元，拟争取星光计划100万元，财政注入250万元用于征地，项目单位自筹250万元，商请银行贷款420万元，申请省服务业发展引导资金80万元。

特此请示。

××市裕安区政府

2006年2月16日

4. 完成本任务案例导入中请示的改写工作。

分析存在的问题：

标题不能单用文种，缺少发文事由；请示用语“决定”不够谦恭有礼；没有成文日期；语言之间联系不够紧密；入住人员名单不用一一列出，可用附件表示。

改写示例：

××镇汪湾敬老院关于收养30位五保老人入住的请示

××镇政府：

在上级领导的大力支持下，××镇汪湾二级敬老院建设进展顺利，现已竣工，这是镇政府关心弱势群体，体现民生关怀的重要工程。我们积极筹备，一切已安排就绪，准备安排人员入住。现经村民代表大会通过，拟定30位五保老人入住。

妥否，请批示。

附件：30位五保老人名单

×××镇汪湾敬老院

2008年1月10日

5. 根据下面的请示拟写一份批复。

2011年6月3日，杭州美华老龄事业服务发展中心向杭州市民政局提交《关于成立杭州美华老龄事业服务发展中心的请示》等相关申办材料。名称：杭州美华老龄事业服务发展中心。地址：拱墅区祥园路35号3楼310—312室。业务主管单位：杭州市民政局。服务范围：为老年人提供居家养老服务。性质：非营利性养老服务机构。6月10日，杭州市民政局发文批复，同意成立该养老服务机构，请以杭州市民政局名义发文批复。

标题：

主送单位：

正文：

落款：

日期：

学习测评

学习态度、能力评价。

<table>
<tr><th colspan="2" rowspan="2">检测要素</th><th rowspan="2">检测内容</th><th colspan="3">完成情况</th></tr>
<tr><th>80%</th><th>60%</th><th>60%以下</th></tr>
<tr><td rowspan="2">理论知识</td><td>应知应会</td><td>请示与批复含义、特点、种类</td><td></td><td></td><td></td></tr>
<tr><td>理解要点</td><td>读懂基本知识</td><td></td><td></td><td></td></tr>
<tr><td rowspan="5">专业能力</td><td rowspan="5">1.把握公文要素
2.符合工作情景
3.适合工作需要</td><td>请示与批复格式</td><td></td><td></td><td></td></tr>
<tr><td>知道行文方向</td><td></td><td></td><td></td></tr>
<tr><td>拟写标题，能辨析</td><td></td><td></td><td></td></tr>
<tr><td>找出并会用常用词语</td><td></td><td></td><td></td></tr>
<tr><td>能拟写符合格式要求表述基本清楚的公文</td><td></td><td></td><td></td></tr>
</table>

续表

检测要素		检测内容	完成情况		
			80%	60%	60%以下
老师评价	长处				
	努力方向				
同学评价	长处				
	不足				
自测	我的长处				
	我的不足				
	应该努力方向				

任务三　养老机构报告

养老机构一般在成立之前或开展某项工作之前需要请示上级机关，事情告一段落或完成某项工作之后需要向上级汇报工作，适用报告这一文种。本任务主要学习报告基本知识技巧，帮助学生学会拟写养老机构常用的报告。

任务目标

知识目标	知道报告的适用范围。
能力目标	会用报告结构及写法，能写简单报告。
态度目标	自觉向上级汇报工作。

案例导入

年底民政局下发文件，要求所属养老机构把一年来工作总结及下一年度工作计划汇报上来，养老机构办公室文员需要拟写正式公文上报民政局。

办公室主任将一份材料交给在老年公寓实习的董娟娟，让她根据这份材料写一份报告上报民政局，如何写这份报告呢？

问题讨论

1. 做完一件事或快年底时我们需要做什么？

2. 在什么情况下需要向上级行文报告？

3. 常见报告一般格式是什么样的？

4. 报告与请示有何不同？

知识学习

一、报告写作要点

（一）报告含义

报告为上行文，是向上级机关汇报工作，反映情况，答复上级机关的询问的公文。报告具有汇报性、陈述性、概括性三个特点。常见公文报告有工作报告、专题报告、答复报告、报送报告等（表 2-2）。

表 2-2　常见报告种类

序　号	报告名称	主要要求	示　例
1	工作报告	汇报某一阶段工作，如年度工作报告等	某老年公寓 2014 年度工作报告
2	专题报告	汇报某项专门工作或解决某项问题之后及时汇报，结尾可用“特此报告”“专此报告”等专用词语	重庆市永川区民政局关于社会办养老机构有关情况的报告
3	答复报告	要针对上级的询问，实事求是地回答问题的报告	某镇敬老院消防及食品安全自查报告
4	报送报告	按上级要求，将需要报送的材料（文件、物件）的名称、数量写清楚就可以了。结尾用“请收阅”“请查收”“请审阅”等结束	关于报送余杭区民政局 2013 年度工作总结及 2014 年工作思路的报告

（二）报告的结构写法

1. 标题

标题由发文机关、事由、文种三部分组成；发文机关+关于（事由）的报告（报告前可加“紧急”）。例如，重庆市永川区民政局关于社会办养老机构有关情况的报告。

或省略发文机关，由事由+文种两个要素组成。例如，关于报送余杭区民政局 2013 年度工作总结及 2014 年工作思路的报告。

报告常见错误：一是单用“报告”这一文种；二是请示报告放在一起，如关于×××的请示报告，需要特别注意。

2. 主送机关

主送机关一般为直属上级机关。可有多个上级机关。养老机构直属上级机关一般是区或市民政局或政府机关。

3. 正文

形式：导语（目的或缘由）+事项+尾语。

内容：上报情况的由情况+说明+结论组成；上报意见的由依据+说明+设想组成。报告中不能夹带请示事项。

导语常用“现将有关情况报告如下”的过渡语过渡到下文。主体即报告的具体内容，汇报工作报告和答复报告多用纵式结构，以事情发展过程为序把过去、现在及以后的事项陈述清楚。反映情况的报告多用横式结构把事项的原委、经过、结果性质表述清楚。

报告的尾语，多用“特此报告”“专此报告”“请审阅”“请指正”等词语，之后是句号。

4. 落款

在正文后右下方标注发文机关。

5. 成文时间

成文时间用阿拉伯数字书写。

二、报告写作样本

（一）情况报告格式样本

关于×××××××××××××的报告

××××××：

××××××××××××××××××，现将有关情况报告如下：

一、××××××××××××××××，××××××××××××××。

二、××××××××××××××××，××××××××××××××。

三、××××××××××××××××，××××××××××××××。

×××福利院

××××年××月××日

（二）报送报告样本

××旗民政局关于报送2013年工作总结及2014年工作思路的报告

旗委办、政府办：

现将《××旗民政局2013年工作总结及2014年工作思路》随文呈上，请审阅。

××旗民政局

××××年××月××日

拓展学习

（一）报告与其他“报告”的区别

在实际运用中，标有报告称谓的文种有很多，因此，行政公文的报告与应用文种中的其他“报告”易发生混淆。其他报告，是指调查报告、读书报告、学术报告、形势报告、审计报告、咨询报告、立案报告、评估报告以及气象报告等。其他报告的概念、适用内容与适用范围都与行政公文不同，因此不应混淆。

（二）报告与请示的区别

据考据，请示脱胎于报告，因此，在相当长的时期内，人们习惯将请示事项写于报告中。直至1957年10月国务院秘书厅发布了《关于对公文名称和体式问题的几点意见》之后，这种请示与报告相混淆的状态才告结束。在1987年的《国家行政机关公文处理办法》中，报告与请示被列为同一类公文。到1993年，报告与请示才在12类13种公文中分别以第8类、第9类的位置获得“独立”。但是，在实际工作中，报告与请示还是常被人混淆使用，以致影响工作。

1. 行文目的不同

报告为汇报工作，反映情况，答复询问所用，目的是使上级机关了解本单位情况，有针对性地予以指导，因此报告机关不必等待上级机关的答复；而请示则是为了某一问题请求上级机关批示或批准所用，其目的是等待上级机关的明确答复。

正确使用报告与请示，最重要的是掌握两个文种的行文目的。需要上级机关批复的，用请示；只向上级机关报告情况而不需要答复的，用报告。

2. 行文时限不同

报告可以在事前、事后或工作进行中行文；而请示则必须在事前行文。

掌握两个文种的行文时限，也有助于行文的选择。事后、事中进行上报的，显然不是请示了。

（三）报告、请示、批复的关系与区别

报告、请示、批复均为常用上下机关行文，它们之间的内在关系与区别见表2-3。

表2-3　报批性公文一览

	报　告	请　示	批　复
定义	适用于向上级机关汇报工作，反映情况，答复上级机关的询问	适用于向上级机关请求指示，批准	适用于上级机关答复下级机关请示事项的回复性公文
特点	汇报性 陈述性 概括性	单一性 一文一事 事先性 请批对应	被动性 针对性 权威性
种类	工作报告 情况报告 答复报告 报送报告	求示性请示 求批性请示 求转性请示	批准 不批准 指示
发文字号	完全式	完全式	完全式
标题	完全式 事由+文种	完全式 事由+文种	无单文种式 （成文日期可在标题下）
主送机关	直属上级机关	直属上级机关	直属下级机关
正文	导语+事项	事由+事项 （要有附注）	事由+答复事项
尾语	特（专）此报告 特此报告，请审阅 特此报告，请查收 特此报告，请审核 请收阅。请查收	请指示。请予指示 特此请示。特此申请 妥否，请批示 当否，请批示 此请示请早日批复 如无不妥，请批准	秃尾 此复 特此批复 提出希望要求

任务训练

训练目的：检验学生知识掌握及运用的程度。

训练方法：结合学习报告的基本知识，要求每位学生完成练习题，检验学生知识掌握及运用的程度。

训练题目：

1. 你认为在养老机构文书工作中以下做法合适吗？

（1）报告可以同时上报几个机关。

（2）某养老院发生一突发性重大事故，向上级反映此事故及具体情况，用报告行文。

（3）关于申请修建养老院项目大楼的报告。

（4）关于发生重大火灾事故的报告。

（5）关于扩建敬老院的请示报告。

（6）报告可以用“以上报告，当否，请指正”之类的结束语。

（7）福利院经费申请报告。

（8）养老院关于申请补助经费的请示报告。

2. 根据内容提示拟写公文标题。

（1）爱欣养老院向上级领导机关汇报本单位2013年的各方面工作情况。

（2）某养老院出现一突发性重大事故，向上级行文反映此事故的具体情况。

（3）余杭区政府要求民政局上报2013年度工作总结及2014年工作思路。

3. 根据下面的材料拟写报告。

石门市爱欣老年公寓现有5个服务活动中心，年底市民政局要求上报2014年度工作总结和新一年工作设想，请以爱欣老年公寓名义拟写公文，上报市民政局。

学习测评

学习态度、能力评价。

检测要素		检测内容	完成情况		
			80%	60%	60%以下
理论知识	应知应会	报告含义、特点、种类			
	理解要点	读懂基本知识			
专业能力	1. 把握公文要素 2. 符合工作情景 3. 适合工作需要	报告结构格式			
		知道行文方向			
		拟写标题，能辨析			
		找出并会用常用词语			
		能拟写符合格式要求、表述基本清楚的公文			

续表

检测要素		检测内容	完成情况		
			80%	60%	60%以下
老师评价	长处				
	努力方向				
同学评价	长处				
	不足				
自测	我的长处				
	我的不足				
	应该努力方向				

综合练习

一、填空题

1. 请示适用于向上级机关请求______和______。

2. 请示应当一文一事，一般只有______个主送机关。

3. ______与批复对应，批复只能针对______行文。

4. 请示必须在______请示。一般有______请示、______请示、______请示三种。

5. 批复一般态度______，便于下级执行。

6. 报告一般在______或______行文。可以一文一事，也可______。

7. 报告常见的有工作报告、（专题）情况报告、答复报告和______报告。

8. 报告常用尾语有______报告、______报告等。

二、判断对错，错的改正过来

1. 津民发（2009）03 号。

2. 杭民字 [2013] 19 号。

3. 京福字<2009>第 67 号。

4. 区民政局申领养老机构补贴的规定的通知。

5. 请示可以越级行文。

6. 在写请示事项打算怎么办时，一般用“拟”，不用“我们决定”。

7. ××市民政局关于暖暖养老院扩建问题的答复。

8. 报告主送单位可以是一个，也可以有多个。

9. 报告中不能夹带请示事项。

10. 报告与请示一样都是上行文，上级都要批复。

三、选择题

1. 发文字号是公文的代号，由（　　）组成。

A. 份号　　B. 发文机关代字

C. 发文顺序号　　D. 发文年度

2. 公文的文面格式按其各要素所在位置划分，可分为（　　）。

A. 眉首部分　　B. 中心部分　　C. 主体部分　　D. 文尾部分

3. 版记部分包括（　　）等要素。

A. 主题词　　B. 抄送机关　　C. 印制单位　　D. 印制日期

4. 国家行政机关的公文用纸，一般采用（　　）型纸。

A. B5　　B. 16 开　　C. 8 开　　D. 国际标准 A4

5. 下列关于公文正文中的结构层次序数使用正确的是（　　）。

A. 第一层为“一、”，第二层为“（一）”，第三层为“1.”，第四层为“（1）”

B. 第一层用“（一）”，第三层用“1、”

C. 第一层用“一、”，第二层用“（1）”

D. 在正文层次不多的情况下，第一层用“一、”，第二层可用“1.”

四、评析下面这篇公文

关于拨付敬老院项目建设资金请示报告

县财政局：

在贵局的大力支持下，我镇敬老院项目建设的前期启动资金×万元已经顺利到位，确保了我镇敬老院建设过程能够按时破土动工，现该项目已经完成建设任务的 70 %，进展顺利。

为了加快××镇敬老院工程的建设步伐，确保后续建设资金的及时到位，工程按时保质完成。恳请贵局一如既往地鼎力支持，划拨给××镇敬老院建设资金××万元整。

以上请示，当否？请批示。

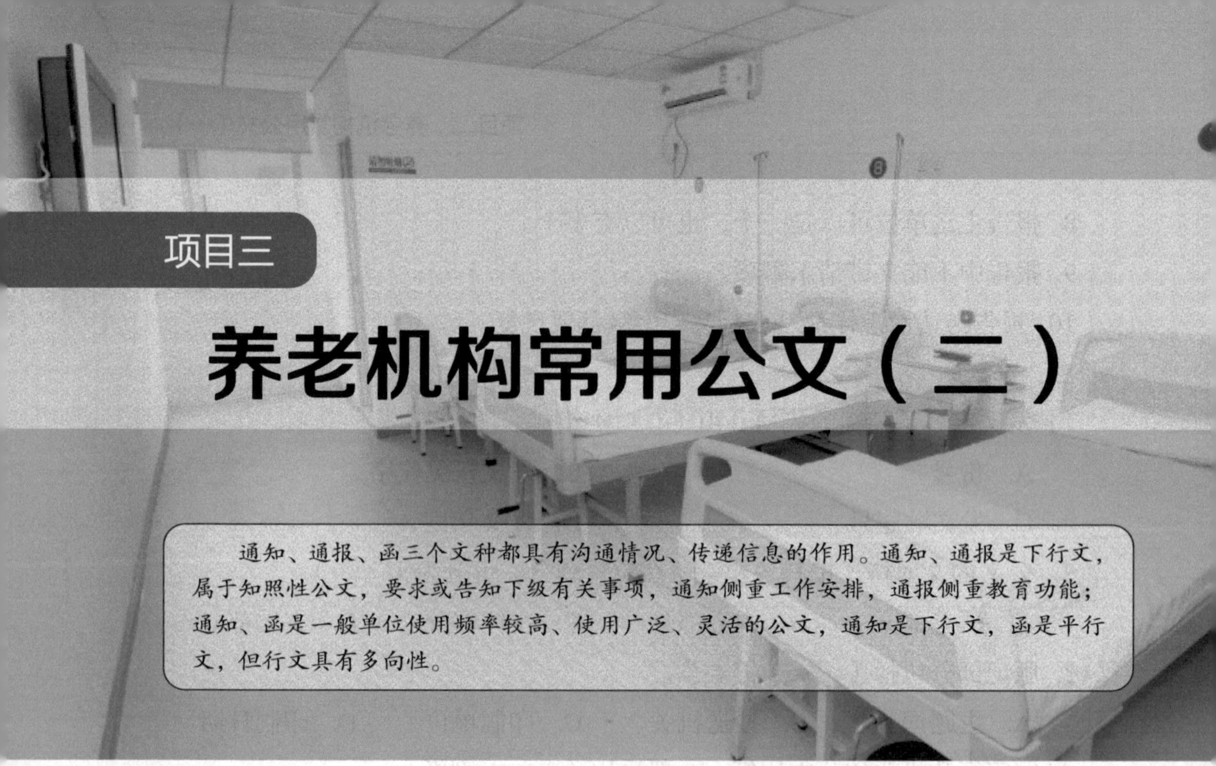

项目三

养老机构常用公文（二）

通知、通报、函三个文种都具有沟通情况、传递信息的作用。通知、通报是下行文，属于知照性公文，要求或告知下级有关事项，通知侧重工作安排，通报侧重教育功能；通知、函是一般单位使用频率较高、使用广泛、灵活的公文，通知是下行文，函是平行文，但行文具有多向性。

任务一　养老机构通知

通知是正式法定公文中使用频率最高、适用范围较广的一种文书，它既可用于上级机关批转下级来文，又可用于平级之间转发文件，还可用于指导下级开展工作、召开会议、传达事项，并可用于调整单位管理人员职位。一般来说，通知这种文书占单位所有文书的一半。养老机构工作如何开展、如何管理都要在上级通知文件指导下进行，参加或组织会议也都离不开通知这一文种。

任务目标

知识目标	知道通知的含义、特点、常用词语。
能力目标	能看懂理解通知结构写法及主要内容，会写简单的通知。
态度目标	认真自觉按上级要求开展工作。

案例导入

董娟娟实习所在老年公寓是一家集护理、医疗、康复、临终关怀、教育科研于一体的养老机构。成立10多年来，现已有三个服务点，经常收到民政局通知文件，公寓领导也常让办公室的文员写通知、发通知。到底应怎样写通知呢？

问题讨论

1. 什么是通知？有何特点？

2. 为什么一般单位都有通知？

3. 通知有哪些种类？

4. 一般通知的结构与写法是怎样的？

知识学习

一、通知的概念、特点和类型

（一）通知的概念

通知是上级机关用于批转公文、转发公文、传达事项与任免人员的下行文。针对的对象是有特定范围的，一般是限于有关单位有关人员，所以称为“限知性”公文。它的发布方式，多是内部印发，有的也可以公开张贴。

（二）通知的特点

1. 适用范围广。

2. 使用频率高。

3. 时效性强。

（三）通知的类型

根据新《条例》对通知的适用规定，通知可分为指示通知、批转通知、转发通知（发布通知）、任免通知及会议通知五种。

二、通知的结构与写法

（一）通知的结构与写法

通知的结构：标题+主送机关+正文（+附件）+落款+成文日期。

1. 标题

（1）发文机关+事由+文种。

（2）事由+文种。

2. 主送机关

（1）主送机关单一或不超过三个时，应直接书写或依次排序。

（2）主送机关较多时，要注意主送机关排列的规范性。

3. 正文

除批转通知、转发通知（其正文结构见下述）以外，通知正文的基本结构是发文缘由+通知事项+尾语。

（1）发文缘由。发文缘由可以由发布通知的意义、根据组成，有些内容重要的通知，为了便于受文机关了解通知精神，还有发文背景。

常用“为了……”或“根据……”，“现将有关事项通知如下：”等词语过渡到通知具体事项中来。

（2）通知事项。一般用汉字“一”“二”“三”等说明通知具体事项。

（3）尾语。具体内容如下。

①可用“特此通知”收尾。

②具体阐述执行要求或希望。采用结束语，如“请遵照（贯彻、照此、研究、参照）执行”“特此通知，望认真执行”“本通知自下发之日起实行”等。

③秃尾。自然收尾。

4. 附件

不是所有的通知都具有附件。一部分通知（如大型会议通知、某些事项通知等）常有附件。根据《党政机关公文格式》的规定，附件原文应置于公文正文后，在附件页左上角第一行顶格标识“附件”两字，在序号、附件名称后，下附“附件”原文。

5. 落款

指发文机关印章。

6. 成文日期

成文日期通常位于落款下，用阿拉伯数字书写。

（二）不同类型通知的写作

不同类型通知的区别主要表现在正文的写法上，现将各类型通知的正文写法加以阐述。

1. 批示性通知

大体有以下三种情况和相应的三种形式。

“转发”通知，对上级机关、同级机关或不相隶属机关的公文，加按语式通知转发下去。

“批转”通知，是对下级机关的公文加批语式通知下发，通知执行，或通知参照执行等。

“印发”或“颁发”通知，职能机关发布行政法规、印发有关文件，并加说明式通知下发，其附件即要颁发的那个文件。

（1）批转通知。

标题。批转通知批转下级公文，常采用四元素标题。其结构是批转机关+原发文机关+事由+文种。

批转通知标题结构是发文机关+批转+原发文机关+关于事由+文种+的通知。

例如，北京市西城区人民政府批转区民政局关于推进居家养老服务试点工作实施意见的通知。

发文机关（北京市西城区人民政府）+批转+原发文机关（区民政局）+关于事由（关于推进居家养老服务试点工作实施）+文种（意见）+的通知。

正文。批转通知的正文结构是批语+转发语（+意义+执行要求）。

（2）转发通知。

标题。一般转发上级或平级单位的公文，常采用四元素标题：转发机关+原发文机关+事由+文种。

转发通知标题：发文机关+转发+原发文机关+关于事由+文种+的通知。

例如，顺义区人民政府办公室转发区民政局关于顺义区居家养老（助残）服务工作实施意见的通知。

发文机关（顺义区人民政府办公室）+转发+原发文机关（区民政局）+关于事由［关于顺义区居家养老（助残）服务工作实施］+文种（意见）+的通知。

如果原件中有“的通知”三个字，因“转发”一语的使用已限定文种性质为通知，这时就不必再在原件标题后加“的通知”三个字。如我们有时见到的“关于 ×××通知的通知”的标题是不符合规范要求的。

正文。转发通知的正文结构是转述批语+转发语（+意义+执行要求）。

［例文］

××区人民政府办公室转发区民政局
关于××区居家养老（助残）服务工作实施意见的通知

各镇人民政府，地区和街道办事处，区政府各委、办、局，各区属机构：

区民政局制定的《××区居家养老（助残）服务工作实施意见》已于2010年2月8日第1次区政府常务会议审议通过，现转发给你们，请认真依照执行。

××区人民政府（印章）

××××年××月××日

（3）印发通知。

标题。印发通知大多采用三元素标题：发文机关+事由+文种。

也可采用事由+文种。例如，国务院办公厅关于印发社会养老服务体系建设规划（2011—2015 年）的通知；又如，关于印发全市福利院、敬老院、光荣院规范管理整治方案的通知。

正文。印发通知的正文结构是发文缘由（意义、根据、背景）+印发语（+执行要求）。

［例文］

××省××县人民政府办公室

关于印发××县农村敬老院老年公寓管理办法的通知

各乡（镇）人民政府，县政府各工作部门、各直属机构：

《××县农村敬老院老年公寓管理办法》已经县人民政府同意，现印发给你们，请认真组织实施。

（印章）

××××年××月××日

2. 指示通知

对下级机关有所指示，如认为其内容不宜用命令或指示发布的，可用“通知”发布。

（1）指示通知标题。一般采用完全式标题：发文机关+关于事由+的通知。例如，吉林省吉林市民政局关于吉林市社会福利院老年公寓收费标准的通知、河北省石家庄市民政局关于对全市社会办养老服务机构进行 2011 年度检查的通知。

或省去发文机关的标题：关于事由+的通知。例如，关于做好政府购买养老服务工作的通知。

（2）正文的结构与其他通知相同：发文缘由+通知事项+尾语。

［例文 1］

关于对老年服务机构有关税收政策问题的通知

财税〔2000〕97 号

各省、自治区、直辖市、计划单列市财政厅（局）、国家税务局、地方税务局：

为贯彻中共中央、国务院《关于加强老龄工作的决定》（中发〔2000〕13 号）精神，现对政府部门和社会力量兴办的老年服务机构有关税收政策问题通知如下。

一、对政府部门和企事业单位、社会团体以及个人等社会力量投资兴办的福利性、非营利性的老年服务机构，暂免征收企业所得税，以及老年服务机构自用房产、土地、车船的房产税、城镇土地使用税、车船使用税。

二、对企事业单位、社会团体和个人等社会力量，通过非营利性的社会团体和政府部门向福利性、非营利性的老年服务机构的捐赠，在缴纳企业所得税和个人所得税前准予全额扣除。

三、本通知所称老年服务机构，是指专门为老年人提供生活照料、文化、护理、健身等多方面服务的福利性、非营利性的机构，主要包括老年社会福利院、敬老院（养老院）、老年服务中心、老年公寓（含老年护理院、康复中心、托老所）等。

本通知自2000年10月1日起执行。

财政部（印章）

××××年××月××日

分析：国家对养老机构税收政策的减免通知。

①发文缘由。发文缘由常写发文意义、根据、背景等，以使受文者晓谕制发本通知的必要。

本例文第一段为发文缘由，用“为”领起介绍发文意义目的。

②通知事项。通知事项为具体指示性意见时，应注意体现通知内容的政策性、权威性、原则性；书写周知性事项时应注意具体明确、层次清楚，以便下级机关办理。本例文以“一、二、三”组成三个自然段分述通知具体事项。

③尾语。本例文尾语“本通知自2000年10月1日起执行。”说明通知执行开始时间。尾语可提出希望、执行要求，也可采用秃尾形式。

［例文2］

××市人力资源和社会保障局关于将

××山庄老年公寓医务室等两家医疗机构纳入医保服务范围的通知

××山庄老年公寓医务室等医疗机构：

根据《××市卫生局××市民政局××市人力资源和社会保障局××市财政局关于加强养老服务机构医疗服务的实施意见》（×卫医政〔2014〕88号）精神，经调研评估，决定将××山庄老年公寓医务室、××市××养老院医务室纳入基本医疗保险定点服务范围。

请接到通知后尽快与市社会保险管理中心签订医疗服务协议,其开展的服务项目在协议中约定。

××市人力资源和社会保障局（印章）

××××年××月××日

分析:这是市级机关对市里具体老年公寓下发的一个关于养老机构医务室管理的指示通知。内容具体单一，发文缘由与通知事项放在一个自然段。

发文缘由：说出依据“根据”两个文件精神。通知事项：作出决定“纳入基本医疗保险定点服务范围”。尾语是第二自然段，提出执行具体要求。

3. 会议通知

决定召开什么会议，内容（讨论什么事项）、时间、地点、参加范围等，可用“通知”发布。

（1）标题：发文机关+关于召开（举办）+会议+的通知。

① 美兰金苑养老院关于召开“我心中的优秀护理员”表彰大会的通知。

② 关于召开全市企业养老保险工作会议的通知。

（2）主体结构：发文缘由+通知事项+尾语+附件。

① 发文缘由。常写召开会议的意义、根据与背景，以使受文者决定是否与会。

② 通知事项。从内容上说，会议通知可分为“单一”与“复杂”两种。内容单一的，只需交代清楚会议议题、目的、时间、地点、与会人员等即可；而内容复杂的通知，则需要告知会议名称、议题、目的、时间、地点、与会人员、会议议程、要求、需准备的资料、发言提纲以及会议安排、接待手续等；有的还需注明会议食宿、交通费用归何方承担，有无专车迎候等。

③ 尾语。可写希望、执行要求，或其他说明，或结束语“特此通知”等；也可采用秃尾形式。

④ 附件。附件可准备交通路线图、回执、相关文件等。

会议通知格式及用语

标题：关于召开××××会议的通知

主送单位:（一个或多个）

正文：为了……（或根据……），经研究决定召开×××会议，现将有关事项通知如下。

一、会议内容（议题）

二、会议时间、地点

三、会议要求

四、其他事项

联系方式：

联系人：

参会回执：

发文单位（印章）

发文时间

［例文 1］

关于召开全市养老保险工作会的通知

各县市区社保局（中心）、各科室：

为传达、贯彻省、市有关会议精神，总结 2010 年工作，分析当前工作形势，部署 2011 年工作。经研究，定于 2011 年 3 月 18 日召开全市养老保险工作会。现将有关事项通知如下：

一、会议时间

2011 年 3 月 18 日（星期五），会期一天。

二、会议地点

××市××大酒店三楼君子兰厅。

三、参会人员

各县市区分管养老保险工作的副局长、社保局长（主任）；市本级各科室负责人。

四、注意事项

1. 请各县市区按统一格式准备好书面汇报材料 45 份，报到时交会务组（会务组设在×××房间）。

2. 请城区参会人员于 18 日 8：00 前直接赴会场参会；县市参会人员于 17 日下午报到。

3. 住宿由会务组统一安排，费用自理。

4. 请将参会人员名单和书面汇报材料电子版于3月17日上午报市社保处综合科（邮箱地址）。

联系人：贾××，电话：××。

×××市社保局（印章）

××××年××月××日

［例文2］

关于举办老年公寓连锁开发与运营服务现场交流会的通知

各会员单位：

为应对我国人口的快速老龄化，满足老年人对养老服务的需求，不同层次的养老方式脱颖而出。其中，老年公寓作为中高端的养老项目已在一些地方开发；连锁开发经营作为一种模式，具有低成本高效率快速发展的商业优势，也在一些企业中试行。

为提升开发企业和各界对养老地产的认知，提高老年住区开发运营实战能力，促进养老地产平稳健康发展，中国房地产业协会老年住区委员会与中房网共同在金手杖国际养生公寓、寸草春晖养老护理院和泰康之家举办“老年公寓连锁开发与运营服务现场交流会”。本次活动以模式分享+企业深度探索+项目实地考察交流的形式，旨在为企业负责人对养老地产项目的设计、开发建设与运营服务等搭建一个良好的经验交流平台，帮助其了解养老住区相关政策法规、国内外连锁式养老公寓开发运营商业模式及应该如何打造属于自己的商业模式，为企业培养高端实战复合型人才，推动养老地产发展。现将有关事项通知如下。

一、会议主要内容

1. 解读国家及有关部委已出台的养老服务业相关配套文件。

2. 金手杖国际养生公寓项目整体解决方案介绍。

3. 寸草春晖养老护理院商业模式介绍。

4. 泰康之家老年住区项目的投资、回收与管理。

5. 养生养老地产整体解决方案介绍。

6. 实地参观金手杖国际养生公寓、寸草春晖养老护理院及泰康之家项目。

二、时间、地点

时间：××××年××月××日（会期一天）。

报到时间：××××年××月××日（全天报到）。

会议地点：××国际养生公寓。

行车路线：××××××镇××国际养生公寓。

三、参会人员

各会员单位、有关企业领导、养老地产项目负责人、养老地产项目规划设计、运营服务单位负责人。

四、会议协办单位

北京宏福建工集团有限公司、寸草春晖养老护理院、泰康之家投资有限公司。

五、其他事项

1. 报名参会人员，请于 9 月 1 日前通过电子邮件、传真或者电话等方式向×××报名，以便视报名情况安排食宿等事项（报名表附后）。

2. 凡参会的会员单位代表缴纳会务费 1500 元/人，非会员单位代表缴纳会务费 2000 元/人。食宿统一安排，费用自理。

六、中国房协老年住区委员会联系方式

联系人：朱××

电　话：××

地　址：××

邮　箱：××

网　址：××

附件：

（1）连锁式养老公寓开发与运营模式考察交流会会议口程；

（2）连锁式养老公寓开发与运营模式考察交流会回执表。

中国房地产业协会老年住区委员会

××××年××月××日

4. 任免通知

任免领导人需下级机关知晓，或任免的就是下级机关领导人。主要写何机关何会议决定何人任何职。亦可归入第一类一般性通知中，属于要求下级知晓的。一般只在机关内部发布，本单位可决定但要报批备案的，写清何机关何会议何时决定、报上级批准备案，任命何人何职，免去原职。以即日生效，特此通知收束。落款、发文日期。写出手续完备，入职清楚，日期准确，合乎要求。

［例文］

关于陈××等同志职务任免的通知

局机关各科室、各局属单位：

经局党组研究，决定聘任：

陈××同志为市民间组织管理办公室主任；周××同志为市老人公寓主任；黄××同志为市老人公寓副主任；励××同志为市社会福利院院长；岑××同志为市社会福利院副院长；荆××同志为市社会福利院副院长；孙××同志为市老年活动中心主任。

以上同志聘任期三年，自××××年××月××日至××××年××月××日止。原聘任的职务自行免去。

免去：

胡××同志的市移民安置办公室主任职务；

霍××同志的市地名委员会办公室副主任（正科级）职务。

（印章）

××××年××月××日

任务训练

训练目的：检验学生知识掌握及运用的程度。

训练方法：结合学习通知的基本知识，要求每位学生完成训练题，由易到难检验学生知识理解、掌握、运用的程度。

训练题目：

1. 你能看出下面养老机构有关通知文书标题有什么问题吗？

（1）××市福利院增加养老服务对象的通知。

（2）关于转发木兰镇松江村老年人协会章程的通知。

（3）关于召开全区养老院、福利院等院长会议的《通知》。

（4）对《唐山市民政局关于老年公寓优秀护理员工作的评选表彰大会通知》的转发。

2. 根据下面养老工作情况材料，拟写公文标题。

（1）×××养老院在入住老人及家属开展“我心中的优秀护理员”活动，经大家投票选出10名最受欢迎护理员，准备召开大会予以表彰，请为该养老院拟写公文标题。

（2）为加快推进村干部参加养老保险工作，铜陵镇政府决定发文召开村干部参加养老保险工作会议。

（3）根据部门发展需要，某养老院决定任命王松同志为该集团副总经理。

3. 拟写通知

（1）根据下面的材料，拟写会议通知。

为加快推进村干部参加养老保险工作，铜陵镇政府决定发文组织各乡镇分管领导、组织委员和乡镇就业和社会保障事务所负责人召集村干部参加养老保险工作会议。定在县社会保障局五楼会议室，2010 年 10 月 14 日上午 9：00，会期半天。主要让他们了解前期村干部参加养老保险工作进展情况，安排下一步工作。要求各乡镇接通知后，安排相关人员按时参会。

（2）某市政府 2008 年 5 月 8 日开始印发《某市老年公寓项目建设优惠政策》，此文经第六次市长办公会议研究同意，下发至各乡镇人民政府、街道办事处、市直各有关单位，希望遵照执行。

学习测评

学习态度、能力评价。

检测要素		检测内容	完成情况		
			80%	60%	60%以下
理论知识	应知应会	通知含义、特点、种类			
	理解要点	读懂基本知识			
专业能力	1. 把握公文要素 2. 符合工作情景 3. 适合工作需要	通知格式写法			
		知道行文方向			
		拟写标题，能辨析			
		找出并会用常用词语			
		能拟写符合格式要求表述基本清楚的公文			
老师评价	长处				
	努力方向				
同学评价	长处				
	不足				

续表

<table>
<tr><th colspan="2" rowspan="2">检测要素</th><th rowspan="2">检测内容</th><th colspan="3">完成情况</th></tr>
<tr><th>80%</th><th>60%</th><th>60%以下</th></tr>
<tr><td rowspan="3">自测</td><td>我的长处</td><td colspan="4"></td></tr>
<tr><td>我的不足</td><td colspan="4"></td></tr>
<tr><td>应该努力方向</td><td colspan="4"></td></tr>
</table>

任务二　养老机构常用通报

养老机构针对各项工作开展情况的总体把握，一是通过下级单位主动请示、报告，二是发现工作中出现的重要情况予以通报，工作成绩突出的予以表彰，问题比较严重或出现重大事故的要予以批评。这就要用到通报这一公文文种。

任务目标

知识目标	知道通报的适用范围、含义、特点、种类。
能力目标	能根据不同情况拟写符合情景的通报。
态度目标	针对不同情况，态度明确，符合情景。

案例导入

××市××养老院在2013年年终之际，决定召开年终总结大会，对一年来表现优秀的护理人员提出表扬并奖励。养老院院长要求办公室秘书小董提前拟发一份表彰优秀员工的通报。

问题讨论

1. 什么是通报？有何特点？何时用到通报？
2. 通报的写作格式是怎样的？
3. 通报和通知有何不同？

知识学习

一、通报的概念

通报是上级把有关的人和事告知下级的公文。

1. 通报适用范围

通报的适用范围很广，各级党政机关和单位都可以使用。它的作用是表扬好人好事，批评错误和歪风邪气，通报应引以为戒的恶性事故，传达重要情况以及需要各单位知道的事项。通报是各级机关、企事业单位和团体经常使用的文种。其目的是交流经验，吸取教训，教育干部、职工群众，推动工作的进一步开展。

2. 通报的种类

（1）表彰性通报。表彰性通报，就是表彰先进个人或先进单位的通报。这类通报，着重介绍人物或单位的先进事迹，点明实质，提出希望、要求，然后发出学习的号召。

（2）批评性通报。批评性通报就是批评典型人物或单位的错误行为、不良倾向、丑恶现象和违章事故等的通报。

这类通报，通过摆情况，找根源，阐明处理决定，使人从中吸取教训，以免重蹈覆辙。这类通报应用面广、数量大、惩戒性突出。

（3）情况通报。情况通报，就是上级机关把现实社会生活中出现的重要情况告知所属单位和群众，让其了解全局，与上级协调一致，统一认识，统一步调，克服存在的问题，开创新的局面。这类通报具有沟通和知照的双重作用。

3. 通报的性质

（1）通报属于奖励与告诫性公文。通报承负着“表彰先进，批评错误”的任务，因而具有奖励与告诫性质，这一点不同于通知。

（2）通报属于传达和告知性公文。通报虽与通知均有传达、告知职能，但通知是传达“要求下级机关办理和需要有关单位周知或执行的事项”，而通报则是传达“重要精神或情况”。

（3）通报的发布范围，往往是在一个机关或一个系统内部使用。通报虽然具有公开“通”“晓”“广而报告”之意，但发布范围仅限于本机关或本系统。

4. 通报的特点

（1）告知性。通报的内容，常常是把现实生活当中一些正反面的典型或某些带倾向性的重要问题告诉人们，让人们知晓、了解。

（2）教育性。通报的目的，不仅是让人们知晓内容，它主要的任务是让人们知晓内容之后，从中接受先进思想的教育或警戒错误，引起注意，接受教训。这就是通报的教育性。这一目的，不是靠指示和命令方式来达到，而靠的是正、反面典型的带动，真切的希望和感人的号召力量，使人真正从思想上确立正确的认识，知道应该这样做，而不应该那样做。

（3）政策性。政策性并不是通报独具的特点，其他公文同样具有这一特点。可是，作为通报，尤其是对表扬性通报和批评性通报来说，在这方面显得强一些。因为通报中的决定（处理意见），直接涉及具体单位、个人或事情的处理，同时，此后也会牵涉到其他单位、部门效仿执行的问题。决定正确与否，影响颇大。因此，必须讲究政策依据，体现党的政策。

二、通报的写作结构

（一）标题

1. 完全式标题

发文机关名称+事由+文种。例如，贵州省民政厅关于评定2013年度星级敬老院的通报。发文机关是贵州省民政厅，事由是关于评定 2013 年度星级敬老院，文种是通报。又如，六安市民政局关于2014年度敬老院建设项目进展情况的通报。发文机关是六安市民政局，事由是关于2014年度敬老院建设项目进展情况，文种是通报。

2. 不完全式标题

事由+文种。例如，关于养老院安全隐患排查情况的通报、关于对全区敬老院安全越冬检查情况的通报、关于对敬老院整改工作检查情况的通报。

（二）主送机关

可以是下级机关，也可以指某一范围内，不标注主送机关。

（三）正文

1. 表彰通报

［例文］

××市民政局关于表彰2013年度先进敬老院、先进民办养老服务机构的通报

各镇人民政府、街道办事处：

2013年，全市18所敬老院、43家民办养老服务机构在各级党委政府的正确领导下，以人为本，创新管理，努力满足全社会不断增长的社会养老服务需求，切实保障农村“五保”和城镇“三无”对象的基本生活和权益，为维护社会稳定，构建和谐社会作出了积极的贡献。

为弘扬先进，树立典型，全面提升我市养老服务水平，经研究决定对古城街道、河头镇等3家先进敬老院，古城街道红枫颐苑养老院、古城街道福寿养老院等6家先进民办养老服务机构予以通报表彰。

希望受表彰的敬老院、民办养老服务机构珍惜荣誉，再接再厉。同时希望全市敬老院、民办养老服务机构要以先进为榜样，认真学习先进经验，扎实工作，开拓进取，奋力拼搏，努力推动全市养老服务事业再上新台阶。

附件：先进敬老院、先进民办养老服务机构名单。

×××市民政局（印章）

2014年3月19日

归纳表彰通报的正文有三部分：一是概括介绍先进事迹、性质或意义；二是作出表彰决定，如什么机构决定以及给予表彰对象以什么项目的表彰和奖励；三是提出希望号召。

2. 情况通报

正文结构一般有两种类型：一是被通报的情况可以是一般工作情况通报，具体情况和结果；另一种是出现比较严重问题的情况通报概述，然后提出希望和要求。

［例文1］

××县民政局关于2010年度乡镇敬老院工作目标管理考核结果的通报

各乡镇民政办：

根据2010年度乡镇敬老院目标管理考核方案，县局于2011年3月初对乡镇敬老院进行了一次综合考核，现将考核情况通报如下。

一、2010年度乡镇敬老院目标管理考核结果

1. 一类敬老院（6个）

开云镇敬老院　白果镇敬老院　长江镇敬老院

望峰乡敬老院　长青乡敬老院　贺家乡敬老院

2. 二类敬老院（8个）

店门镇敬老院　萱洲镇敬老院　东湖镇敬老院

马迹镇敬老院　岭坡乡敬老院　永和乡敬老院

江东乡敬老院　沙泉乡敬老院

3. 三类敬老院（3个）

福田铺乡敬老院　贯塘乡敬老院　新桥镇敬老院

二、奖励措施

对被评为一类敬老院的给予表彰，工作人员浮动工资按100%计发；对被评为二类敬老院的，工作人员浮动工资按 50%计发；对被评为三类敬老院的，工作人员不计发浮动工资。

（印章）

××县民政局

2011 年 3 月 14 日

分析：这是一般工作情况通报，由具体工作情况结果与奖励办法两部分组成。

［例文 2］

重庆市江津区人民政府办公室关于 2014 年度“星级敬老院”评定结果的通报

各镇人民政府、街道办事处，区政府各部门：

按照《重庆市江津区人民政府办公室关于进一步加强敬老院建设和管理的通知》（江津府办发〔2012〕383 号）精神，结合《重庆市江津区敬老院等级评定实施办法（试行）》，全区广泛开展了“星级敬老院”的创建工作。按照综合得分评选出石蟆镇中心敬老院等 2 所敬老院为五星级敬老院；先锋镇中心敬老院等 3 所敬老院为四星级敬老院；石门镇中心敬老院等 4 所敬老院为三星级敬老院。

附件：江津区星级敬老院名单

（印章）

重庆市江津区人民政府办公室

2014 年 12 月 23 日

分析：这种情况通报只有评选工作结果一项内容通报。

［例文 3］

关于近期全国连续发生养老院亡人火灾的通报

市民政局、各区县（地区）防火安全委员会办公室：

近期，安徽、河南、江西等地养老院相继因用火不慎发生火灾，造成多人伤亡，教训十分深刻，引起各级领导高度重视，现将有关情况通报如下。

5 月 15 日 4 时许，安徽省淮南市唐山镇老年公寓因燃着的蚊香引燃周围可燃物发生火灾，造成 2 名老人死亡；6 月 6 日 3 时 40 分许，河南省信阳市灿烂夕阳养老院因燃着的蚊香引燃床边掉落的被褥发生火灾，造成 3 名老人死亡；6 月 11 日 5 时 03 分许，江西省新余市仙女湖养老院因使用蜡烛照明不慎引燃可燃物发生火灾，造成3名老人死亡，3名老人受伤。

分析上述三起火灾事故，充分暴露出以下突出问题。一是单位消防安全责任制不落实。三家养老院均未制定用火用电安全管理制度，也没有落实防火巡查、监护措施。安徽唐山镇老年公寓、河南灿烂夕阳养老院的护工点燃蚊香后，没有采取有效防护措施；江西仙女湖养老院护工点燃蜡烛照明，离开时没有将蜡烛熄灭。二是扑救初起火灾及组织疏散逃生能力低。三家养老院居住老人最大的93岁，最小的72岁，多数行动不便，着火房间的老人基本没有自救逃生能力。安徽唐山镇老年公寓、河南灿烂夕阳养老院火灾发生后，员工自行进行扑救，没有向消防队报警；江西仙女湖养老院着火后，员工没有组织有效的疏散和初起火灾扑救。三是职能部门监管不到位。三家养老院未经当地公安消防部门审查，便由民政部门颁发了《社会福利机构设置批准证书》。

民政部门和消防部门要深刻吸取上述火灾事故教训，认真分析全市社会福利机构消防安全形势，及时采取有效措施改善社会福利机构消防安全条件，坚决预防亡人火灾事故发生，确保全市社会福利机构消防安全。

（印章）

××市人民政府办公室

2015年5月20日

分析：这是出现严重事故的情况通报。

3. 批评通报

［例文］

关于给予×养老集团员工违反劳动纪律批评处罚的通报

各公司、各部门：

为进一步加强员工劳动纪律，近日我集团总部加强对员工的考勤检查。本月20日集团总部人力资源部与各公司相关领导进行考勤抽查，发现部分员工违纪，现依据《×集团员工管理办法》之《考勤管理办法》和《奖惩管理办法》予以通报批评和相应处罚。现将有关具体情况通报如下。

一、迟到5分钟（不含）之内，予以警告的人员：（略）

二、迟到5分钟至60分钟的，罚款30~50元的人员：（略）

希望集团员工引以为戒，自觉遵守企业考勤管理制度，杜绝类似现象再次发生。

希望各公司、各部门加强日常监督管理，如有放纵包庇为员工考勤弄虚作假情况，一经查实，集团将追究各主管部门连带责任。

×养老集团

2013 年 5 月 23 日

分析：首先概述错误事实或现象，指出错误性质或危害性的分析，然后作出惩罚决定或治理措施。最后提出希望要求。

三、通报写作的注意事项

（一）行文注意事项

（1）行文要及时。

（2）事例要真实、典型。

（3）要对事件（事情）的叙述实事求是，不拔高，不贬低，恰如其分。

（二）注意通知和通报的区别

（1）告知的内容不同。

通知：告知的主要内容是工作的情况以及共同遵守执行的事项。

通报：告知正、反面典型，或有关重要的精神或情况。

（2）目的要求不同。

通知：要求受文机关了解要办什么事，该怎样办理，要求遵照执行。

通报：主要是交流、了解情况，起教育宣传作用。

（3）表现方法不同。

通知：主要是叙述，告知人们做什么，怎样做，叙述具体。

通报：兼用叙述、分析和议论，有较强的感情色彩。

（4）其他。

通知：事实尚未发生。

通报：以事实作前提。

通报事情的性质、范围大于通知。

任务训练

训练目的：检验学生知识掌握及运用的程度。

训练方法：结合学习通报的基本知识，要求每位学生完成练习题，检验学生知识掌握及运用的程度。

训练题目：按以下几类进行写作训练。

1. 根据内容提示拟写标题。

（1）县民政局组成检查组对全县 11 家养老院的消防安全工作情况进行检查，发现一些养老院存在安全隐患，发文要求认真整改，以防火灾事故发生。

（2）某市阿城区第二敬老服务中心一位老人不幸坠亡。养老院一不报警，二不通知家属，三不上报民政局，以病亡名义私自火化坠亡老人，引起社会强烈质疑，区民政局调查后，对该养老院予以通报批评。

（3）某市瑞祥养老院准备对 2014 年度表现突出的 11 名优秀护理员工进行表扬并予以奖金奖励。

2. 根据下面的材料拟写一则通报。

每年四五月，是社会爱心人士到养老院探望的高峰期。这些爱心人士往往会送来很多水果、营养品等，这也是老人们难得的福利。×市任达养老院的部分老人反映，爱心人士送来的牛奶、水果等慰问品从来没有分发到自己手上。这件事引起了社会上的很大关注。经调查，养老院有人将慰问品摆在距离养老院大门口几百米的地方售卖。私卖慰问品，不管是从情感上还是从法律上，都是不允许的。此行为涉嫌侵占他人的合法权益，养老院老人、捐赠方均可对捐赠物品进行追回。为此，区民政局对该养老院公开通报批评，以引起全市其他养老机构的警惕。同时，对全市养老机构进行检查，防微杜渐，避免此类事情再次发生。

学习测评

学习态度、能力评价。

检测要素		检测内容	完成情况		
			80%	60%	60%以下
理论知识	应知应会	通报含义、特点、种类			
	理解要点	读懂基本知识			
专业能力	1. 把握公文要素 2. 符合工作情景 3. 适合工作需要	通报格式写法			
		知道行文方向			
		拟写标题，能辨析			
		找出并会用常用词语			
		能拟写符合格式要求表述基本清楚的公文			

续表

检测要素		检测内容	完成情况		
			80%	60%	60%以下
老师评价	长处				
	努力方向				
同学评价	长处				
	不足				
自测	我的长处				
	我的不足				
	应该努力方向				

任务三　养老机构常用函

养老机构一般是民政局的下属事业单位，还有不少民办单位，在筹建、建设、运营管理等过程中，需要与上级民政部门联系，同时需要与相关的土地管理、房屋建设、物价收费等部门进行联系，才能有效开展工作，这种纵向横向之间关系用到最多的公文就是法定公文中的函这一文种。本任务即学习养老机构在处理这些事务时用到的函这一文书的拟写知识与能力。

任务目标

知识目标	知道函的适用范围、特点、结构、方式。
能力目标	读懂函的内容，会拟写函的标题，能写简单的函。
态度目标	学会谦恭有礼用函解决问题。

案例导入

新年将至，×××养老院决定隆重召开2014年新年联欢会，共计65人参加。该养老院领导认为××大酒店设施与服务不错，又紧邻该院，步行五分钟即到。因此联欢会的初步地点选在了该酒店，时间定在2014年1月1日14~17时，要求酒店提供一间能容纳70人的活动室。养老院院长让办公室工作人员小文致函该酒店，商洽相关事宜。

问题讨论

1. 什么是函？有何特点？

2. 何时会用到函？

3. 常见的函有哪几种？

4. 函的结构和常见用语有哪些？

知识学习

一、函的概念

（一）函的适用范围

1. 定义

函，从广义上讲，就是信件。它是人们传递和交流信息的一种常用的书面形式。但是，作为公文法定文种的函，就已经远远地超出了一般书信的范畴，不仅用途更为广泛，最重要的是赋予了其法定效力。2012 年国务院发布的《党政机关公文处理工作条例》规定，“函适用于不相隶属机关之间商洽工作、询问和答复问题，请求批准和答复审批事项”。函是以不相隶属机关和平行机关为主送单位的平行公文，也是 15 种法定公文中唯一的平行文，是公文中的“轻武器”。

什么情况下会用到函呢？主要有以下 4 个方面。

（1）平级机关或不相隶属机关单位之间的公务联系、往来。

（2）向无隶属关系的业务主管部门请求批准有关事项。

（3）业务主管部门答复审批无上下级隶属关系的机关请求批准的事项。

（4）机关单位对个人的事务联系，如答复群众来信等。如关于回复王 × × 等 11 位代表对我市儿童福利院建设的建议意见的函。

2. 两个概念

（1）不相隶属机关：指在行政系统上没有主管与被主管的关系，也没有上下级关系；不相隶属机关之间商洽工作、询问答复问题用函。

（2）有关主管部门：指处理有关事项的职能部门，无论其级别高低，审批意见都具有法律效力。在实际工作中，有机关误将请示呈送有关主管部门，有的借机讨好抬高对方身价以获得审批。其实，按国务院规定向有关主管部门请求批准事项只能用函，向上级请批事项才能用请示。向有关主管部门请求批准事项以及有关主管部门答复审批事项也用函。

（二）函的特点

1. 使用广泛性

不受级别高低、单位大小的限制，收发函件的单位均以比较平等的身份进行联系。上至国务院，下至基层组织，企事业单位、社会团体都广泛地使用函。

2. 行文多向性

有的与请示相近，有的与批复接近，有的与意见相似。函可以是上行文、下行文，但大多数是平行文。

3. 写法灵活性

篇幅短小，内容单一，写法灵活；语气灵活，请批函谦恭；批准函庄重；商洽函亲切。用语平和，措辞得体，尊重对方，力求得到对方更多的理解和支持。函是最注重使用文言词汇的公文，函是公文中最富有文学性的文种。

（三）函的类型

根据新《条例》对函的内容和用途规定，函可以分为商洽函、问复函、告知函、请批函和批答函。按照文面格式分类，函分为公函和便函。按照行文方向分类，函分为去函和复函。具体分类详见表 3-1。

表 3-1　函的种类

划分标准	名　称	主要内容	备　注
文面格式	公函	正式公文；格式要素齐全	正式、规范，打印
	便函	非正式公文；格式一般为书信，可盖公章	方便，可手写
内容用途	商洽函	平级或不相隶属机关、单位之间商洽工作，讨论问题	协商业务工作、人员信息交流等
	问复函	提出询问和答复询问	调查、统计、疑问等方面询问
	告知函	平级或不相隶属机关之间把自己管辖范围内有关事项告知有关机构	上下级机关也可使用
	请批函	向没有隶属关系的有关部门或单位请求批准的函	新建项目、土地使用、收费标准等
	批答函	对无隶属关系的机关或单位的业务函件进行审批，提出肯定、否定或具体意见	上下级之间一般性问题或参考性意见也可使用
行文方向	去函	主动向平级或不相隶属单位发函商洽工作、讨论问题、提出请求等	上下级之间也可使用
	复函	针对来文来函回复有关单位有关事项的函	上下级之间也可使用

二、函的结构与写法

函的结构是标题+主送机关+正文+落款+成文日期。

（一）标题

1. 发文机关+事由+文种

例如，北京市物价局关于放开北京市第五福利院收费标准的函，宝山区民政局关于同意设置上海宝山区晚晴养老院的复函，天津市民政局关于机关离休干部病故抚恤问题的函。

2. 事由+文种

例如，关于晋江市磁灶社区养老院的申报函，关于同意筹建杭州余杭顺康养老院的复函。

（二）主送机关

主送机关即受文并办理来函事项的机关单位，顶格写明全称或者规范化简称，其后用冒号。如养老机构常打交道的民政局、物价局等单位。

（三）正文

函的正文结构是发文缘由+函事项+尾语。

1. 发文缘由：开头部分

如果是去函（不论是商洽函、询问函或请批函），一般说明发函意义、根据、背景等；如果是复函（不论是答复函还是批答函），一般有引语，即引述对方函的标题、发文字号，表示收悉，进行了研究处理。复函引语与批复相似。

2. 函事项：主体

函事项是商洽工作、询问和答复问题、请求批准和答复审批的主体部分。去函应说明具体事项，如商洽事宜、告知信息、要求协办事项、请求批准事项等；复函应答复发函机关提出的问题、批答其请求事项等。

3. 尾语

商洽函的尾语常用“恳请协助”“不知贵方意见如何，请函告”“望协助办理，并请尽快见复”“望大力协助，盼复”等。

询问函的尾语常用“请速回复”“盼复”“请予函复”“即请函复”等。

请批函的尾语常用“请审查批准”“当否，请审批”等。

答复函、批答函的尾语常用“此复”“特此专复”“特此函复”“专此函告”等。去函可用“特此函达”等。

三、常用函写作

（一）去函

多为申报、筹建成立或申请之类，主动向有关单位致函请求帮助解决一些问题。

常见标题：可以带有“请求”“申请”“要求”等词语。例如，青岛福彩南山养老院关于请求注销青岛市福彩老年公寓公积金账户的函，关于晋江市磁灶社区养老院的申报函，关于第五福利院收费标准意向的函。

标题常见错误：将“函”写成“涵”或将“函”改为“公函”。

［例文 1］

关于申请审批××县×××老年公寓规划设计方案的函

县住建局：

××县×××老年公寓位于××镇××村××组，该项目已获得县发改委同意，拟用土地面积 0.2378 公顷，经县国土资源局审查，符合土地供应政策，符合《××镇土地利用总体规划》，其规划设计方案现已编制完成，特申请贵局给予审批。

妥否，请函复。

（印章）

××镇人民政府

2015 年 2 月 2 日

这是一份请批函。书写规范严谨，格式符合要求。

主送单位是县住建局，与镇政府是平级关系而且是不相隶属关系，但又是主管房屋建设的业务管理部门，故用函请求审批。

发文缘由有二：一是位于××镇××村××组的××县×××老年公寓项目已获得县发改委同意；二是该项目拟用土地面积 0.2378 公顷，已经县国土资源局审查，符合土地供应政策，符合《××镇土地利用总体规划》。

发函事项是在已获得两项审批的基础上，××县×××老年公寓项目规划设计方案现已编制完成，请求县住建局予以审批。

尾语是函的常用语“妥否，请函复。”

落款“××镇人民政府”是规范化简称，日期用阿拉伯数字书写“2015 年 2 月 2 日”。

［例文 2］社保养老保险函样式

__________社保局：

______（姓名）______（身份证号______________，社保号__________）已成为我公司员工。现将该员工以前购买的社会保险账户转移到本公司。

恳请批准。

__________公司

年　月　日

这是印刷填写式请批函。

（二）复函

［例文 1］对个人申办养老机构的复函

关于同意筹建“××××养老院”的复函

王××同志：

你上报的《关于筹建“××××养老院”的申请书》及相关材料收悉。

经审核，符合《养老机构设立许可办法》的规定，同意你筹建营利性养老机构“××××养老院”。

筹建负责人：王××。

地址：××市××区××镇××村。

建筑面积：1300 平方米。

设计床位：100 张。

计划投资：300 万元。

希望你按照《老年人建筑设计规范》实施，特别是配置好无障碍设施，为入住老人提供良好的养护、康复、托管等服务。

接文后，请按国家行业标准《老年人社会福利机构基本规范》《杭州市社会福利机构管理办法》等做好筹建事宜。

××市××区民政局

2014 年 9 月 30 日

分析：这是一份批复函，写法同批复。标题在事由中直接表明态度“同意”。

正文包含引文“你上报的《关于筹建“××××养老院”的申请书》及相关材料收悉”，之后是复函依据和复函事项。

尾语是提出希望及需要办理的事情。

落款日期按新《条例》书写。

[例文2]

××区民政局关于同意设置“××养老院”的复函

××养老院发起人：

你向高境镇人民政府提出开办××养老院的申请，高境镇人民政府以宝高府〔2008〕39 号文件函告我局。根据《民办非企业单位登记管理条例》的规定，按照《上海市养老机构管理办法》，经研究决定，同意设置“上海××区××养老院”。现函复如下。

设置名称：××养老院。

设置地址：××区××路×号。

负 责 人：×××。

占地面积：1100平方米。

建筑面积：3000 平方米。

核定床位：120 张。

投资总额：300 万元（自筹）。

机构性质：社会办。

业务范围：老年人住养、护理、康复、娱乐等。

有效期：壹年。

望接到本复函后，按照有关规定，到相关部门依法办理有关手续。

××区民政局（印章）

2008 年 9 月 23 日

拓展学习

一、易混文种

在 15 种公文中，容易混淆的文种有如下 3 组。

1. 函与通知

从适用范围来说，函与通知都可“告知”事项。但告知事项时选用哪个文种，却有严格规定。它们的选用区别主要表现在行文关系上。函在不相隶属机关间使用，而通知只能由上级机关下达给下级机关。

2. 函与请示

从适用范围来说，函与请示都可“请求批准”事项。但请批函由不相隶属机关向有关主管部门送达，而请示只能由下级机关上报直接上级机关。

3. 函与批复

从适用范围来说，批答函与批复都可批示、批准事项。但批答函由有关主管部门向不相隶属机关送达，而批复只能由相对上级机关批答给下级机关。

由此可知，我们只要把握好行文关系与文种的适用范围，就能正确使用不同文种。

二、信函格式

（一）信函式格式与文件式格式的区别

1. 排版规格不同（信函式公文首页不标页码）。

2. 发文机关标识不同（信函式公文只用单位全称，不加“文件”二字）。

3. 标题标识位置不同（信函式公文空 1 行标出，文件式公文则空 2 行）。

4. 信函式公文不标识签发人。

5. 公文份数序号、秘密等级、紧急程度位置不同（信函式公文分别位于左侧顶格第 1 行、第 2 行、第 3 行）。

6. 发文字号中的机关代字不同（国发与国函不同），发文字号位置不同。

（二）信函式格式的应用范围

函采用“信函式格式”书写，但在一定前提条件下，某些公文文种可以放弃公文格式中的“文件式格式”，而采用“信函式格式”。

国务院为了精简文件，减少“对外正式行文”，对不具有普遍约束力的文种（如通知、批复、意见等），尽可能“以函的形式行文”，从而为各级行政机关作出了表率。

任务训练

训练目的：检验学生知识掌握及运用的程度。

训练方法：结合学习常用函的基本知识，要求每位学生完成练习题，检验学生知识掌握及运用的程度。

训练题目：

1. 根据内容提示拟写标题。

（1）青岛市福彩南山养老院是青岛市民政局事业单位，原名青岛市福彩老年公寓，已不具备继续使用公积金账户缴费的合法资质，特向青岛市北区公积金管理中心请求注销青岛市福彩老年公寓公积金账户，请拟公文标题。

（2）晋江市磁灶镇准备在社区居委会建一所社区养老院，特向晋江市项目用地预审领导小组办公室提出用地申请。

2. 分析下函。

北京市物价局关于放开北京市第五福利院收费标准的函

市民政局：

你局《关于第五福利院收费标准意向的函》（京民福函〔2001〕207 号）收悉。根据《北京市养老服务机构管理办法》（北京市人民政府第 63 号令）的有关规定，经商市财政局，同意北京市第五福利院服务收费不再作为行政事业性收费管理，其具体收费标准由你局确定。现将有关事项函复如下。

1. 北京市第五福利院服务项目的收费标准要根据其运营成本，并在充分考虑群众承受能力的基础上，本着经济效益和社会效益并重，收支基本平衡的原则确定。医疗服务项目收费按市物价局有关规定执行。

2. 第五福利院要加强管理，严格执行国家关于明码标价的规定，公开服务项目、收费标准及服务内容，保证服务质量，接受价格监督检查。

本函自发文之日起执行。

（印章）

北京市物价局

2001 年 11 月 30 日

标题：

发函缘由：

发函事项：

尾语：

常用语：

3. 根据下面的材料拟写一份函。

（1）重庆市涪陵区发展和改革委员会接到大顺乡人民政府《关于大顺老年公寓建设项目立项的函》（涪大顺府函〔2012〕51 号）认为该项目对培育壮大我区

老龄服务事业和产业，实现多元化、多层次供给能力，满足群众多样化需求有重要意义。经研究，原则同意大顺老年公寓建设项目开展前期工作。对此提出要求：请据此到相关部门完善规划选址意见书、项目土地预审意见和环境影响评价文件审批意见等有关建设手续，并编制该项目核准报告书报送我委核准。发文时间是2012年7月2日。

标题：

主送机关：

正文：

发文单位：

成文日期：

（2）为进一步培养企业文化，夕阳红养老院决定组织员工12人参观同行颐养天年养老院。对该养老院的管理和文化氛围进行调研学习，并向颐养天年养老院赠送纪念品。

标题：

主送机关：

正文：

发文单位：

成文日期：

学习测评

学习态度、能力评价。

检测要素		检测内容	完成情况		
			80%	60%	60%以下
理论知识	应知应会	函的含义、特点、种类			
	理解要点	读懂基本知识			
专业能力	1. 把握公文要素 2. 符合工作情景 3. 适合工作需要	函的结构格式			
		知道行文方向			
		拟写标题，能辨析			
		找出并会用常用词语			
		能拟写符合格式要求表述基本清楚的公文			

续表

检测要素		检测内容	完成情况		
			80%	60%	60%以下
老师评价	长处				
	努力方向				
同学评价	长处				
	不足				
自测	我的长处				
	我的不足				
	应该努力方向				

综合练习

一、填空题

1. 常见的会议通知标题一般为发文单位+关于______或______会议的通知。

2. 关于规范本市养老机构名称的______。

3. 重庆市民政局关于_____重庆市养老机构管理服务标准（试行）的通知。

4. 鼓楼区民政局关于_____福建省养老机构管理办法的通知。

5. 关于养老机构几起重大事故的_______。

6. 关于_____2013 年度优秀护理员工的通报。

7. 养老院关于给予护工王×虐待老人的_____通报。

8. 函适用于不相隶属机关之间_____工作、询问和_____问题、_____和答复审批事项。

9. 函按行文方向分为_____函和_____函。

10. _____函的写法与批复相似。

二、选择题

1. 一般单位最容易用到的是下列哪种公文？（　）

A. 通知　　B. 通报　　C. 通告　　D. 函

2. 民政部门表扬养老机构优秀工作人员常使用的公文是（　　）。

A. 通知　　B. 通报　　C. 通告　　D. 报告

3. 民政部门对河南鲁山养老院发生特大火灾发布重要情况，引起社会各界广泛关注的是（　　）。

A. 通知　　B. 通报　　C. 通告　　D. 报告

4. 从行文方向看，函有（　　）。

A. 公函　　B. 便函　　C. 去函　　D. 复函

5. 向没有隶属关系的机关事业单位申请有关事项时使用的公文是（　　）。

A. 请示　　B. 函　　C. 通知　　D. 报告

三、判断对错，错的改正过来

1.《进一步加强养老院春季流行病防治工作》的通报。

2. ×××养老院对×××等6人粗暴对待老人的处罚通知。

3. ×××养老院优秀员工评奖。

4. 关于南昌市社会福利院分院立项的函复。

5. ×××养老院联系函。

6. 养老公寓公函。

四、指出下面公文存在的问题

××养老公寓通知

根据上级指示精神，我们决定召开加强养老服务工作会议，现将有关事项通知如下。

一、会议时间和地点：今天下午在养老公寓会议室。

二、参加人员：各部门选派1名工作人员参会并做好记录。

三、材料自备。

四、特此通知。

××养老公寓

××××年××月××日

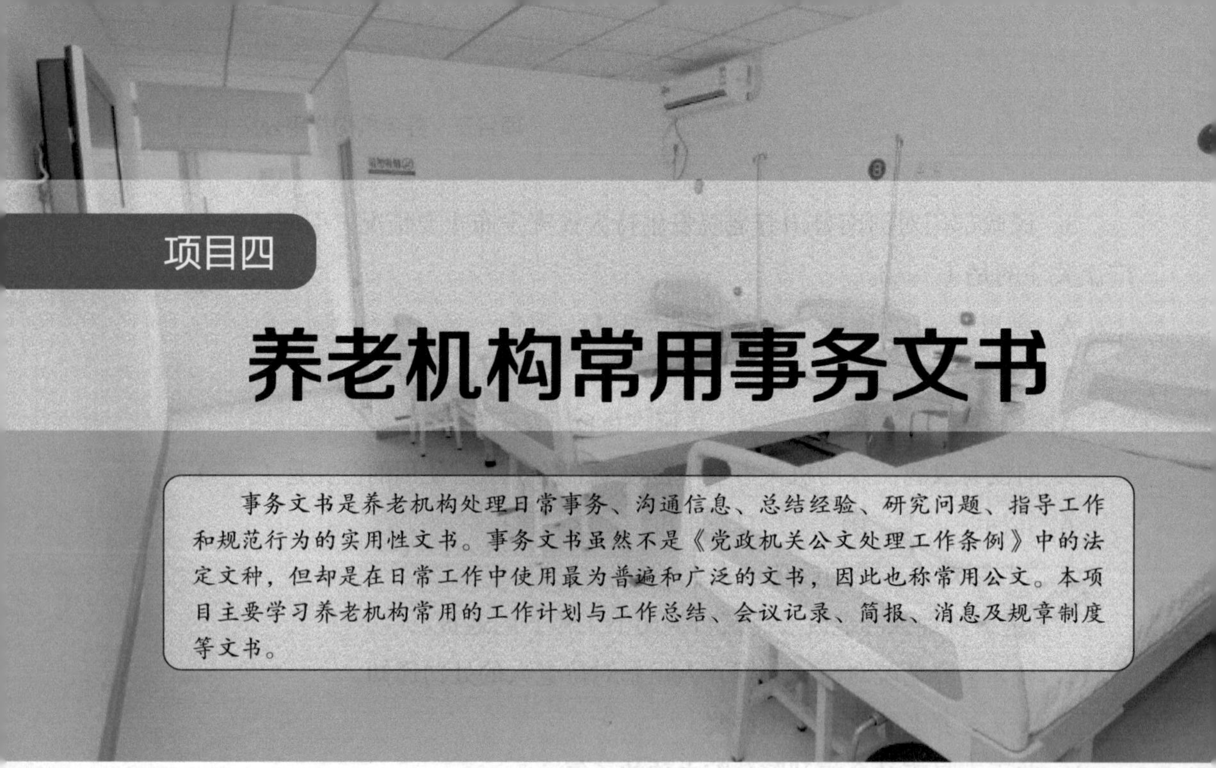

项目四

养老机构常用事务文书

事务文书是养老机构处理日常事务、沟通信息、总结经验、研究问题、指导工作和规范行为的实用性文书。事务文书虽然不是《党政机关公文处理工作条例》中的法定文种，但却是在日常工作中使用最为普遍和广泛的文书，因此也称常用公文。本项目主要学习养老机构常用的工作计划与工作总结、会议记录、简报、消息及规章制度等文书。

任务一　养老机构常用工作计划与工作总结

养老机构工作的正常运转离不开事前的工作计划与事后的工作总结，计划与总结是做好工作的两个端口，工作有计划，行动有方案，做事有目标，事后有总结，这是文书工作者——辅助管理者的工作基础，是养老机构事务管理的重要手段与方法。做好计划与总结可以帮助养老机构有序安排日常工作，强化工作内容，体现工作价值，发现存在的问题，增强今后工作的针对性与指导性。

任务目标

知识目标	了解计划、总结的含义、特点、种类和作用。
能力目标	把握计划与总结的写作格式与内容要求，会拟写简单计划与总结。
态度目标	培养事前计划、事后总结的工作作风，端正做好计划与总结的工作态度。

案例导入

2013 年 12 月下旬，正在实习的董娟娟接到养老公寓总公司发来的邮件通知，要求准备上报各老年公寓 2014 年工作计划和 2013 年的年终总结。如何拟写养老公寓工作计划与总结呢？

问题讨论

1. 什么是计划？什么是总结？各有什么特点与种类，作用是什么？

2. 计划与总结的写作格式要求有哪些？计划与总结有何联系与区别？

3. 常见的养老机构计划与总结是怎样的？

知识学习

一、计划写作

（一）计划的概念

1. 定义

计划是对未来一段时期将要进行的工作、学习、生活等方面提出的目标设想及其具体步骤方法等使用的应用文。

2. 种类

（1）计划类文书常见的名称有规划、设想、纲要、安排、方案、打算、要点等。因它们涉及的时间、范围、内容详略又有所不同：比较长远、宏大的为“规划”，比较切近、具体的为“安排”；比较繁杂、全面的为“方案”；比较简明、概括的为“要点”；比较深入、细致的为“计划”；比较粗略、雏形的为“设想”，无论如何都是计划文种的范畴。如《芜湖市养老服务业发展“十二五”规划（2011—2015 年）》（民政部）《社会养老服务体系建设“十二五”规划（2011—2015 年）》《×养老院三年发展规划》《2011 年夕阳红老年公寓战略发展纲要》《福康老年公寓推广沟通方案》《2013 年乡镇敬老院工作要点》等。

（2）形式类别。从不同角度分类。

①按计划的性质分类，可分为工作计划、学习计划、科研计划和培训计划等。

②按计划的时间分类，可分为年度计划、季度计划、月份计划和周计划等。

③按计划的范围分类，可分为国家计划、单位计划和个人计划。

④按计划内容分类，可分为综合计划和专题计划。

这些种类一般可以交叉融合，同一份计划采用不同标准可以划入几个种类。

3. 特点

（1）事先预见性。

（2）实践性或可行性。

（3）针对性及灵活性。

4. 作用

（1）增强自觉性，减少盲目性。有了计划，可以做到胸中有目标，行动有遵循。做事有条不紊，按部就班，减少被动性。

（2）分清主次，保质保量完成任务。有了计划，合理安排人力、物力、财力，围绕目标，抓住主要部分，可以有效避免出现“眉毛胡子一把抓”的情况。

（3）增强预见性，加强灵活性。提高应变能力，取得相应的主动权。

总之，做好计划，可以从盲目走向自觉，从无序走向有序，从无心走向有心，把事情做得更加圆满、周到。

（二）计划的写法

1. 表格式计划

以表格方式撰写计划，适用于时间短、范围窄、变化小、内容单一的具体安排，如大漠养老院住养老人作息安排。

2. 文表结合式计划

文表结合式计划，即表格式和条文式相结合的计划。一般是将各项目的内容填进表格后，再用简短文字作解释说明。

3. 条文式计划

由标题、正文、落款构成。

（1）标题。由四个要素组成：单位名称、适用时限、计划内容和计划种类。一般有具体时间表示的不再加“关于”两字。

例如，××市敬老院2014年工作计划，××区老年公寓2015年上半年培训工作计划。

（2）正文。正文是计划的主体部分，是具体内容，一般由前言、目标、任务、措施和步骤构成。目标、措施、步骤为计划的正文三要素。

开头，或阐述依据，或概述情况，或直述目的，要写得简明扼要；主体，即计划的核心内容，阐述“做什么”（目标、任务）、“做到什么程度”（要求）和“怎样做”（措施办法）三项内容即三要素，既要写得全面周到，又要写得有条不紊、具体明白。全面工作计划一般采取“并列式结构”（目标任务、措施、具体步骤分说）。专题计划的结构可并列、可递进。

（3）落款。在正文右下方署上制订计划的单位名称，在署名的下行写上日期。

（三）计划的写作要求

要做到：①从实际出发，统筹兼顾；②突出重点，主次分明；③目标明确，步骤具体。

（四）案例指导

［例文 1］

老年公寓 2014 年工作计划

2014 年老年公寓认真贯彻落实上级指示精神和交给的各项指标与任务，结合本公寓的实际情况以“加强内部管理、强化服务意识、提高服务质量”为重点，以学习科学发展观活动为契机，抓好社会效益和经济效益。今年工作计划如下。

一、强化内部管理，加大各项管理制度的落实

为进一步促进老年公寓内部各项管理工作，继续坚持以“一切为了老人、为了一切老人、为了老人一切”的理念，提高员工的整体素质和服务水平，对工作人员实行岗位定人，根据院务会对各个岗位制定工作内容，责任明确、工作明确、管理明确。既分工又合作，切实实行规范服务、文明服务、优质服务，实行以制度管人、管事，减少工作的随意性；力求做到严于律己，宽以待人，积极进取，毫不懈怠。同时继续采取楼层长负责制，实行老人管老人的办法，配合公寓的工作，将各项制度落实到实处。

二、统一思想，提高认识，强化服务观念，提高服务质量

为提高工作人员和聘用人员基本素质，做好以下工作。

（1）要定期组织工作人员、聘用人员进行政治学习。坚持一周一次例会，及时总结工作经验和纠正工作中存在的问题。

（2）抓好业务培训工作，根据国家行业标准基本规范要求，加强员工业务学习，技能培训，使员工队伍建设向规范化、标准化、职业化方向发展。

（3）在形态语言、礼节礼貌、服务技巧等方面，采取“请进来，走出去，自己学”的方法，定期实施培训。

通过业务培训使我们护理队伍由传统的经验型向专业化、标准化、科学化转变，为提高服务质量提供有力保障。

三、加强老人思想教育，稳定老人队伍

老年公寓是个特殊的大家庭，入住老人来自不同的地方，各位老人的经历、

社会环境和文化背景不同，具有各自特定的个性与生活习惯。要把入寓老人的心“拢”在一起是一件不容易的事情，因此，加强老人思想教育，稳定老人队伍，就要时常与老人沟通交流。大力表扬好人好事，定期举行老人大会，正确引导他们增强“主人翁”意识，使老人自觉遵守各项规章制度，让老人远离孤独和寂寞，自觉融入公寓这个大家庭。

四、加强精神文明建设，创建独具特色的和谐文明公寓模式

我们要积极为老人营造健康向上的文化、娱乐、体育活动氛围，积极组织开展各种文体活动，为老人提供一个展现自我风采的机会，通过开展丰富多彩的精神文明活动，陶冶老人的情操，增强老人的归属感，让老人感受到公寓对他们的亲切关怀，体现社会大家庭的温暖，从而使他们安心居住，颐养天年。

××老年公寓

2013 年 12 月 29 日

分析：这份老年公寓计划的第 1 自然段写出制订计划依据是上级指示，结合本单位实际情况，围绕工作重点从 4 个方面做好新年的工作计划：① 强化内部管理，加大各项管理制度的落实；② 统一思想，提高认识，强化服务观念，提高服务质量；③ 加强老人思想教育，稳定老人队伍；④ 加强精神文明建设，创建独具特色的和谐文明公寓模式。每个部分有详细措施，结构完整。不足之处包括 4 个方面之间内在逻辑关系不太清晰。其中，第二方面“统一思想”放在第一方面比较合适，第一方面“强化内部管理”放在第二方面比较合适，思想统一了，具体工作才好开展。

[例文 2]

老年公寓消防安全工作计划

一、指导思想

坚持“预防为主，防消结合”的方针，紧紧围绕消防安全工作，在公寓上级领导和公安消防机关的指导下，进一步完善内部消防安全管理机制，加强综合治理，创造良好的老人生活环境，促进公寓的全面发展。

二、工作目标

强化重点部位消防安全防范工作，提高公寓全体人员的消防安全意识和火场自救逃生能力，进一步完善消防装备和设施，确保公寓老年人生活稳定，保证全年无重大火灾事故的发生。

三、主要任务和措施

1. 坚决贯彻落实消防安全责任制。防火巡查要求每天进行，要明确巡查人员、时间、频次和内容；防火检查每月进行一次，要安排好检查计划。

2. 完善各种消防安全制度，制订消防宣传教育培训计划。公寓每年要开展至少一次全员消防培训，新进、转岗员工要及时进行培训。

3. 开展消防安全教育培训，普及消防安全知识，制订消防应急灭火疏散演习计划。公寓每年至少开展两次灭火疏散演习，要早做计划。

4. 开展防火检查，及时消除火灾隐患，制订火灾隐患整改及消防设施、器材维护计划。对已知的火灾隐患做好整改计划，对自动消防设施、灭火器等消防器材做好维修保养的计划。

5. 对消防重点部位做到定点、定人、定措施，制订消防组织机构、队伍、职责、经费落实计划。

6. 制订消防工作会议、奖惩计划。

××老年公寓

××××年××月××日

分析：这是老年公寓专项具体工作的计划。拟文者严格按照计划写作格式展开：首先简单概述制订计划的依据——指导思想，其次提出工作目标，最后是实施具体任务的措施、步骤。计划三要素表述清晰，结构清楚，可作为初学者学习样本。

［**例文 3**］

学生服务养老院工作计划

一、活动目的

“尊老”是中华民族的传统美德，作为大学生，更应该有责任和义务发扬这一美德，我们组织社团成员去慰问敬老院的孤寡老人，给他们送去一份关爱和温暖。通过此活动，希望更多的热心同学参加到这个行动中来，关注老人，敬老爱老，让他们时刻感受到社会大家庭的温暖。

二、活动名称

爱心传递，走进敬老院。

三、活动主题

弘扬尊老爱幼的传统美德。

四、活动主办方

校园使者团。

五、活动地点

长春市净月区天潭养老院。

六、活动时间

2010 年 12 月 25 日。

七、活动内容

1. 看望老人，给他们送去温暖，让他们体会到亲人的感觉。

2. 和工作人员一起为老人包饺子，帮助养老院的工作人员打扫卫生。

3. 了解老人日常生活中的点点滴滴，询问老人的身体状况和生活情况。

4. 找一些关于中医保健方面的知识（特别是冬季保健）发给老人。

5. 帮助老人完成一些我们力所能及的事情。

6. 为老人准备一些节目，尽量使老人开心。

八、活动结果

提高社会实践能力，培养同学们的爱心，深刻理解雷锋精神实质，并在生活中发扬光大。

九、注意事项

1. 进入敬老院，见到老人一定要微笑打招呼，这是对老人的一种尊重与认可。

2. 与老人交谈时要尽量地倾听他们，要引导老人多讲述他们的往事。

3. 清扫房间时一定要将物品放回原处，维持原来布局。

××大学学生处

××××年××月××日

分析：这是学校社团组织学生走进养老机构的活动计划。内容完整，事项清楚，要求具体，易于操作，是个简便易行的行动计划。

二、工作总结写作

（一）工作总结的概念

1. 工作总结的含义

工作总结是养老机构对过去一个时间段的工作进行一次全面、系统的总检查、总评价、总分析、总研究，分析成绩、不足、经验等，得出规律性的认识，是对已经做过的工作进行理性的思考，以明确今后工作方向的一种实用文书。

2. 工作总结的特点

工作总结具有回顾性、理论性、客观性等特点。

3. 工作总结的种类

工作总结按性质分，有综合性总结和专题性总结；按内容分，有工作总结、思想总结、学习总结、科研总结等；按范围分，有单位总结、部门总结、班组总结和个人总结等；按时间分，有年度总结、半年总结、季度总结、月度总结等。具体分类详见表 4-1。

表 4-1　工作总结种类

序　　号	标　　准	总结名称
1	性质	综合性总结
		专题性总结
2	内容	工作总结
		思想总结
		学习总结
		科研总结
3	范围	单位总结
		部门总结
		班组总结
		个人总结
4	时间	年度总结
		半年总结
		季度总结
		月度总结

4. 总结的作用

（1）通过总结，去除盲目性，提高自觉性、自信心。

（2）通过总结，体现自身价值，正确认识自己，交流经验，加强沟通。

（二）总结的写法

总结的结构由标题、正文、落款三部分组成。

1. 标题

标题必须准确、简洁。

（1）文件式标题。如《×××敬老院2013年度工作总结》。

（2）论文式标题。标题可以只有一个正标题，也可由正、副标题组成。

例如，单个正标题：股份制使企业走上快速发展之路、增强领导干部公仆意识等。

正副标题。一般由正标题与副标题组成，如做好服务，提升质量，增强效益——×××养老院2012年工作总结。

（3）新闻式标题。文学性较强，如聚焦“老年梦”、情系夕阳红（德城区老龄工作总结）。

2. 正文

正文由开头、主体、结尾三个部分组成。

（1）开头。要求开门见山，简明扼要地概括基本情况。交代活动的时间、主要内容、背景以及取得的成绩或效果。可以采用概述式、结论式、提问式、对比式等不同写法。

（2）主体。主要成绩与做法，经验、问题与教训，今后思路设想与努力方向。

把好的经验和做法上升到理论高度，是总结的精华所在。在写法上要求做到观点鲜明、材料典型，叙述和议论相结合。总体结构一般采用总分式、阶段式、条文并列式、递进贯通式等。最后在总结经验的基础上提出今后的打算、改进意见和设想。

（3）结尾。归纳总结，突出成绩和问题，努力方向。在总结的尾部，常对文章的核心内容进行再次强调，以增强文章的中心思想。

3. 落款

落款日期。也有在标题下面标注出拟写单位或部门的。

（三）总结的写作要求

要求做到：指导思想要正确；态度要实事求是；找出规律，总结经验。

总结可以从“总”和“结”2个方面入手。总：汇总，总述；主要汇总做了哪几件事，体现所作所为——做事；叙述所做事情的排列顺序，以时间为序还是以逻辑关系（主次、并列、递进、因果等）为序，体现汇总的能力。结：归结、完结、了结；主要评价所做事情结果、效果，体现议事的能力。

分析评价所做事情有成绩有不足，体现分析评价能力。一般总结以总结成绩为主，肯定员工工作，体现员工工作价值与意义，以提高工作积极性，鼓励员工继续做好工作，提高工作效率；兼顾存在问题与不足，提醒员工少走弯路，注意避免重犯类似错误。

注意避免两种倾向：一是只摆事实，罗列情况，缺乏头绪分析；二是空发议论，唱高调，说官话套话，没有具体实践的实例分析。

（四）总结与计划的关系

计划与总结都是做好工作的重要环节。二者既有联系又有区别。计划是总结的前提，总结是对计划执行一段时间后的检查与回顾，反过来作为今后计划的依据。二者的区别在于：计划是事前做准备，总结是事后或进行一段时间后的分析、评价、总结；计划要回答的是做什么、怎样做；总结则是回答做了什么、做得怎样。总之，事前有计划，事后有总结，才能把事情越做越好。

（五）案例指导

具体案例可扫描二维码下载。

拓展学习

总结是做好各项工作的重要环节，是提高工作能力与水平的重要手段，也是清醒认识自己的一个重要方法。俗话说，做了工作不总结，等于种了庄稼不收获。毛泽东同志说：“人类总得不断总结经验，有所发现，有所发明，有所创造，才能有所前进”，这充分说明总结的重要性。总结是一种反思，是对自己所做的事情、工作进行一种深刻的、有条理的思索。人要想进步，有所作为，就要学会思索，善于总结。

任务训练

1. 拟写活动计划

××职业学校爱心使者社团准备于 11 月组织社团成员到附近老来福老年公寓看望老人，为他们送去冬天的温暖，主题为“敬老不只在节日”，请分组讨论，然后拟写到老来福老年公寓活动计划。

2. 阅读这份总结，概括这篇文章从哪几个方面对全年工作进行了总结。

2014年×街道敬老院工作总结

2014年，我院认真贯彻国家的“五保”供养方针、政策及市、区敬老院规范化管理实施细则等条例，在上级民政部门及街道党工委的正确领导和重视下，在社会各界、各部门的关心和支持下，以服务“五保”老人为重点，收养寄养老人相结合，全院上下团结一心，扎实做好2014年各项工作，归纳起来主要表现在以下方面。

一、健全制度，实行规范化管理

一是坚持以人为本，努力实现以制管院。健全各项规章制度，广泛征求院民意见，制定了食堂、财务、卫生、医疗等管理制度并上墙公布，并在老人之间建立互帮互助小组，相互之间开展帮助活动。二是强化院务管理委员会作用，为确保院内规范有序运作，实行民主管理，文明办院，定期检查各项制度落实情况，针对院内供养老人的热点、难点问题，经常展开讨论，商量对策。三是抓工作管理，敬老院作为政府的一个组成部门，是为民服务的窗口，工作的好坏直接影响政府的形象。在工作中及时发现问题，纠正问题，使事事有人负责，人人都把活干好。四是抓财务物资管理，为确保集体资产不流失，我院对全院的固定资产和低值易耗品清点、造册、登记、入库，做到进出账目清楚，手续齐全，加强了对院内的财产物资的管理。

二、优化服务，全力营造和谐环境

一是加大硬件设施投入，敬老院现有建筑面积1400平方米，分别有单人间和双人间的统一标准套房。每个房间有卫生间、电视机、电风扇、橱柜，并有室内和室外老人活动的健身器材。“五保”老人的医疗费用由政府全额报销，个人伙食每天不低于10元，并每月发放零花钱35元，保证了老人老有所乐，心情舒畅。二是竭力照顾老人的生活起居，千方百计满足老人的愿望，全力做好老人服务工作。根据老人特点，在食谱方面做到荤素搭配，严格食品卫生制度，对患有疾病生活不能自理的“五保”老人落实专人负责。每逢中国传统佳节发放慰问品，夏季发防暑降温费。定期为老人理发，督促入住老人团结互助，讲究卫生，爱护公物，服从管理，做到自我服务。院内建立了老人个人资料档案和健康档案，为入院“五保”老人全部办理了新型农村合作医疗保险。对于行动不便的老人看病能及时与河东卫生室医务人员联系，送医、送药到床前。对要在街道卫生院入院治疗的老人，敬老院及时派工作人员或请护理人员为其服务，让每位老人都能过得称心，安享晚年。

三、全力营造尊老爱老氛围

为形成全社会关心支持敬老院工作良好局面，促进敬老院健康发展，我们积极争取，努力实现敬老院与社会的互动。一年来，每逢节日，区、街道民政部门、学校、爱心社等单位都送来了关爱行动。如东海橡塑有限公司、武进区红十字会、南夏墅小学、常州市莱克斯诺传动机械有限公司、光宝科技常州有限公司、武进区进出口加工区商检局等单位来院慰问“五保”老人。常州大学城、常州信息职业技术学校、纺织、工程学院学生志愿者服务队到敬老院为老人打扫卫生，文艺表演。通过开展活动，既培养了年轻人的感恩意识，也帮助孤寡老人消除了心理与情感上的孤独感，使人们认识到敬老爱老是中华民族的传统美德。人人都有老的时候，老人的今天就是我们的明天，只有爱心无涯，孝心永驻，才能使我们的社会更加和谐。

总之，2014 年经过全院上下团结奋斗，我院工作取得了一定成绩。下一年还需进一步切实做好敬老院的提升工作，全身心地服务于老人，紧紧依靠上级和广大院民，开拓创新，不断进取，努力使我院的各项工作再上一个新的台阶。

2015 年，敬老院将确保全街道“五保”老人的衣、食、住、医、葬得到全面贯彻落实，工作计划如下。

（1）根据上级工作会议要求，进一步建立和完善工作岗位责任制，提高工作人员服务水平，强化服务意识，优化服务质量，增强责任感与自觉性，建立好“五保”老人、寄养老人的资料档案。

（2）财务人员要做到记账规范、及时、准确，不出差错，按月上报街道领导及财政局审批。工作人员要工作责任明晰，互相支持，形成合力，搞好伙房卫生，妥善保管好食物，保持老人房内清洁。

（3）邀请南夏墅医院的医生、护士定期上门体检，由医院带一些老人的常用药品，确有需要的老人，由医生开具处方，领药人签名后发放，药资由敬老院到医院结算。

（4）为了保障老人的物质文化生活，拓宽老人的视野，接待好常州大学城、纺校和轻工学校学生来院为老人表演节目、打扫卫生等慰问活动。

（5）在财政预算资金内对敬老院的房屋渗漏、水、电、绿化等进行全面保养和维修。

（6）继续认真做好社会捐助工作。做好市区两级民政部门明察暗访接待工作，切实做好敬老院建设和服务工作。

××××年××月××日

3. 仔细阅读下文，拟写标题并概括各部分主要内容填在相应空中。

标题（　　　　　　　　　　　　）

太平镇敬老院和村级“五保之家”在县委、县政府、县民政局和社会各界的关心支持下，从2008年开始建设，总投资92万元。敬老院占地36.5亩，其中建筑面积1200平方米，现有住房40间、食堂1间、棋牌娱乐室1间，老人露天活动场地850平方米，绿化面积900平方米。现安置“五保”老人36名，配备管理服务人员4名。村级“五保之家”五处，总投资80万元，共有住房54间，食堂5间，安置“五保”老人54名。4年来，我们坚持以人为本、为民解困的工作理念，加大投入，完善功能设施，强化管理和服务，老人的生活条件得到明显改善，生活质量得到明显提升。我们的主要做法如下。

一、（　　　　　　　　　　　　）

镇党委、政府高度重视敬老院工作，把敬老院建设作为民生工程、德政工程来抓。成立了以党委书记为组长，镇长为副组长，民政、武装、财政、计划生育等部门负责人为成员的敬老院建设领导小组。2006年5月，镇党委、政府决定将原太平区敬老院改造升级，工程投资62万元，建成住房40间，安置“五保”老人36名。随着入住老人的不断增加，我们又采取“三点子”的办法，即向上争取一点、镇级财政自筹一点、社会募捐一点，于2014年8月又启动了“五保之家”工程和镇敬老院优化改造工程，共有五个村投资80万元建成五栋独立两层楼房，新增住房62间，增加安置“五保”老人62名，水、电、厕、有线电视和安全设施全部安装到位，生活用品一应俱全；镇敬老院新装了不锈钢防盗门，对院内院外空坪进行了硬化和绿化，对住房内外重新进行了粉刷和装修。与此同时，我们狠抓敬老院生活生产配套设施建设。先后投入资金27万元，硬化地面500余平方米，新建水塘1口，猪圈230平方米，鸡鸭养殖场200多平方米；开辟果园26亩，种植果木620株；开辟蔬菜基地7.1亩。目前，院内一年四季小菜和鸡鸭鱼都能够做到自给自足，极大地改善了“五保”老人的饮食起居。今年，我们还对进院公路进行了硬化，对自来水管道、电线全部进行了更新，使整个敬老院得到了进一步绿化、硬化和美化。院内环境优雅，一年四季瓜果飘香、绿草满地，十分适宜老人居住。

二、（　　　　　　　　　　　　）

在完善敬老院基础设施的同时，我们还进一步规范内部管理，不断提高敬老院供养水平。一是健全组织机构，事事有人管。我镇成立了敬老院内部管理领导小组，由镇长担任组长亲自抓，分管副镇长任副组长具体抓，并安排一名有爱心、责任心强的镇干部任院长，专门负责敬老院的日常事务管理。同时，配备了专职会计、出纳、炊事员和医护人员，负责“五保”老人的生活起居。二是不定期谈心问话，了解老人需求。工作人员经常与老人谈心、嘘寒问暖，及时掌握每个老人所需所求。逢年过节，镇党政领导都会到敬老院来慰问老人，并为他们送来资金、物资。今年3月8日，结合学雷锋活动，镇里组织中小学生20余人来敬老院开展“献爱心”活动，为老人们义务打扫卫生，送来水果、毛巾、衣服等物资。三是发展庭院经济，改善老人伙食。我们充分利用敬老院现有的空地，坚持“以院养院，略有节余”的办院方针，大力发展庭院经济。养鱼500余斤，养殖鸡鸭140多只，种植各类瓜果7.1亩，预计一年可为敬老院创收8000余元，全部用于改善老人伙食。与此同时，鼓励有自理能力的老人参与自我管理，安排了1名老人与工作人员一起打扫庭院卫生，每月发放工资150元；安排2名老人种菜养家禽，每月发放工资140元，还有1名老人义务为大家理发，对老人们生活起居的安排做到了有条不紊。

三、（　　　　　　　　　　　　　　　　）

为提高“五保”老人生活质量，我们始终把优质服务放在首位。一是时时翻新菜谱，让老人吃得满意。食堂伙食每餐有两菜一汤，每周变换一次菜谱，做到早餐有面食、米粉，中晚餐有稀饭、米饭，荤素搭配，营养丰富，以满足老人们的不同口味。二是定期组织体检，确保老人身心健康。院内设立了卫生室，室内经常备有一些常用药品。同时，与镇卫生院定点联系医师，定期给老人进行体检，为每位老人建立病历档案，详细记录老人的身体状况和病史等基本情况。平时还组织老人进行自我保健、自我护理知识的学习，鼓励他们多走动、多参加一些力所能及的体力劳动，提高老人的身体素质。另外，还购置了一辆面包车，一旦遇到重病老人就及时送往县级医院就诊。三是开展文娱活动，丰富老人的精神生活。配置了彩电，购置了象棋、扑克等文化娱乐用品，引导“五保”老人积极参与健康、向上的文化娱乐活动。通过组织老人们打牌、下棋、读报、看电视，了解党和国家的政策，形成了团结、和睦、互助的良好院风。

在办好敬老院方面，尽管我们做了一些工作，但与上级要求相比、与兄弟乡镇相比，也还有许多做得不尽如人意的地方。在今后的工作中，我们一定按照县委、县政府和县民政局的工作要求，加大敬老院建设工作力度，完善各项服务设施，全面提高服务质量，力争在2015年实现全镇“五保”集中供养率达到40%的工作目标，真正使全镇“五保”老人老有所养，老有所为，老有所乐。

××××年××月××日

学习测评

学习态度、能力评价。

检测要素		检测内容	完成情况		
			80%	60%	60%以下
理论知识	应知应会	计划、总结的含义			
	理解要点	读懂计划、总结的特点和作用			
专业能力	1. 把握计划、总结格式 2. 符合工作情景 3. 适合工作需要	计划、总结写作格式			
		找出并会用常用词语			
		能拟写符合格式要求、表述清楚的计划、总结要素等			
老师评价	长处				
	努力方向				
同学评价	长处				
	不足				
自测	我的长处				
	我的不足				
	应该努力方向				

任务二　养老机构常用会议记录、工作简报、消息

养老机构召集单位有关人员开会，布置开展工作，或接待有关领导检查工作，通报有关事项，发布有关消息报道时，经常使用会议记录、工作简报、消息等事务文书一般是现场会议做好记录，会后整理编发简报，内部交流，重要事项还要对外，向社会公众或媒体发布消息。

任务目标

知识目标	了解会议记录、工作简报、消息的基本概念。
能力目标	把握三种文书的基本写作格式，学会写作要点和写作技巧。
态度目标	培养严肃、有条不紊的工作态度，养成针对不同对象及时变换写作风格的应变思维。

案例导入

在养老院实习的中职学生董娟娟接到公司办公室王主任通知，要她在马经理主持召开的养老院老年工作会议上做好会议记录，并把主要内容编成简报，发放各部门学习交流，同时上报给民政部门，并给老年之声媒体发送消息。围绕这件事董娟娟如何写好三种不同的文书呢?

问题讨论

1. 会议记录、工作简报、消息各自的含义、特点、种类是怎样的?

2. 会议记录、工作简报、消息三种文书的各自写作格式是怎样的?

知识学习

一、会议记录写作

（一）会议记录概念

1. 含义

会议记录是对会议整个情况所做的真实记载，其作用在于正确反映会议情况，作为整理会议文件、汇报会议精神，研究工作等存查备考的一种历史资料。

2. 特点

（1）综合性。综合各种材料和发言情况整理汇总。

（2）指导性。一是会议本身的权威性；二是会议记录集中反映了会议的主要精神和决定事项。

（3）备考性。一些会议记录主要不是为了贯彻执行，而是向上汇报或向下通报情况，必要时可作查阅之用。

3. 种类

按照会议性质来分，会议记录大致有办公会议记录、专题会议记录、联席（协调）会议记录、座谈会议记录等。

（二）会议记录格式内容

会议记录一般由标题+基本内容+会议主要内容组成。

1. 标题结构

会议名称+记录。

2. 基本情况

开头部分要分项完整记录会议的有关情况，结构是时间+地点+主持者+出席者+缺席者+列席者+记录者。

3. 会议记录主体

会议记录的核心部分，包括议题+发言。

会议记录主要有两种格式：一种为会议记录表（表4-2）；另一种为条文记录。

表4-2　会议记录

会议名称		会议时间	
会议地点		会议主持人	
出席人员（数量）		列席人员（数量）	
缺席人员（数量）		记录人	
会议议题			
会议内容	1. 2. 3.		

会议条文记录格式如下。

××公司办公会议记录

时间：××××年××月××日××时××分

地点：×××

出席人：×××　×××　×××　×××　×××　……

缺席人：×××　×××　×××　……

主持人：×××

记录人：×××

主持人发言：（略）

与会者发言：

×××（略）

×××（略）

散会

主持人：×××（签名）

记录人：×××（签名）

（本会议记录共×页）

4. 会议记录内容

（1）记录会议的组织情况，可在正式开会之前写下。要写清楚会议的名称，开会的时间、地点、缺席和列席人员、主持人的姓名、记录人的姓名。如果有其他需要记录的情况，也需要作为备注记录在案。

（2）记录会议发言情况或主要内容。这是会议记录的主要部分，在会议进行中记录。记录方法有两种：一种是摘要记录，另一种是详细记录。

讨论问题比较简单的会议，可以记录报告了什么事情，讨论了什么问题，发言的重点、重要内容，通过了什么决议。讨论问题比较复杂的重要会议，要把每一个人的发言，包括发言中的话都记录下来。对讨论过程中的不同意见，更要有言必录。有的还要记录会议的相关动态，如发言中的笑声、掌声、临时中断以及会场等重要情况。会议记录结尾要另起一行写 “会议结束”或“散会”。重要的会议记录，还需要主持人和记录人在正文右下方签字。

（三）会议记录注意事项

（1）在开会前要提前到达会场，并落实好用来进行会议记录的位置。安排记录席位时要注意尽可能靠近主持人、发言人或扩音设备，以便于准确、清晰地聆听他们的讲话内容。从某种程度上讲，记录人员比一般与会人员更为重要，安排记录席位要充分考虑其工作的便利性。

（2）记录必须真实准确，符合发言者的原意，决不能任意增减或改变，特别是关键词语不能走样。

（3）会议记录一般不宜公开发表，如需发表，应征得发言者或单位领导审阅同意。

二、简报写作

（一）简报的概念

1. 含义、名称

简报就是单位内部或系统行业内部的简短小报。可以是简要的调查报告、简要的情况报告、简要的工作报告、简要的消息报道等。简报又称“动态”“简讯”

“要情”“摘报”“工作通讯”“情况反映”“情况交流”“内部参考”等，是一种具有汇报性、交流性和指导性特点，简短、灵活、快捷的书面材料。

2. 特点

简报是一种报，具有新闻的新、快、准特点，以及简短、简洁、简要等特点；除此之外，简报还有自身一些特点。

（1）专业性、系统性较强。一般由有关单位、部门主办，专业性十分明显，如政协工作简报、民政工作简报、老龄工作简报、老干部工作简报、养老保险简报、敬老爱老活动简报等。

（2）内部性，限于内部交流。一般在编报机关管辖范围内各单位之间交流，不宜甚至不能公开传播，有的是专给某一级领导人看的，有一定的保密要求，不能任意扩大阅读范围。

（3）简报是报不是刊。简报可以是一篇文章，也可以是一组文章，有些简报可装订成一本，像一般“刊物”，更多的是只有一两张纸、几个版面，像一份报纸，如图 4-1 所示。

老年健康知识

天鹅湖公寓

我国老龄工作的战略目标与任务

明天，这里将更美好

图 4-1　简报

而我们学习的则是具体简报的写作。

3. 种类

常见的简报从内容上看有四种：一是会议简报，主要反映会议交流、进展情况；二是情况简报，反映人们关注的问题，供机关领导参考；三是工作简报，报告重大问题的处理情况以及工作动态、经验或问题等；四是动态简报，包括情况动态和思想动态，这类简报的时效性、机密性较强，要求迅速编发，发送范围有一定限制，在某一个时期、某一阶段需要保密。

按时间分，有定期的简报、不定期的简报；按性质分，有工作简报、生产简报、学习简报、会议简报；按内容全面与否分，有综合反映情况的综合简报和反映特定情况的专题简报。

4. 简报作用

（1）反映情况。反映工作进展情况以及工作中出现的新情况、新问题、新经验，为决策机关了解下情，制定政策、指导工作提供参考。

（2）交流经验。加强上下级之间、部门之间交流，互相了解动态，借鉴经验、吸取教训，这样对工作有指导和推动作用。

（3）传播信息。简报本身即是一种信息载体，可以使各级机关及从事行政工作的人互相了解情况，吸取经验、学习先进、改进工作。

（二）简报格式写法

简报是最接近正式公文的常用公文，简报格式一般由报头、报核、报尾三部分组成，类似于公文的版头、主体、版记。

简报是一种党政机关、人民团体、企事业单位内部用于汇报工作、反映问题、沟通情况、指导工作、交流经验、传递信息的简短的有一定新闻性质的文书材料。

简报格式一般由报头、报核（或称报体）、报尾三部分组成，如图 4-2 所示。

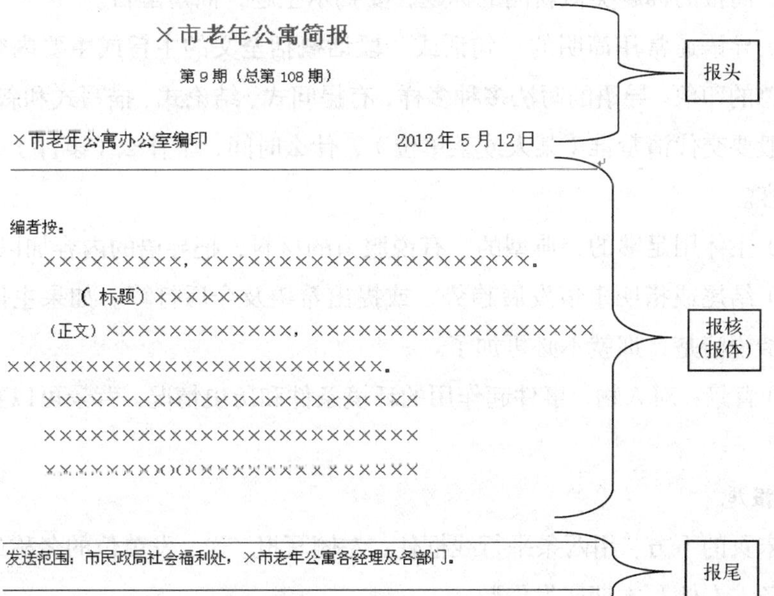

图 4-2　简报格式范例

1. 报头

报头一般占首页三分之一的上方版面，用间隔红线与正文部分隔开，报头内容有如下几项。

报名：“××简报”“××××简讯”，一般用大字套红，醒目大方。

期数：排在报名的正下方，有的连续出，还要注明总期数，总期数用括号括入。

编号：排在报头右侧的上方位置。

编发单位：排在横隔线的左上方位置。

印发日期：在横隔线的右上方位置。

密级：如“机密”“绝密”“内部刊物”等排在左侧上方位置。一般单位内部没有密级，除非特别重要事项的情况报告。

2. 报核

报核，即简报所刊的一篇或几篇文章。简报的写法是多种多样的，因此，它的形式也较灵活。具体来讲一般简报报核即正文部分，包括标题、导语、主体、结果和穿插在叙述中的背景材料。

比较重要的简报有时加上“编者按”或“按语”。

（1）简报的标题类似新闻的标题，要揭示主题，简短醒目。

（2）导语通常用简明的一句话或一段话概括全文的主旨或主要内容，给读者一个总的印象。导语的写法多种多样，有提问式、结论式、描写式和叙述式等。导语一般要交代清楚谁（某人或某单位），什么时间，干什么（事件），结果怎样等内容。

（3）主体用足够的、典型的、有说服力的材料，把导语的内容加以具体化。

（4）结尾或指明事情发展趋势，或提出希望及今后打算。如果主体部分已经把事情说清楚，那就不必再加了。

（5）背景：对人物、事件起作用的环境条件和历史情况。背景可以穿插在各个部分。

3. 报尾

在末页的下方，用两条平行线框住，左侧写报、送、发单位的名称或个人姓名、职务，右侧写本期印发份数。

（三）简报写作要求

第一，抓准问题，有的放矢。

第二，材料准确，内容真实。

第三，简明扼要，一目了然。

第四，讲究时效，反应迅速。

（四）简报编写方式

从编写方法上，简报有以下 5 种写法。

1. 专题式

抓典型，主要反映“点”的情况，编写时注意人物的典型性及表达的简要性。

2. 综合式

在一个明确的主题下，综合各方面的情况或问题，主要反映“面”上的情况，便于对事物全面了解与认识。

3. 信息报送式

用简洁精练的语言表达完整、准确内容。具有敏感的新闻素养，善于抓新闻，注重用事实和数据说话，据实书写，简明扼要。

4. 经验总结式

简报内容就是典型的经验总结，常采用先果后因的逻辑关系，侧重从做法上总结经验，归纳成几条，从而提升为规律性的内容。

5. 转发式

把有参考价值的典型材料以简报形式转发下去以推动工作的开展。编写时一般加“按语”或“编者按”，反映问题具有典型意义，对转发材料可以进行增删处理，同时保持材料的完整性。

三、消息写作

（一）概念

消息是用概括叙述的方式，以简明扼要的文字，迅速、及时地报道最新事实的短篇新闻。消息具有新、快、准、短等特点。

（二）种类

根据消息的内容，可分为动态消息、述评消息、综合消息、经验消息等。根据消息的结构可分为标题新闻、无标题新闻和短讯。

（三）消息的写法

消息一般是由标题、电头、导语、主体、背景和结尾组成，并由它们构成了消息的习惯格式，体现消息的文体特征。

1. 标题

俗话说，看书看皮，看报看题。题好一半文，拟好标题，就能有效吸引读者眼球。消息的标题的形式有单行式和多行式。

单行式的例文格式如下。

“北京市失独失能老人可安排住公立养老院”

看到这个标题我们为失去孩子的独生子女家庭的失能老人感到欣慰，老有所养。

“走进中乔养老院之探访名人之后”

看到这个标题吸引读者想了解这家养老院里住着哪位名人的后代。

多行式的例文格式如下。

“社会办养老　政府帮一把”

撰写消息标题，要力求做到内容要新颖，形式要醒目。

2. 电头

消息开头部分往往冠以“本报讯”“新华社×记者××报道”或“通讯员××”等，即为电头。

3. 导语

导语是消息的开头。开头的一句话或第一段话，一般是极简要文字介绍全文要点，点明主题。需要用最精练的文字，简明扼要地把消息中最重要、最新鲜、最吸引人的事实及其意义表达出来。

4. 主体

主体是导语后面展开新闻事实的部分。主体结构一般有以下三种。

（1）时间顺序结构。按时间的顺序叙述事实。

（2）倒金字塔结构形式。所谓“倒金字塔”，就是把最重要的材料放在开头，比较重要的随后安排，再次的再向后排，最不重要的放在最后。这种写法的意义在于，一是这种结构便于阅读；二是便于编辑；三是便于写稿。

例如，2013 年 7 月 18 日，青岛福彩四方老年公寓会议室里传来阵阵掌声，是什么喜事让大家如此高兴呢？原来是公寓正在举行颁奖活动。近日，公寓的 18 位老人参加了市老龄办组织的《老年人权益保障法》（全称为《中华人民共和国老年人权益保障法》）有奖知识竞赛，有 15 位老人喜获二等奖和三等奖。

这篇消息把老年公寓的掌声放在最前面，引起人们注意——怎么回事，这些老人怎么这么开心？紧接着揭示原因，公寓为参加市里知识竞赛获奖的老人颁奖。然后再按时间顺序概述公寓如何组织、帮助老人查阅资料，辅导复习，训练答题等内容，公寓领导亲自颁奖，获奖老人发表感言等内容，展示了青岛福彩四方老年公寓老有所学、老有所乐、幸福晚年信息。

（3）逻辑结构。按事物之间内在逻辑关系安排，如因果关系、并列关系、递进关系等。

5. 背景

对消息产生的环境、条件、原因等作一交代。

6. 结尾

消息的结尾承接主体，有时没有结尾，事实叙述完毕，就自然结尾了，有的对全文作简单总结。

四、综合案例指导

［**例文 1**］会议记录

三桥老年公寓员工竞聘会会议记录

会议时间：2015 年 3 月 19 日下午 2：00

会议地点：多功能厅

主持人：何鹏军（公寓办公室主任）

与会人员：30 人

会议内容如下。

一、领导讲话

公寓院长曹鹏讲话。

举行员工竞聘大会的目的和重要意义。

本次竞聘会是一次公平、公正、公开的竞聘会。

鼓励竞聘员工，积极争取，不管是否竞聘上自己所竞聘的岗位，都要积极面对未来的工作。

二、主持人介绍评委、竞聘人员及岗位

1. 宣布杨院长、曹院长担任评委，人力资源部主管卢阳、刘晋博担任专业评委。

2. 宣布竞聘两个环节及要求。

竞聘分为即兴演讲和现场提问两个环节。即兴演讲主要考查员工对竞聘岗位的理解和规划，现场提问主要考查员工的临场应变能力。

3. 宣布竞聘的八部部长岗位及八部一般员工岗位，参聘人员名单。

八部部长岗位是护理部、餐饮部、康复部、财务部、项目部和发展部等；一般员工岗位有管理部、行政部、宣传部、企划部、项目部、财务部、工程部、餐饮部等部门。

参聘人员名单（略）。

三、竞聘现场

现场气氛热烈，员工热情高涨。首次竞聘，是挑战也是机会。充满自信，满怀激情，演讲精彩，深入理解工作，借机建言献策，锻炼自己，促进交流。

其他（略）。

散会。

分析：这是老年公寓重要工作的会议记录，采用条文形式写法，思路清晰，要点突出，格式规范。

［例文 2］简报

三桥老年公寓工作简报

（第十一期）

三桥老年公寓办公室　　　　2015 年 03 月 09 日

三桥老年公寓员工岗位竞聘会

为了提高我公寓的服务质量，完善管理队伍，深化制度改革。2015 年 3 月 9 日 14 时，在三桥老年公寓的多功能厅内，举行了我公寓员工岗位竞聘大会。

院办公室主任何鹏军主持本次会议，大会开始之际，首先由院长曹鹏宣布了本次竞聘会的意义和重要性，曹鹏院长鼓励所有参与竞聘的员工，积极争取，不管是否竞聘上自己所竞聘的岗位，都要继续努力面对未来的工作，并向大家承诺，这是一次公平公正公开的竞聘会。

竞聘中，由杨院长、曹院长担任评委，人力资源部主管卢阳、刘晋博担任专业评委。竞聘环节分为即兴演讲——主要是谈对竞聘岗位的理解和规划；现场提问——由评委对选手进行即兴提问，考验选手的临场应变能力和对竞聘岗位的深入理解。

本次竞聘会参与人员共20多位，分别为8个护理部部长，包括餐饮部、康复部、财务部、项目部和发展部等；竞聘岗位有管理部、行政部、宣传部、企划部、项目部、财务部、工程部、餐饮部8个部门。所有竞聘人员满怀激情，精神抖擞，并且作出了精彩的演讲，阐述了各自对竞聘岗位的认识，对工作计划作了全面评估。整个竞聘活动中，大家踊跃参与，并借此机会建言献策发表了自己将来要对公寓工作作出的贡献，也提出自己将来能够为老人提供的帮助。这次内部竞聘活动充分调动了我公寓每一位工作人员的工作积极性。

此次竞聘会对大家来说都是新的挑战，能够站在这个讲台上展现自己，都是很有勇气和自信的，通过本次的竞聘会能够学习到他人的优点，学习到新的管理思路，为大家思想交流、沟通搭了一个好的平台，并且在以后的职业道路上，披荆斩棘、勇往直前。

三桥老年公寓致力于在不断创新中突破养老行业的常规，竭尽全力为老人们提供舒适的居住环境、高品质的护理服务，使老人们能够真正体会到老有所养、老有所居。

分析：

这是单一篇目组成的养老机构简报，报道三桥老年公寓开展竞岗竞聘工作。格式正确，内容全面，层次比较清晰，放在网页上，既展示、宣传了该养老机构行政管理工作，又令人对该老年公寓的规范管理工作肃然起敬。

从简报中发现语言表达上存在一些不足。

一是标题问题。首先，缺少动词，语句不通。增添“举办”或“举行”，改为“三桥老年公寓举办员工岗位竞聘会” 或“三桥老年公寓举行员工岗位竞聘会”。其次，标题与正文应是一个颜色，即黑色，不宜用红色，简报只有报头大字和间隔线才可用红色。

二是指代自称不统一，有“我公寓”“我院”“我们院”“院”“三桥老年公寓”几种写法，给人感觉比较混乱。正确写法是：标题中出现了单位名称“三桥老年公寓”，正文中可以用“我公寓”统一代称，而不再用“我院”“我们院”，“三桥老年公寓”变换指称。

三是一些语句表达前后不连贯，有的重复啰唆，语言之间关系不够紧密，标点使用不够准确。

第 1 自然段改为：

为提高服务质量，完善管理队伍，深化制度改革，2015 年 3 月 9 日 14 时，我公寓在多功能厅举行了员工岗位竞聘大会。

第 2 自然段改为：

办公室主任何鹏军同志主持本次会议，首先由我公寓曹鹏院长讲话。曹院长指出本次竞聘会是一次公平、公正、公开的竞聘会，在我公寓建设发展史上意义重大，非常重要。曹院长鼓励竞聘员工，积极争取，不管是否竞聘上自己所竞聘的岗位，都要积极面对未来的工作。

第 3~6 自然段合为一体，介绍竞聘情况及其作用，改为 2 个自然段：

本次竞聘岗位是我公寓 8 个部的部长及一般员工岗位。8 个部长岗位有护理部、餐饮部、康复部、财务部、项目部和发展部等部门；一般员工岗位有管理部、行政部、宣传部、企划部、项目部、财务部、工程部、餐饮部等部门。竞聘分为即兴演讲和现场提问两个环节。即兴演讲主要考查员工对竞聘岗位的理解和规划，现场提问主要考查选手的临场应变能力。由我院杨院长、曹院长担任评委，人力资源部主管卢阳、刘晋博担任专业评委。

20 多名员工积极参加此次竞聘，他们满怀激情，阐述自己对应聘岗位的理解认识，并借机对公寓发展建言献策。参聘者充满自信、满怀激情的精彩演讲、应对问答，加深了大家对我公寓工作岗位的深入了解。此次岗位竞聘，在我公寓尚属首次，对大家是一次挑战。竞聘活动锻炼了员工，促进了员工思想交流，调动了员工工作积极性，有利于今后工作更好地开展。

［**例文 3**］消息

爱心奉献养老院志愿服务暖人心

5 月 16 日下午，风铃志愿服务总队组织青年团员志愿者们走进北市区养老院，为孤寡老人打扫卫生，送关爱。

同学们一来到养老院，一声声亲切的“爷爷”“奶奶”让老人们乐开了花。随后，大家各自拿着卫生工具投入紧张的劳动中，到老人们的宿舍认认真真地打扫卫生，对老人们的桌椅、床铺等进行了认真、仔细的整理，同学们不怕脏，不怕累，齐心协力，把养老院的厕所、地面、门窗进行了冲洗，把养老院打扫得干干净净。看着一个个孩子忙碌的身影，老人们露出了幸福的笑容。同时，同学们还与老人们亲切交谈，了解他们的生活现状和身体情况，还时不时讲个笑话、做个搞怪动作，逗老人开心，小小的养老院里欢声笑语，其乐融融。同学们用了将近 2 小时完成了养老院的卫生清理，即将离开时大家共同祝愿老人们健康长寿、晚年幸福。

通过开展此次活动，体现了青年志愿者敬老爱老的传统美德，大家纷纷表示以后要多参加此类活动，多为社会作贡献。

分析：

这是在校学生参加养老院志愿者爱心奉献服务活动的消息报道。第 1 自然段概括介绍消息的主要内容；第 2 自然段展开消息主体，以时间为序阐述志愿者到养老院服务活动的具体过程；第 3 自然段对此次活动进行总结，阐述到养老院服务的意义。

文中五个要素表述清晰。时间：5 月 16 日下午。地点：北市区养老院。人员：风铃志愿服务总队组织的青年团员志愿者团队。事情：到养老院志愿服务，打扫卫生，与老人交流。原因：奉献爱心，温暖老人，弘扬敬老爱老美德。该篇报道不失为在校生学习的一篇范文。

拓展学习

陶行知：八顾问学习法

陶行知写过一首题为《八个顾问》的诗。诗中写道：“我有八个好朋友，肯把万事指导我，名字不同都姓何：何事、何人、何故、何时、何地、何去、何如，好像弟弟与哥哥。还有一个西洋派，姓名颠倒叫几何。若向八贤常请教，虽是人笨不会错。”

消息五要素，最初指新闻导语中的五个要素，即“五何”——何时、何地、何人、何事、何因，因其英语单词都是 W 开头，故又称 5W（when，where，who，what，why）。语文学习中经常提到的记叙文六要素就是在此基础上发展而来，后增加一个“结果”要素。

任务训练

1. 新学期开学伊始，市职业教育中心小美文艺社团和爱心之旅服务社准备联合起来组织社团成员到附近的福仁老年公寓开展慰问老人、志愿服务等活动，需要两个社团主要成员在一起商议，请以小组为单位，选出会议主持人，分别扮演不同角色，召开会议，商讨具体活动事项，写出会议记录。

2. 根据下面的材料，填写会议记录，按简报规范格式上报××县民政局。

金元乡中心敬老院召开安全工作会议

为进一步加强敬老院安全管理，确保敬老院安全、健康运转，7月6日上午，金元乡中心敬老院召开了安全工作会议。会议由敬老院院长胡波主持，副院长黄泽华、工作人员郭厚平及敬老院的老人参加了会议。

在会上，胡波要求全体院民及工作人员要牢固树立“安全第一”的工作生活理念，时刻绷紧敬老院安全管理这根弦，真正把安全工作抓实、抓好，严防各类事故发生。

一要加强安全保卫。金元乡中心敬老院实行“封闭式”管理，工作人员实行24小时值班制度，加强值守，并加大夜间安全巡查力度，预防意外事故发生。同时，严格出入登记制度，严禁院民私自外出和外来人员入内。

二要强化食品卫生安全。工作人员要亲自对食品的采购、清洗、制作等过程严格把关，坚决杜绝食物中毒事故发生，并定期对厨房、餐具进行卫生消毒，确保院民饮食安全、卫生。

三要加强安全隐患排查。定期对敬老院消防安全设施进行排查，发现隐患要彻底排除，坚决杜绝安全事故的发生；同时，加大对院内房屋、电线、围墙等排查力度，存在隐患的要及时进行维修，确保敬老院安全度汛。

通过此次会议，切实引起了老人们对安全工作的高度重视，进一步增强了老人们的安全意识，确保意外事故防患于未然。

××乡：蒋××

2012年7月6日

3. 根据下面的材料拟写一则消息，并按简报格式要求编制简报。

走进养老院志愿服务活动

一、活动背景

敬老助老是中华民族的传统美德。我们市职教中心青年助老团经与养老院多次联系，开会讨论活动计划，在10月9日下午，开展为孤寡老人送温暖，宣传健康知识的献爱心活动。

二、活动宗旨

为弘扬尊老敬老传统美德，团结带领广大学生积极参与到敬老助老志愿活动中，切实为老年人排忧解难，做到爱老、敬老、为老，在社会上营造温馨和谐、健康文明的氛围。

三、活动地点

市桥西区瑞祥老年公寓。

四、活动时间

10月9日。

五、参加人员

市职教中心青年助老团20名志愿者。

六、活动过程

1. 开展志愿者服务活动。组织部分学生帮助老人打扫卫生，修剪指甲，梳理头发；搀扶帮助腿脚不方便老人外出或推轮椅到庭院观看演出，向老人们宣传健康知识和常识。

2. 进行文艺演出。为老人们表演唱歌、跳舞、相声小品、诗朗诵等节目，让老人们得到精神上的愉悦，使他们更加健康长寿。

3. 分组走近老人。与老人聊天谈心、讲新闻，使活动形式丰富多彩。

七、活动效果

本次活动增强了学生和老人们的交流，培养了学生无私奉献、服务社会的高尚情操，也使学生形成了敬老爱老的良好风尚，为构建和谐校园、和谐社区、和谐社会打下了良好的基础。

学习测评

学习态度、能力评价。

检测要素		检测内容	完成情况		
			80%	60%	60%以下
理论知识	应知应会	会议记录、简报、消息含义、特点、作用			
	理解要点	读懂基本知识			
专业能力	1. 把握会议记录、简报、消息格式 2. 符合工作情景 3. 适合工作需要	会议记录写作格式			
		简报写作格式			
		消息写作格式			
		能拟写符合格式要求、表述清楚的会议记录、简报、消息等文书			
老师评价	长处				
	努力方向				
同学评价	长处				
	不足				
自测	我的长处				
	我的不足				
	应该努力方向				

任务三　养老机构常用规章制度

规章制度是养老机构内部管理重要组成部分，是养老机构管理的基础。建立健全养老机构规章制度，是实现养老机构有效管理和有序发展的有力措施和手段。只有制定规章制度，养老机构工作才能有章可循，有规可依，按章办事，用制度管理，才能不断提高管理服务水平，推动养老机构工作向正确、规范、合法、合理方向发展。养老机构规章制度内容广泛，包括养老机构经营管理的各个方面。养老机构的规章制度一般张贴上墙，规范员工行为，使员工活动合理有序进行。

任务目标

知识目标	了解规章制度的含义、特点、种类、作用。
能力目标	熟悉规章制度的种类，常见写法，能拟制简单规章制度。
态度目标	正确认识规章制度的重要性，养成自觉在养老机构遵规守矩的习惯。

案例导入

近来，社会上不少学校、爱心组织来到董娟娟所在养老院送温暖献爱心。热热闹闹一阵，不少老人高兴一阵子，也有老人反而抑郁，养老院办公室主任认为有必要对到养老院开展活动情况进行相应规定。董娟娟工作认真细致，在这儿实习一段时间后比较熟悉院里的服务管理规章，也了解学生特点，在此基础上，让董娟娟草拟一份到养老院活动的有关规定。董娟娟该如何拟写这份规定呢？

问题讨论

1. 什么是规章制度？有哪些特点？常见的有哪些？有什么作用？

2. 规章制度常见的写作格式、层次是怎样的？

知识学习

一、规章制度概念

1. 规章制度含义

规章制度是机关、团体、企事业单位为了管理的需要而制定的对一定范围内有关工作、活动与人们的行为，作出规范要求并具有约束力的文书总称，又叫规约文书或规范性文书。其是具有法规性或指导性与约束力的应用文，是各种行政法规、章程、制度、公约的总称。

2. 规章制度特点

（1）制作的权威性和严肃性。规章制度的作者是法定的，即依法能以自己的名义行使权利与承担义务的组织。规章制度是法定作者依照有关的法律法规，根据自己的职责和权限制定而成，是本级机关权力意志的反映，不能违背国家法令政策。

（2）内容全面具体并且相对稳定。规章制度制定内容涉及多方面，作出具体而周到的规定，不能有遗漏进而被不法之徒加以利用；规范人们的行为，不宜经常变动或修改，具有相对稳定性。

（3）实行的强制性或约束性。规章制度明确规定了应该做什么，不应该做什么。一经公布，养老机构或机构个人就必须严格遵守或遵照执行。它是人们的行为准则，强调照章行事，不许违反，更不许执行时打折扣，重则违法，触犯法律，轻则违规，受到相应行政处罚或批评教育。

（4）内容表达多为条款性。采用条理分明的章断条连式（总则、分则、附则）和条目贯通式（直接分条叙述）。

3. 规章制度种类

常用的名称有章程、条例、办法、规则、规定、细则、制度、守则、公约；此外还有标准、规程、须知、准则；注意事项及乡规民约（潜规则）等也属于规章文书，见表4-3。

表4-3　部分规章制度比较简表

类别	文种	内容作用	制发者	示　　例
行政法规	条例	对某一方面行政工作作比较全面系统的规定，具有法律性质的文件	国家最高权力机关、最高行政机关及省直辖市自治区地方国家权力机关	《北京市居家养老服务条例》《青岛市养老服务促进条例》《深圳经济特区社会养老保险条例》
	规定	对某一项行政工作作部分的规定，是法律政策、方针的具体化形式，是处理问题的法则。企事业单位使用的规定主要用于制定内部的规章	国务院各部委、各级人民政府及所属机关单位	《养老院关于老人清洁卫生服务要求规定》《养老院饮食服务要求管理规定》《养老院如厕服务管理规定》
	办法	对某一项工作作部分的规定，包括处理某些具体问题的具体方法、标准	同上	《养老机构设立许可办法》《养老机构管理办法》《内蒙古包头市老年公寓管理暂行办法》《老年公寓与消防管理办法》
	细则	为实施“条例”“规定”年公寓“办法”作详细、具体或补充规定，对贯彻方针、政策起具体说明和指导作用	同上	《〈深圳经济特区社会养老保险条例〉实施细则》
章程	章程	政党或社会团体用以说明该组织的宗旨、性质、组织原则、机构设置、职责范围等的纲领性文件，具有准则性和约束性的作用。即说明某组织或团体的组织规程和活动规则	政党，社会团体	《村居老年协会章程》《青岛市养老服务协会章程》《××镇养老服务互助协会章程》

续表

类别	文种	内容作用	制发者	示　例
制度	制度	有关单位和部门制定，要求所属人员共同遵守的准则	机关团体、企事业单位及其部门	《老年公寓职工管理制度》《养老院老人进出入管理制度》《养老院护理员交接班制度》
	规程	为了保证质量，使工作、实验、生产按程序进行而制定的一些具体规定，即说明某项活动的操作过程和规范	同上	《养老院护理员日常操作规程》《青年路社区服务中心居家养老服务站入住程序》《颐康养老院入住流程》
	规范	对某一组织或行为进行定性的信息规定。意指明文规定或约定俗成的标准	同上	《养老机构基本规范》《老年人建筑设计规范》《浙江省养老机构管理与服务规范》
	规则	有关部门为维护劳动纪律和公共利益而制定的要求大家遵守的条规	同上	
	岗位职责	指单位具体岗位所要求的需要去完成的工作内容以及应当承担的责任范围。岗位，是组织为完成某项任务而确立的，由工种、职务、职称和等级内容组成。职责，是职务与责任的统一，由授权范围和相应的责任两部分组成	同上	《老年公寓员工岗位职责》《养老院食堂各岗位职责》
	守则	机关团体、企事业单位要求其成员遵守的行为准则	同上	《敬老院安全守则》《养老院员工守则》

续表

类别	文种	内容作用	制发者	示　例
其他	须知	有关单位或部门为了维护正常秩序，搞好某项具体活动，完成某项工作而制定的具有指导性规定性的守则	同上	《养老院入住须知》《敬老院进出入须知》
	公约	人民群众或团体经协商同意而制定的共同遵守的准则，对参加协议者有约束力	人民群众，团体	《敬老院院民公约》《养老院管理服务公约》

二、规章文书的结构写法

规章制度一般由标题、正文、落款日期三部分构成。

1. 标题

规章制度的标题一般由单位名称+内容+文种组成。相关内容可以省略，但文种不能省略，不能单用文种作标题，如《老年公寓职工管理制度》《青岛市养老服务协会章程》等。单位名称，或是规章制度适用的单位或范围，或是制定、颁发单位名称。

2. 正文写法

正文结构：开头+主体+结尾。

开头部分写明依据、目的、意义、指导思想、适用原则等说明性文字。例如，全国首部居家养老条例《北京市居家养老服务条例》“第一条　为了满足居住在家老年人的社会化服务需求，提高老年人生活的质量，根据《中华人民共和国老年人权益保障法》和有关法律、法规，结合本市实际情况，制定本条例。”

主体部分写明法规的具体条款，内容复杂的可分章节，简单的可直接分条列项书写。一般内容全面的法规、条例采用章节条款写法。通常用章、条、款三级；最多时用到章、节、条、款、项、目六级。

结尾部分说明实施日期、执行权、解释权及其他未尽事宜的解决办法。

规章制度的正文结构写法一般有三种形式。

（1）分章列条式（章条式）或章断条连式，全文分为若干章、若干条，条的顺序号不被章“切断”而是一直排列到底，全文内容分为总则、分则、附则三大部分。一般条例采用这种写法，如 2014 年 2 月 25 日通过， 2014 年 6 月 1 日起施行的《上海市养老机构条例》分七章，按总则、分则、附则三部分制定五十条条款。第一章总则有八条，介绍制定目的依据、适用范围等内容；第二章至第六章为分则，从养老机构的设立、规划建设与扶持优惠、养老机构服务规范、政府服务和监管、法律责任等五个方面分别制定养老机构管理的 40 条具体条款；第七章附则有两条，一是执行此项条例管理前的合法养老机构要办理设立手续，不符合规定条件的要限期完成整改；二是条例的施行时间。

（2）条目贯通式，多用于条目较少的规章。全文不分章写，而是列出若干条目，全文也分开头、主体和结尾三大部分。开头部分以两三条的篇幅写出制定规章的目的、根据、适用范围和涉及对象要求等，主体部分围绕规章分条写具体规定和对违反规定的各种处罚措施，结尾两三条写执行的有关事项。有的条例也采用此法，如 2015 年 1 月 29 日通过的 2015 年 5 月 1 日起施行的全国首部居家养老条例《北京市居家养老服务条例》。通篇下来 1~22 个条款：1~3 条是制定目的、依据、原则；主体部分由 4~21 条组成，其中 4~7 条首次提出老人子女或家属及市县乡镇街道办事处居委会应承担职责，8~18 条提出政府开展的居家养老服务设施及活动，19~21 条提出违规的处罚条款，22 条提出实施时间。这种形式条目清晰，一般单位规章制度多采用这种形式写作。

（3）前言条目式，开头写一段前言，目的或依据，然后分条列项一贯到底，简便易行。

（4）落款日期。制定或批准的机关及其日期。有的括注于标题之下正中，就自然收尾不用再写落款日期。

三、规章制度的写作要求

（1）制定规章制度必须符合国家方针、政策、法令、法规，与国家政策保持高度一致。

（2）规章制度具有针对性与可行性。结合本系统、本机构的实际情况，既要符合国家政策，又应结合群众实际情况，便于群众认可，自觉遵守。

（3）用语要准确，概念要单一，语气肯定，文字简洁，条文清晰，便于记忆和执行。

（4）系统的体式具有规范性。注意条目之间内在逻辑关系。

四、案例指导

具体案例可扫描二维码了解。

拓展学习

分粥故事

七个人住在一起，每天分一大桶粥。要命的是，粥每天都是不够的。一开始，他们抓阄决定谁来分粥，每天轮一个。于是每周下来，他们只有一天是饱的，就是自己分粥的那一天。后来他们开始推选出一个道德高尚的人来分粥。强权就会产生腐败，大家开始挖空心思去讨好他，贿赂他，搞得整个小团体乌烟瘴气。然后大家开始组成三人的分粥委员会及四人的评选委员会，互相攻击扯皮下来，粥吃到嘴里全是凉的。最后想出来一个方法：轮流分粥，但分粥的人要等其他人都挑完后拿剩下的最后一碗。为了不让自己吃到最少的，每人都尽量分得平均，就算不平均，也只能认了。大家快快乐乐，和和气气，日子越过越好。实际上，轮流分粥就是七个人总结经验教训后制定出的一项制度。

同样是七个人，不同的分配制度，就会有不同的风气。所以说不同的制度会导致不同的后果。可见一个好的规章制度不但能化解集团内部矛盾，更重要的是把集体智慧凝结下来，达到提高效益和公平、公正之目的。

任务训练

仔细阅读并参考上面案例指导的例文，为你所在学校社团组织前去附近养老院开展送温暖活动，陪老人聊天活动拟写一个“养老院与老人聊天活动须知”，要求采用前言+条目式写法，围绕“与养老院老人聊天”这一主题，注意条目之间前后逻辑关系。

标题：

前言：

聊天活动须知：

1

2

3

4

学习测评

学习态度、能力评价。

检测要素		检测内容	完成情况		
			80%	60%	60%以下
理论知识	应知应会	规章制度的含义、特点、种类、作用			
	理解要点	读懂基本知识			
专业能力	1. 把握规章制度基本格式 2. 符合工作情景 3. 适合工作需要	规章制度写作格式			
		能分析、看出章节条理、写作格式及常用词语			
		会分析具体规章制度的目的、意义			
		能拟写符合条目贯通和前言+条目格式要求表述清楚的规章制度			
老师评价	长处				
	努力方向				
同学评价	长处				
	不足				
自测	我的长处				
	我的不足				
	应该努力方向				

综合练习

一、填空题

1. 开展工作事前应有________，事后要做_________。

2. 简报常被称为机关_______小报，系统性、业务性较强。

3. 简报一般由_______、报体、_______三部分组成，类似公文格式。

4. 会议记录一般不对外公开，是一种备考的________资料。

5. 养老机构在接收老年人入住养老院时特别强调老人及其家属注意阅读的规章文书是______。

二、选择题

1. 条例的作者（　　）。

A. 无严格的规定　　B. 是国务院

C. 是党中央组织部门　　D. 是省市级人民政府

2. 办法用于（　　）。

A. 对行政工作作比较具体的规定

B. 对行政工作作原则性的意见

C. 对社会组织内部活动规则的规定

D. 规定某项工作、某一事项的办理原则

3. 规程用于（　　）。

A. 说明某项工作、活动的操作过程和规范

B. 说明行政工作、活动的操作过程和规范

C. 说明技术工作、活动的操作过程和规范

D. 说明商业工作、活动的操作过程和规范

4. 章程用于（　　）。

A. 规定政府机构的组织规程及活动规则

B. 规定一个组织或团体的组织规程及活动规则

C. 规定教育部门的组织规程及活动规则

D. 规定政党的组织规程及活动规则

5. 某单位要制定约束工作人员工作纪律的规范文书，应当用（　　）文种。

A. 准则　　B. 细则　　C. 守则　　D. 规则

6. 规章文书中权威性、约束性最强的是（　　）。

A. 办法　　B. 条例　　C. 制度　　D. 规定

7. 规章文书中对工作规范作的解释最详细的是（　　）。

A. 规定　　B. 规则　　C. 细则　　D. 规程

8. 成立一个社团、应拟定一个（　　）文种。

A. 规定　　B. 办法　　C. 守则　　D. 章程

9. 规章文书正文写法有（　　）。

A. 章条式　　B. 前言加条款式

C. 事由+事项+尾语　　D. 总则，分则，附则

10. 哪种文书最接近法定正式公文？（　　）

A. 简报　　B. 计划　　C. 总结　　D. 制度

三、判断对错，错的改正过来

1. ×××县养老事业社会发展五年计划。

2. 二〇〇五年至二〇〇六年农村业余教育规划草案。

3. ×××老年公寓二〇一三年招聘工作纲要。

4. ×××公司关于第一季度后勤计划。

5. 简报与行政公文格式一样，都有三个部分。

四、将本项目任务二中的例文中会议记录、简报的内容改写成一篇消息。

项目五

养老机构常用礼仪文书

养老机构作为老年服务的机构，在社会交往活动中，经常使用礼仪文书。礼仪是礼节和仪式，礼仪文书有传统继承性、丰富情感性，同时又具有约定俗成的规范性和公开性，它涵盖了工作和生活，节日、红白喜事等方方面面，是养老机构工作离不开的日常社交礼仪文书。本项目主要学习请柬、邀请函、聘书，感谢信、慰问信，讣告、挽联、悼词等几种礼仪文书。

任务一　养老机构常用请柬与邀请函

请柬、邀请函和聘书等，是养老机构用于邀请社会某个单位、组织或人物参加某个特定的正式活动、聚会使用到的文书，属于聘邀类礼仪文书。

任务目标

知识目标	知道请柬、邀请函、聘书的含义、种类及形式，懂得递交礼仪。
能力目标	能拟写制作格式规范的请柬、邀请函、聘书，会礼貌递交文书。
态度目标	养成文明礼貌的聘邀礼仪用语和文明礼貌递交的行为习惯。

案例导入

李×，男，老伴已去世5年，膝下有两儿一女，均已过了不惑之年，且各有自己的事业，一个在国外两个在国内。在子女无法长期照顾老人的情况下，李老选择住进社区一家养老机构安度晚年。在此，李老邂逅同样因子女赡养困难住进养老院的刘××。两位老人相处融洽，因此决定再婚。双方子女对老人的想法均表示支持，但因为精力有限，均建议老人在养老院举行婚礼。请以养老院工作人员的身份，代替两位老人向亲朋发放婚礼请柬。

问题讨论

1. 什么是请柬？什么是邀请函？什么是聘书？
2. 请柬、邀请函、聘书写作格式是怎样的？
3. 聘邀类礼仪文书递交礼节是怎样的？

知识学习

一、请柬

（一）请柬的概念

1. 请柬含义

请柬又名请帖、柬帖或帖子。在举行比较隆重的活动或者集会时，为了表示对客人的尊敬和重视，需要发放请柬以示郑重其事、正式、隆重，是正规的礼仪文书。

2. 请柬特点

（1）礼貌性。称谓用语采用敬称，中间用词多用礼貌语言；邀请对方时间一般在 1 ~ 2 周（7 ~ 14 天约定时间）；递交、接收讲究礼节、礼貌，双手递、对方双手接。

（2）庄重性。郑重其事、正式、规范、严谨、庄严、隆重。

（3）公开性。一般不封口，公开（朗读）阅读、张贴。

（4）精美性。一般彩色用纸，文字选用艺术字体。

3. 请柬种类

从内容上分，请柬可简单分为红白喜事的请柬和日常活动的请柬，见表 5-1。从形式上来分，可以是卡片式的，也可以是折叠式的；可以是印制的，也可以是手写的；可以是西式的横式请柬（图 5-1），也可以是中式的竖式请柬（图 5-2）。

表 5-1　请柬种类一览

要　素	种　类	名　称	备　注
内容	红白喜事	喜帖、丧帖	硬笔、毛笔书写；打印、印刷均可
	日常活动	请柬或请帖	

续表

要　　素	种　　类	名　　称	备　　注
形式	卡片		
	折叠		
手段	印制		印刷，填空可打印或手写
	手写		硬笔、毛笔书写
文化	中式		
	西式		
风格	横式		
	竖式		

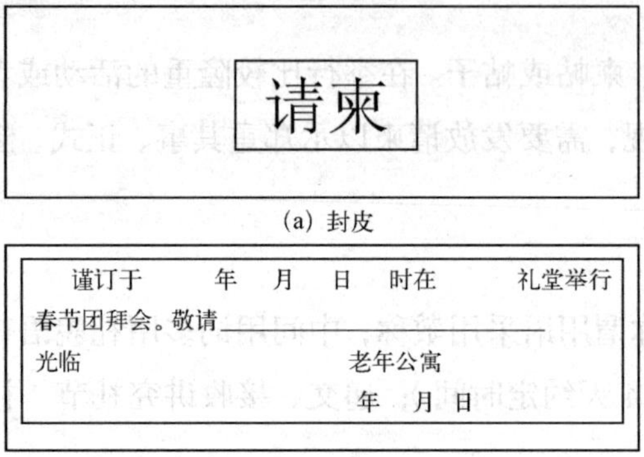

(a) 封皮
(b) 内里

图 5-1　横式请柬

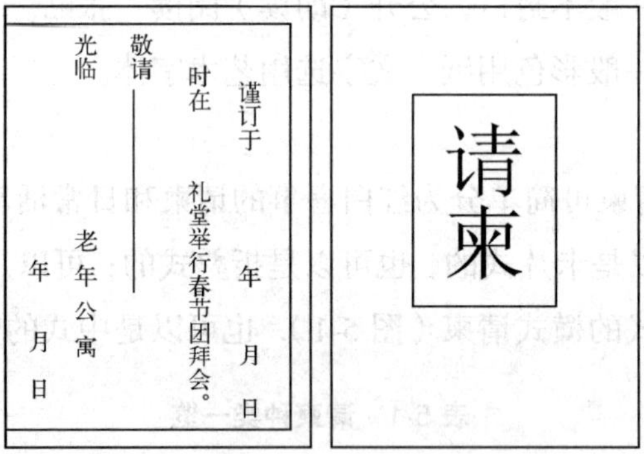

(a) 内里　　(b) 封皮

图 5-2　竖式请柬

（二）请柬的格式

现在很多场合可采用模式化的现成请柬。特定的活动或有特殊要求时，则需自己制作请柬。

请柬一般包括封面和内页两个部分。封面通常用较厚的纸质，装帧精美。在居中的位置，用醒目的颜色和稳重的字体写上“请柬”或“请帖”二字。内页一般包括称谓、正文、落款三个部分。

1. 称谓

在第一排顶格写，在姓名的位置留白，之后缀以“先生”“女士”等称谓，也可加上被邀请宾客的职务、职称。

2. 正文

通常用“兹定于”“谨定于”等作为开头，正文部分要交代清楚相关活动的内容、时间、地点及需要注意的相关事项。

3. 尾语

通常用“恭请（候）光临”“敬请莅临指导”“若蒙光临，不胜荣幸（不胜感激）”等作为结束语。

4. 落款日期

落款：横式请帖写在正文右下角，竖式请帖则在正文左下角写发出请柬的单位名称或个人姓名，在名字后写上“敬邀”或“谨约”“敬约”“谨启”“谨订”等。

日期：在落款之下（横式）或之左（竖式）署明日期。

（三）请柬写作的常见错误及注意事项

1. 常见错误

手写时请柬写成“请谏”，请帖写成“请贴”。不仔细核对时间、地点等信息，或是未确认对方的姓名和头衔等便匆忙发出请柬，出现失误容易造成误会，令收受方感到不受尊重导致不愉快。邀请时间不能留有余地，有的当天或三天前邀请，不符合提前 1 ~ 2 周发出邀请的礼仪规定。

2. 注意事项

（1）向宾客发出请柬是为了表示正式和对对方的尊重，因此在填写姓名和职务的时候一定要核实确认，以免有误。

（2）正文部分。要准确地告知活动的内容、时间、地点。在多数情况下，时间一般精确到时、分，结婚请柬一般还要写上农历时间。竖式请柬一般遵照中国传统阅读书写习惯——从右向左。地点则精确到具体的场馆位置名称、街道号码。另外，如涉及一些重要的备注事项，如联系人、联系电话、活动需携带请柬作为入场凭证等，则需要在内容事项中注明。

（3）请柬突出一个“请”字，所以在具体行文的时候，语气应是热忱的、谦恭的，采用敬称、敬语，委婉商量的语气。不得使用“必须”“不得有误”等带有强制性的词语。

（四）案例指导

请　柬

尊敬的××先生及夫人：

谨定于××××年×月×日上午11时30分，在××酒店全家福厅举行李××（新郎）刘××（新娘）结婚喜宴。特邀您出席，届时恭请光临。

李××　刘××谨邀

××××年××月××日

二、邀请函

每逢节假日，一些老人被亲朋子女接回去住上几日，还有相当一部分老人留在养老院吃“集体饭”。虽然养老院的设施很完备，对老人的照料也十分到位，但老人思念家乡亲人的情绪却是难以弥补。为此，养老院向社会志愿者发出求助邀请，希望志愿者能上门，帮助他们调整心态，给老人们带来精神上的安慰。如何写这个邀请函呢？

（一）邀请函的概念、特点及种类

1. 邀请函的概念和特点

邀请函和请柬的适用范围大致相同，只是邀请函更正式，字数较少，一般用于正式的会议、晚宴、论坛等，比较官方，使用的措辞也更正式，文后可以加盖公章。相比而言，请柬更简洁、更人性化，落款签单位主要领导名字即可。

在具体操作上，可以先发邀请函，等对方收到并确认接受后，再递送请柬。

2. 邀请函的种类

按照其具体的用途分，邀请函可以分为工作类的邀请函和活动类的邀请函。养老机构邀请函往往针对一些重要的纪念活动、仪式、庆祝会、座谈会、宴会等。

（二）邀请函的格式

1. 标题

居中写上“邀请函”，也可在邀请函之前加上具体的事由，如“养老院志愿活动邀请函”。

2. 正文

第一行顶格写上被邀请单位或个人的姓名，加上“先生”“女士”的后缀或相关的职务职称。邀请函通常比请柬所涉及的事项更为复杂，所以在正文部分需要花稍多的篇幅向被邀请者说明有关问题及事项。

3. 落款

右下角落上邀请者的名称及时间。

（三）邀请函写作的常见错误及注意事项

1. 常见错误

混淆邀请函和请柬的适用范围，将邀请函的内容过于简要化。邀请函更多用于正式官方的场合，涉及的相关内容要素更为具体，请柬则更简明一些。

2. 注意事项

（1）邀请函中涉及的时间、地点、事项等一定要反复核实后再寄出。

（2）邀请函往往需要对该活动的目的、意义、有关内容事项及后续联系方式进行较详细的介绍，以吸引对方的关注及参与兴趣。

（3）行文要注意语气，突出诚意。

（四）案例指导

根据邀请函开头情景拟写的礼仪文书。

［**例文 1**］邀请函

公益人士：

您好！

每逢佳节倍思亲，九九重阳节到来之际，我院相当一部分入住老人因家属种种原因不能与家人团聚。虽然养老院的设施很完备，对老人的照料也十分到位，但老人思念家乡亲人的情绪却是难以弥补。为此，养老院诚挚邀请社会志愿者，开展敬老陪聊活动。希望志愿者能上门一对一或一对二陪老人聊天，或给他们表演节目，帮助他们调整心态，做好心理疏导，给老人们带来精神慰藉，做老人心灵的按摩师。

报名联系方式如下。

办公电话：××××-××××××××

手机：×××××××××××

QQ：××××留言（姓名+电话+身份证号码）

××养老院

××××年××月××日

分析：

这是养老院向社会发出的敬老陪聊邀请函，既向社会发出帮助解决该养老院老人精神慰藉问题邀请，又表达了该养老院对老人的关爱之情。

［例文 2］邀请函

尊敬的先生/女士：

您好！

××老年公寓成立于 2008 年，连续 6 年被评为 4A 级优秀老年公寓，是一家集养老、康复、休闲、娱乐、保健、临终关怀于一体的综合性养老机构。公寓环境优美，绿树环绕，分为豪华套房、双人标准间、单人间、三人套房等。2014 年我们依托××老年公寓开办连锁机构——×××老年公寓，舒适、干净、整洁，设施设备完善，拥有床位 200 余张，依据老人实际身体状况量身定制专业的特色服务，并于 12 月 15 日正式营业。“为老人分忧，替儿女尽孝”是我们的宗旨，值此麦田金黄、金桂飘香的时节，我谨代表×××老年公寓全体员工诚挚邀请您到××公寓总部、连锁机构参观考察、指导工作，我公司全体员工竭诚欢迎您的到来！

此致

敬礼！

张××　　公寓总经理呈上

××××年××月××日

分析：

这是养老机构向老人发放的邀请函，巧妙介绍该院优势，邀请身体健康的老人到离市区较近的养老院参观。

［例文 3］邀请函

尊敬的先生/女士：

您好！

在这阳光明媚、春暖花开的美丽时节，我们诚挚邀请您踏青赏花、外出游玩时，能带上自己的父母、爷爷奶奶等同行，实地参观考察××老年公寓，给长辈养老找个好地方。

到2014年底，我市60岁以上户籍人口有240余万。目前，全市养老机构大大小小有200多个，主要位于我市的二、三圈城，条件、环境各不相同，收费及护理模式也不同。金牛区夕阳红老年公寓是我市最大的养老机构之一，建于2010年，占地70余亩，离我市不远，儿女亲朋看望老人方便，院内宽敞、绿化好，空气清新，收费合理。护理人员服务细致周到，每年有医生、社工、志愿者定期来我公寓进行社会服务。目前，入住达到近400位老人，贴心服务，爱心护理使老人们很满意。如果您有意，欢迎您实地参观考察夕阳红老年公寓，我们提供免费带看服务，全程陪同，为您讲解咨询。

××区××老年公寓敬上

××××年××月××日

联系电话：××××-××××××××（办）

××××××××××××（手机）

联系人：单××

分析：

这是在城市繁华区向社会推介参观养老院的邀请函。凭借便利地理位置、交通条件、良好服务介绍，热情邀请有意向的老人、家属顺路参观考察。

［例文4］邀请函

敬老爱老公益活动邀请函

尊敬的各位爱心人士、单位领导：

首先感谢您能在百忙之中抽出宝贵时间来查看此份信函。爱人者，人恒爱之，敬老爱老是中华民族传承千年的高尚情操，作为年青一代，我们有责任将这样的品德传承下去，共同营造良好的社会风气。

××县××敬老院是全市为数不多的“五星级”敬老院，其入住最多的时候有109位老人，均是无儿无女的五保户老人，其入住率在全市是相当高的，镇政府领导对敬老院工作很重视也很支持，市委书记段书记来××第一年就亲自下乡看望敬老院的老人。我们××人才网秉持敬老爱老的原则，定于本周五（5月30日）举行非营利性公益活动，这不仅是一场公益活动，对于现在的年轻人来讲，更是一场非常生动的教育课。

在此我们诚挚邀请并倡议更多的社会人士关心、关注和帮助我们这群特殊的老人。我们坚信：在全市各单位的共同努力和帮助下，×××敬老院老人将会充满希望、生活会更加美好。

一、活动主题：敬老爱老，传播爱心

二、活动时间：2014年5月30日上午9：00~11：30

三、活动地点

××县××镇敬老院

四、主办单位

××人才网

五、活动流程

1. 早9：00出发。

2. 9：30到达敬老院，介绍来意，向老人问好。

六、注意事项

1. 活动过程中避免长时间玩手机。

2. 要积极地陪老人聊天谈心。

3. 不能出现任何对老人身心有伤害的语言或动作。

七、具体捐助形式

1. 您可以代表单位或个人捐献一些物品。

2. 您还可以向老人提供免费服务，如义诊等。

关爱热线：杨女士　××××××

××县××敬老院

分析：

这是邀请社会爱心人士参加敬老爱老公益活动的邀请函，内容具体，条理清晰，既展示了该敬老院的服务成绩，又向社会发出求助、邀请，加强了敬老院与社会的联系交往。

拓展学习

1. 请柬（邀请函）

在传统的“请柬”“邀请函”（图5-3、图5-4）中主要分三种形式：正方形、长方形、长条形。这些产品的外形和尺寸都有一定的比例和大小。

正方形“请柬”“邀请函”：尺寸为130 mm×130 mm至150 mm×150 mm。在国外，通常在卡内增加副卡（如路线卡、回复卡、项目卡等），一般可以做到

100 mm×100 mm 左右。

长方形“请柬”“邀请函”：尺寸为 170 mm×115 mm 至 190 mm×128 mm，大小要随比例改变，要符合黄金分割。如有副卡不宜太大。

长条形“请柬”“邀请函”：尺寸为 210 mm×110 mm 至 250 mm×110 mm，大小要随比例改变。打开方式只适合横向和单边打开。

2. 丧帖

丧帖，或讣闻，是向亲朋好友通知家人去世的消息，并邀请参加丧礼的通知。丧葬之礼是中国民间最为重要的礼。请亲朋好友参加丧礼，既有寄托哀思的功能，又有请人观礼的含义，如丧宴请柬。

参加×××老先生葬礼的亲朋好友，请于××××年××月××日（农历九月初一）上午××点××分，到×××酒店参加家属的答谢仪式。

×氏家族敬候您光临

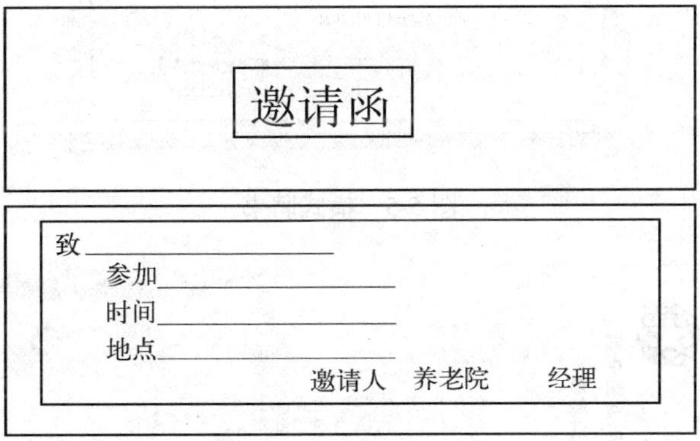

图 5-3　邀请函（一）

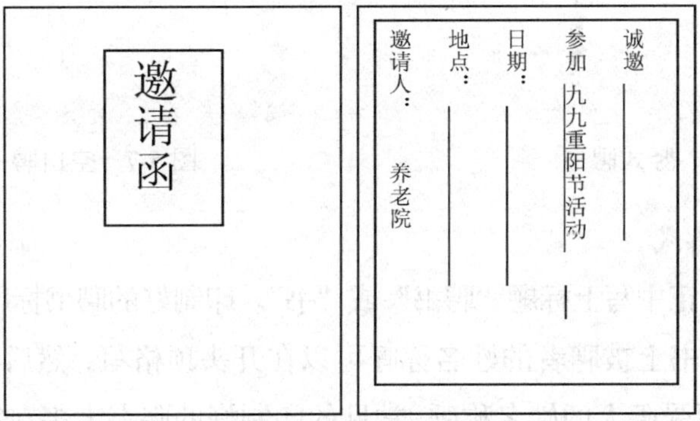

图 5-4　邀请函（二）

三、聘书

小刘，××市×养老机构工作人员。因单位工作需求，需要某大学心理学教师来为托管老人定期举行老年心理讲座。为表示对该职位的重视，小刘需要代表单位向老师发放聘任书。

1. 什么是聘书

聘书（图 5-5~图 5-7）是外单位人员担任本单位某项职务或者承担某项工作所使用的特殊文书格式。

图 5-5　横式聘书

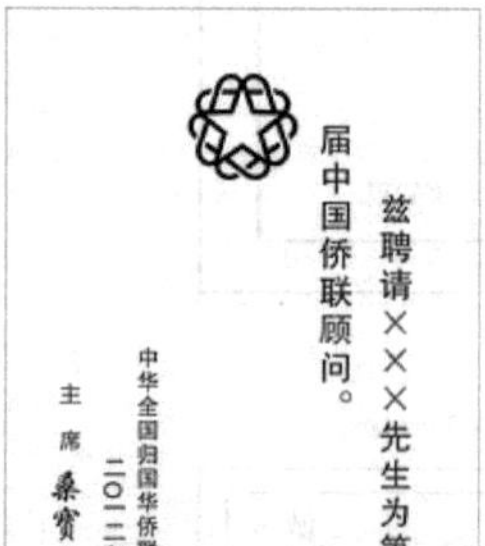

图 5-6　竖式聘书

图 5-7　空白聘书

2. 聘书的格式

（1）标题。正中写上标题“聘书”或“书”。印制好的聘书标题常用烫金大字。

（2）称谓。书上被聘者的姓名称呼可以在开头顶格写，然后再加冒号；也可以在正文中写明受聘人的姓名称呼。常见的印制好的聘书大多在第一行空两格写“兹××……”。

（3）正文。具体内容如下。

首先，交代原因和担任的职务，有的则省去原因，直接写聘任职务。

其次，写明聘任期限。如“聘期两年”，聘期起止时段。

再次，聘任待遇。聘任待遇可直接写在聘书之上，也可另附详尽的聘约或公函写明具体的待遇，这要视情况而定。

最后，正文还要写上对被聘者的希望。这一点一般可以写在聘书上，也可以不写，而通过其他途径使受聘人切实明白自己的职责。

（4）结语。写上致意和祝颂的话。如“此致敬礼”“此聘”等。

（5）署名。落款要署上发文单位名称或单位领导的姓名、职务，并署上发文日期，同时要加盖公章方可生效。

3. 聘书的作用

一是起到加强协作的纽带作用。聘书加强了不同单位之间的合作，使之可以互通有无，互相支援，起到了不可替代的纽带作用。

二是加强被聘请者的责任感、荣誉感，提升工作水平，促进人才交流。

三是表示对被聘请者的尊重、信任，展示聘请工作的郑重其事与约定。

4. 聘书写作的注意事项

（1）聘书要郑重严肃，对有关招聘的内容要交代清楚；同时聘书的书写要整洁、大方、美观。

（2）聘书一般要短小精悍，不可篇幅太长，语言要简洁明了、准确流畅，态度要谦虚诚恳。

（3）聘书是以单位名义发出的，加盖公章，方视为有效。

（4）聘书递交时应面带微笑、双手递送对方以示郑重严肃和对对方的尊重。

5. 案例指导

［例文1］

聘　请　书

兹聘请王××教授为我院心理咨询客座教授，定期为我院养老人员进行心理咨询活动。聘期自××××年××月××日至××××年××月××日。

××养老院

××××年××月××日

［例文 2］

聘　书

郝××同志：

为进一步提高××老年公寓护理实务操作水平，特聘请您为我公寓专家指导教师，聘期自 2013 年 3 月 1 日至 2014 年 4 月 30 日。

此聘。

××老年公寓（印章）

××××年××月××日

任务训练

1. 为××养老院五周年庆祝活动写一份请柬，邀请主管辖区的领导参加周年庆典活动，庆典时间可自定。

2. ××区××老年公寓是×市大型养老机构之一，建于 2010 年，占地 70 余亩，离市区不远，儿女亲朋看望老人方便，院内宽敞、绿化好，空气清新，收费合理。护理人员服务细致周到，每年有医生、社工、志愿者定期来公寓进行社会服务。目前，入住达到近 400 位老人，贴心服务，爱心护理使老人们很满意。在这阳光明媚、春暖花开的美丽时节，××区××老年公寓张×经理携全体员工诚邀社会老年朋友及亲属到市区附近踏青赏花、外出游玩时，实地参观考察××区××老年公寓，给自己或长辈养老找个好地方。提供免费带看服务，全程陪同，并进行讲解咨询服务，请以××区××老年公寓名义拟写邀请函。

3. ××养老院想在中秋节期间搞一次社区联谊活动，邀请周围莲花社区的老人参加，请为这次活动写一个请柬。

4. 为进一步提升养老服务工作人员水平，××养老院从市社会服务发展中心请到社工实务经验丰富的督导专家邱一成，每月为养老院提供老年服务工作技巧、老年情感心理支持等实务水平义务培训，请为养老院拟制聘书。

要求：格式规范，要素齐全，用语精练，庄重有礼。可加封面文字设计。有条件和能力的可用电脑制作，并进行封面设计。

学习测评

学习态度、能力评价。

检测要素		检测内容	完成情况		
			80%	60%	60%以下
理论知识	应知应会	请柬、邀请函、聘书含义、特点、作用			
	理解要点	读懂基本知识			
专业能力	1. 把握请柬、邀请函、聘书格式 2. 符合工作情景 3. 适合工作需要	请柬写作格式			
		邀请函、聘书写作格式			
		找出并会用常用词语			
		能拟写符合格式要求表述清楚的请柬、邀请函、聘书等			
老师评价	长处				
	努力方向				
同学评价	长处				
	不足				
自测	我的长处				
	我的不足				
	应该努力方向				

任务二　养老机构常用感谢信、慰问信

养老机构作为服务老年这一弱势群体的行业单位，经常得到社会各界的捐赠、帮助、志愿者服务等，面对社会爱心奉献，养老机构常用公开的可张贴的专用书信表达感激、感谢之情，同时对入住老人表达安慰、问候、关切之情，以回报社会对养老事业的支持帮助。

任务目标

知识目标	知道感谢信、慰问信的含义、适用范围。
能力目标	能拟写适合具体要求的感谢信、慰问信。
态度目标	培养用书信表达知恩图报、同情关切、感激感谢的情感。

案例导入

某养老院的托管老人李老突发疾病急需抢救，但是李老的家庭无力承担巨额的费用。养老院为挽救老人生命，临时发起一场募捐活动。该活动得到各界领导和好心人的支持。请以养老院的名义写一封公开感谢信。

问题讨论

1. 什么是感谢信？有何写作要求？
2. 什么是慰问信？有何写作要求？

知识学习

一、感谢信

（一）感谢信写作知识

1. 感谢信含义

感谢信是单位向帮助、关心和支持过自己的集体（党政机关、企事业单位、社会团体等）或个人表达谢意的专用书信，一般公开，可以张贴、朗读、邮寄。

2. 作用

（1）感激作用。困难危机之中受助于人，常存感激之情，通过书信表达。

（2）感谢作用。一方受惠于另一方，应及时地表达谢意，使对方在付出劳动和贡献后得到心理上和精神上的收益。

（3）表扬作用。弘扬尊老敬老助老善行美德。

（4）尊敬、尊重对方作用。写作时应使用礼貌用语。

（二）感谢信写作格式要求

1. 标题

第一行的正中用较大的字体写上“感谢信”三个字。如果写给个人，这三个字可以不写。有的还在“感谢信”的前边加上一个定语，说明是因为什么事情、写给谁的感谢信。

2. 称谓

第二行顶格写对方单位名称或个人姓名，姓名后面可以加适当的称呼，如“同志”“师傅”“先生”等，称呼后用冒号。如果感谢对象比较多，可以把感谢对象放在正文中间提出。

3. 正文

一般至少1个自然段，可以1~5个自然段。

主要写清楚对方在什么时间、什么地点，由于什么原因，做了什么好事，对自己或单位有什么支持和帮助，事情有什么好的结果和影响。还要写出表现了对方哪些好思想、好品德、好风格。最后表示自己或所在单位向对方学习的态度和决心。

4. 结尾

书信专用“此致”，换一行顶格写上“敬礼”。

5. 落款日期

落款署上写信的单位名称或个人姓名，并且署上成文日期。

（三）感谢信写作注意事项

（1）叙述对方对自己或本单位的帮助，一定要把人物、时间、地点、原因、结果以及事情经过叙述清楚，便于组织了解和群众学习。

（2）信中要洋溢着感激之情。在叙述事实的过程中，除了要突出对方的好思想和表示谢意外，行文要始终饱含着感情。感情要真挚、热烈，使看到信的人受到感染。

（3）写表示谢意的话要得体，既要符合被感谢者的身份，也要符合感谢者的身份。

（4）感谢信以说明事实为主，切勿不着边际地大发议论。

（四）感谢信案例分析

[例文1]

感　谢　信

金秋送爽，硕果累累。在九九重阳节之际，我们迎来了来自社会各界的朋友，大家欢聚在一起，举行了一场别开生面的慈善慰问演出活动。在此，我们福利院的全体职工代表全院院民，向无私奉献爱心的单位和个人，致以节日的问候和诚挚的祝福！

今天，林区幼儿园、超舞俱乐部、好运来健身队、神农情健身队、林区健身太极队来林区福利院慰问，演出了精彩的文艺节目。林区民政局、慈善会、松柏镇人民政府、恒达建筑公司、基建公司、杨师傅蛋糕房、小蓝天火锅城饮食协会、舒服家私、白云边代理商吴扬顺先生、神林超市、吴老三批发部、敖大军先生等热心人士和爱心单位，为我们林区福利院送温暖、献爱心，送来了慰问品和慰问金。在这里，福利院的全体干部职工和院民，向各位的到来表示热烈的欢迎，对你们的爱心善举表示由衷的感谢和深深的敬意！

“九九”与久久同音，有长久、长寿之意，重阳佳节大家欢聚一堂，意义深远。社会福利事业任重而道远，搞好老年服务工作，对于改善困难群体的生存状况、缓解社会矛盾、维护社会稳定，具有十分重要的意义。乐善好施，扶贫济困，团结互助是中华民族的传统美德，是社会主义精神文明建设的重要组成部分，是构建和谐社会的重要举措。各位爱心人士和爱心企业，向林区福利院的老人捐款、捐物，以实际行动回报社会，承担社会责任，特别是为支持林区福利事业的发展起到了模范带头作用，是值得我们大家学习的楷模。你们在不断发展自身经济的同时，时刻不忘承担社会责任，慷慨解囊，热心支持社会福利事业。您的高尚行为，必将赢得社会的更大尊重；也一定会获得社会广泛认可与赞同。我们相信在社会各界的共同关心和支持下，我们的社会福利事业会更好地发展壮大。

家家有老人，人人都会老，关爱今天的老人就是关心明天的自己，重阳节带给我们现代人的不只是一种庆祝形式还是一种信息，老年人需要爱、需要快乐和健康，更需要关心，一声深情的问候，创造一个敬老、爱老、助老的浓厚氛围，应该从生活的点滴做起，从现在、从我们身边做起。

在今后的工作中，我们将继续努力工作，切实把党和政府的温暖送到老年人的心坎儿上，让老年人老有所养、老有所医、老有所乐，使老年人晚年生活得更好、更加丰富多彩。同时，也促进我们从事社会福利工作的同志更好地为老年人服务，视老人为亲人，视院务为家务，让生活在福利院这个温馨的大家庭中的每一位老人，更好地享受党和政府的温暖。

最后，再次感谢社会各界人士的慷慨之举！让我们共同祝愿全区所有的老年朋友节日快乐、幸福安康！

林区福利院

××××年××月××日

分析：这是一封养老机构向社会各界表示感谢的书信，所以可以没有称谓。正文部分作者借九九重阳节活动之际首先向到访的各界表示祝福与问候，然后对各界给予福利院的关心、帮助、支持表示感谢与敬意，并对各界人士的奉献爱心、温暖救助进行高度评价并感谢其对福利院工作的激励，言谈之中充满感激之情，最后再次表示感谢。

［例文 2］

感　谢　信

尊敬的领导、同志和好心的人们：

你们好！

请接受××敬老院全体员工对您的无私帮助和慷慨解囊由衷地感谢和敬意！

“灾难无情，人间有爱；风雨同舟，守望相助！”5 月 27 日晚，在我院接受托管的李振华老人突发疾病，急需手术费等各种费用进行紧急抢救。消息传来，当晚各位领导和同志纷纷询问详情，对此事十分关心。在此，我谨代表李老及其家人，向所有给予关心和帮助的人表示最真诚的感谢和最崇高的敬意！

由于病情严重，时间紧迫，李老的家庭无力承担巨额费用。为了帮助他的家庭渡过难关，我院发起了募捐活动。为了便于募捐活动的进行，6 月 2—4 日，我们在门口设立了临时捐款箱，接受大家和好心人的捐款。

在这里，李老的家人十分感谢所有关心、支持和帮助李老的好心人，是你们热情的问候、无私的帮助，及时地挽救了老人的生命。我们坚信，有大家一如既往的支持和关心、有大家美好的祝福和期盼，李老一定能早日康复！

现场募捐已经结束，但对李老的爱心救助仍在进行。如果您还愿意为他提供帮助，可通过电话联系他的家人（号码：×××××）。您的善举也会感动和教育我们的心灵。

在此，李老及其家人向所有参加爱心募捐的好心人表示衷心的感谢！并且祝所有的好心人身体健康、工作顺利、永远平安！

此致

敬礼！

××敬老院

2014 年 7 月 25 日

分析：这是一篇养老院对社会救助养老院院民的感谢信。信中充满感激和敬意之情，真诚希望社会各界继续奉献爱心捐助。

二、慰问信

嘉和养老院的托管老人王老两个月前因身体状况离开养老院回家调养。养老院最近得知老人因病住院已有月余。因此，养老院的领导特嘱托办公室人员小张以养老院的名义对老人进行探望，并带去一封养老院的慰问信。

（一）慰问信的概念

1. 慰问信含义

慰问信是表示向对方（一般是同级或上级对下级单位、个人）关怀、慰问的信函。它是有关机关、团体或者个人，以组织或个人的名义在他人处于特殊的情况下（如战争、自然灾害、事故），或在节假日，向对方表达问候、关心的应用文。慰问信包括两种：一种是表示同情安慰；另一种是在节日表示问候。信应写得态度诚恳、真切。

2. 作用

（1）肯定、赞赏、表扬作用。

（2）激励、慰藉、安抚作用。

（3）宣传、教育作用。

（二）慰问信写作格式要求

1. 标题

可写成“慰问信”“写给×××的慰问信”或者“××××致××××的慰问信”。

2. 称谓

（空两格）称谓应表示尊敬。

3. 正文

慰问的原因：可写事件的情况，或介绍他人的事迹等。表达慰问、祝福、希望。

4. 署名和时间

一般写在右下角，先写姓名，在姓名下写日期。

（三）慰问信写作注意事项

（1）第一行正中写“慰问信”三个字；如果写成“×××致×××的慰问信”，那么“慰问信”三个字可移至第二行写在中间。接着换一行顶格写受慰问的单位或者个人的称呼。

（2）写单位要写全称；写个人要在姓名之后加上称呼，如“同志”“先生”“师傅”之类，后边用冒号。在个人姓名前边，往往还要加上“敬爱的”“尊敬的”“亲爱的”等字样，以表示尊重；然后另起一行，空两格起写正文。

（3）正文的内容，首先应该先说明写慰问信的原因，或是因为对方在经济建设中取得了成绩，或是因为对方遭到了暂时的困难和挫折；其次叙述对方的模范事迹或遇到困难时表现出来的高尚品质，并向对方表示慰问。

（4）写一些鼓励和祝愿的话。接着在正文后面或是另起一行空两格写“祝”“此致”，然后在下一行顶格写“节日愉快”“取得更大的成绩”“敬礼”等。署名要写在另起一行的右半行。

如果写慰问信的单位、个人不止一个，也都要一一写上。日期写在署名的下面，年、月、日都要写上。

（四）慰问信案例分析

［例文 1］

致全州老年朋友的慰问信

尊敬的老年朋友们：

在这花团锦簇、漫山流翠的美好时节，我们迎来了延边州第 30 个老人节。在此，我代表中共延边州委、延边州人民政府向全州 38 万各族老年朋友致以节日的祝贺和亲切的问候！

老年人是社会的宝贵财富，是延边革命、建设、改革、发展的重要力量。在不同的历史时期，你们在各条战线上披荆斩棘、艰苦创业，为延边的发展奉献青春年华，延边所取得的一切成绩都饱含着你们的劳动和智慧，凝聚着你们的汗水和心血，留下了你们浓墨重彩的一笔。虽然你们离开了工作岗位，但仍然热情关心支持着延边的发展，关心爱护着青年一代的健康成长，继续谱写着人生华彩篇章。

尊老爱老是延边的光荣传统，“8·15”老人节是延边的独创，也是全州各族人民尊老的真实写照。一直以来，州委、州政府高度重视老龄事业发展，在全国成立了第一个老年人协会，出台了我省第一部老年人地方性法规，率先实现了城乡居家养老服务大院全覆盖。发展老龄事业，让老年人健康幸福地安享晚年，是我们义不容辞的责任。全州各级党委、政府要进一步增强做好老龄工作的责任感和使命感，积极应对人口老龄化趋势，在制度安排、财政投入以及发展养老产业等方面加大支持力度，下大力气为老年人办实事、做好事、解难题，让广大老年人老有所养、老有所医、老有所为、老有所乐。全社会尤其是青少年要大力弘扬敬老爱老的传统美德，常怀敬老之心，常兴爱老之风，常做助老之事，努力营造祥和共融的社会风尚，使老年人享有健康、尊严、幸福、安乐的晚年。

人生重晚晴，最美夕阳红。衷心祝愿全州老年朋友节日愉快、生活幸福、健康长寿！

张安顺

2014 年 8 月 15 日

分析：这是代表政府领导以书信形式向老人们发出的老人节的慰问。信中充满对老年人的肯定、尊重、关怀之情，大力倡导尊老爱老敬老的社会风尚，结尾是对老人的美好祝愿。

［例文 2］

慰 问 信

敬爱的王老：

距离您离开养老院已有两个多月，甚是惦念。昨日，我院领导到××医院探望病人才得知您患××病，已入院治疗。这种病我在一本医学杂志上看到过，您一定要注意饮食调理，中药治疗效果较好，我建议您不妨找中医看看。只要您治疗及时，想必很快会痊愈。

上了年纪一定要注意身体，望您多多保重，好好休养。如果有任何困难，可以及时联系我们，养老院一定会尽我们所能，提供帮助。

祝您早日恢复健康！

××敬老院

××××年××月××日

分析：这是以敬老院名义对老年个人的慰问书信。文字简洁、语言朴实、真诚，对老人充满同情慰问关切之情，令人感动。

任务训练

1. 感谢信、慰问信表达的有哪些情感？

2. 根据以下材料，以养老院领导的名义向李×的父母写一封慰问信。

2014 年 4 月 22 日，作为一名消防员的李×在抢救现场被熊熊大火烧伤入院治疗。李×的父母是××养老院的托管老人，闻讯受到很大惊吓。护理人员一面积极安抚老人，一面及时将医院情况反馈回来。养老院领导听闻情况，及时协调各方面工作，派专门人员护送二老时常去医院探望儿子，并特意写了一封慰问信安抚老人的情绪。

3. ××养老院的采购人员在为养老院采购伙食用品的途中与一辆货车发生碰撞，致使车辆爆胎，被迫停在路旁，车上有人轻伤。在拨打110后，市公安局交警大队的队长亲自出警，处理相关事宜，并且一路护送将养老院的采购用品及时送达。请以养老院的名义对民警的无私帮助表示感谢。

学习测评

学习态度、能力评价。

<table>
<tr><th colspan="2" rowspan="2">检测要素</th><th rowspan="2">检测内容</th><th colspan="3">完成情况</th></tr>
<tr><th>80%</th><th>60%</th><th>60%以下</th></tr>
<tr><td rowspan="2">理论知识</td><td>应知应会</td><td>感谢信、慰问信的含义、情感作用</td><td></td><td></td><td></td></tr>
<tr><td>理解要点</td><td>读懂基本知识</td><td></td><td></td><td></td></tr>
<tr><td rowspan="4">专业能力</td><td rowspan="4">1. 感谢信、慰问信基本格式
2. 符合工作情景
3. 适合工作需要</td><td>感谢信写作格式</td><td></td><td></td><td></td></tr>
<tr><td>慰问信写作格式</td><td></td><td></td><td></td></tr>
<tr><td>找出并会用常用词语</td><td></td><td></td><td></td></tr>
<tr><td>能拟写符合格式要求、表述清楚的感谢信、慰问信</td><td></td><td></td><td></td></tr>
<tr><td rowspan="2">老师评价</td><td>长处</td><td colspan="4"></td></tr>
<tr><td>努力方向</td><td colspan="4"></td></tr>
<tr><td rowspan="2">同学评价</td><td>长处</td><td colspan="4"></td></tr>
<tr><td>不足</td><td colspan="4"></td></tr>
<tr><td rowspan="3">自测</td><td>我的长处</td><td colspan="4"></td></tr>
<tr><td>我的不足</td><td colspan="4"></td></tr>
<tr><td>应该努力方向</td><td colspan="4"></td></tr>
</table>

任务三　养老机构常用讣告、唁电唁函、挽联、悼词

讣告、唁电唁函、挽联、悼词是专门用于治丧过程中的殡葬礼仪文书，内容单一，形式简单，是对逝者的哀悼与祭奠。在文字措辞上和形制上有较高的要求，不能马虎敷衍，应严肃认真、尊重逝者。

任务目标

知识目标	知道中国传统常见殡葬礼仪文书种类、适用范围。
能力目标	懂得丧葬礼仪，能拟制格式规范、适合具体场景的讣告、唁电唁函、挽联、悼词。
态度目标	养成尊重逝者的文明礼仪。

案例导入

小王，某养老机构工作人员。在工作期间，在此一直接受照顾的李老因病逝世，小王需要代表养老院写一份讣告。他该如何写呢？

问题讨论

1. 挽联、悼词各用于什么场合？

2. 讣告、唁电唁函、挽联、悼词写作格式要求是怎样的？

3. 讣告、唁电唁函、挽联、悼词礼仪上是怎样的？

知识学习

一、讣告

1. 讣告含义

讣告又称讣闻、哀启或哀告。就是将噩耗、死讯报告亲友和众人，由古代“赴告”演变而来。古代诸侯以崩薨祸福相告，曰“赴告”。“赴”同“讣”。它是一种使用非常普遍的报丧文书。报丧分“口传”与“文告”，口头报丧即为“口传”，书面报丧即为“文告”，讣告就是文告。一般白纸黑字书写，白为凶事的代表色，显得肃穆、悲痛，四周打上黑框。一般由死者的家属或死者所在单位相关

的同志组成的治丧委员会或治丧小组向社会公布，张贴在一定的范围；也有通过报纸、电台、电视台在更大的范围内公布的。讣告的种类有三种：第一种是公告式讣告，第二种是报道式讣告，第三种是通告式讣告。

2. 讣告的写作格式

（1）标题。写“讣告”或“讣闻”二字，或在“讣告”之前冠以死者姓名，“×××讣告”。字体宜大于正文，并位居版面正中靠上方的位置。

（2）正文。写明死者的姓名、身份、逝世的原因、日期、地点以及终年岁数，如是老年长者，宜用“享年”多少，以示尊敬。同时需要告知举行丧礼，或者开追悼会，或者与遗体告别的时间、地点。

（3）落款。署名，写明发出讣告的个人或单位、团体的名称、时间，并附上治丧委员会名单。

3. 案例指导

［例文 1］

讣　告

×××同志因患××××病，经医治无效，于××××年××月××日××时××分在××医院逝世，终年××岁。×××同志追悼会将于××××年××月××日××时在××礼堂举行。

特此讣告。

××治丧小组

××××年××月××日

［例文 2］

讣　　告

抗战老兵杜××不幸于今日离世。×县抗战老兵杜××，19××年生，19××年加入××分校军士教导××团，19××年任××师××团中士班长。后在山东加入解放军，19××年退伍，终生未娶，不幸于今日离世。“关爱抗战老兵平顶山群”志愿者明天将赴××县为杜爷爷送行，如志愿者有时间去送杜爷爷一程者，可与绿太阳(电话××)联系或直接与本群联系，关爱抗战老兵平顶山群 QQ 群号为××，关爱抗战老兵，期待与您同行!杜爷爷一路走好!

××治丧小组

××××年××月××日

[例文 3]

讣　告

××市黄埔老兵张××不幸于××××年元月××日××时××分仙逝，享年 100 岁。

张××，又名张××，江苏××人，原黄埔军校四分校 17 期步科生，参加过伟大的抗日战争，为祖国的独立和民族解放作出了不朽的贡献，是我们永远值得怀念的抗战老兵。

张老，祝您一路走好！

××市关爱抗战老兵志愿者协会

××××年××月××日

二、唁电唁函

（一）唁电唁函含义

唁电唁函，指吊唁电报和吊唁信函。吊唁函电是向丧家表示哀悼、慰问的信函和电报。大多因吊唁者与丧家并不在一个地方，不能亲临吊唁，便采取发送吊唁函电的办法，表示对逝世者的深切悼念和对家属的亲切慰问。

吊唁电报，简称唁电，分为由领导机关、群众团体向丧家所发与个人向丧家所发两种。由领导机关、群众团体所发的唁电，致哀对象多是原机关和群众团体的重要领导人，或者在革命和建设中曾经作出过贡献的英雄、模范、先进工作者、科学家、艺术家等；个人所发的唁电，发唁电者往往同逝者生前是志同道合、关系密切的朋友，或者曾经深受其教诲、关怀、帮助，因此在惊悉噩耗后，以唁电表示其沉痛的悼念。

（二）唁电唁函写作格式

1. 唁电的格式

（1）开头。送达单位或逝世者家属的称呼。如果收唁电者是家属，应在姓名后加上“同志”“先生”“夫人”等相应的称呼。

（2）正文。可直抒噩耗传来的悲恸之情，或失去良师益友的难以弥补的缺憾，突出逝世者生前的品德、功绩，表达致哀者化悲痛为力量的决心。

（3）签署发电机关和发电人的姓名。

2. 吊唁信函

简称唁函。唁函的内容除表达沉痛的悼念和对逝世者家属的亲切慰问之外，更可畅抒自己与逝世者生前的友谊及逝世者生前对自己的教诲和帮助。唁函的内容可较唁电稍详，感情也可表达得更为诚挚。

唁函的格式与一般书信相同。唁电的文字要简练，唁函的文字则可丰富、充实。唁电与唁函都要写得及时，不然逝世者去世了一段时间后再写，没有意义。

（三）案例指导

［**例文 1**］以组织名义发的唁电

致许广平女士的唁电

上海文化界救国联合会转许广平女士鉴：

鲁迅先生逝世！噩耗传来，全国震悼。本党与苏维埃政府及全苏区人民，尤为我中华民族失去最伟大的文学家，热忱追求光明的导师，献身于抗日救国的非凡领袖，共产主义苏维埃运动之亲爱的战友，而同声哀悼！谨以至诚电唁。深信全国人民及优秀之文学家必能赓续鲁迅先生之事业，与一切侵略者、压迫势力作殊死的斗争，以达到中国民族及其被压迫的阶级之民族和社会的彻底解放。

肃此电达

中国共产党中央委员会苏维埃中央政府

××××年××月××日

［**例文 2**］以集体名义发的唁电

上海申报新闻函授学校同学会致许广平夫人的唁电

顷闻鲁迅先生遽归道山，骇惋莫名。先生文学先进，并世罕俦，一旦摧颓，痛悼实深。敬奠致唁，诸维亮察。

上海申报新闻函授学校同学会

××××年××月××日

［**例文 3**］以个人名义发的唁电

许寿裳致许广平夫人的唁电

许广平夫人鉴，豫才兄逝世，青年失其导师，民族丧其斗士，万分悲痛。岂仅为私，尚望善视遗孤，勉从先志。

许寿裳

××××年××月××日

（四）唁电唁函常用语参考

尊××仙逝，深致哀悼，尚希节哀顺变。（唁长者）

惊悉×××不幸逝世，不胜哀悼。（唁朋友）

惊闻×××作古，家失柱石，悲痛万分。（唁家人）

惊悉×××盛年谢世，不胜悲痛，特电致哀。

顷接讣告，不胜伤悼。

令堂安葬之日，道远未克前往致哀为歉，特电申奠。

惊承讣告，悲悼不已，专电致唁，并请节哀。

顷闻×××遽归道山，骇惋莫名，痛悼实深，敬奠致唁，诸维亮察。

顷悉×××溘然长逝，骇惋莫名，特布唁忱，尚望稍抑哀思，勿过悲痛，是所至盼。专此敬请礼安。

阅报惊闻，×××溘逝，万分震悼，远隔海天，唯遥向遗容致崇高的敬礼。

三、挽联

1. 挽联的含义

挽联属中国传统对联中的专用联，是专为哀悼死者而写的对联。它是古时候挽歌的变体。挽歌是古时哀悼死者的丧歌。挽联作为悼念死者的一种文体，是汉族民间的丧葬风俗，流行于全国各地。起初多以诗、词、歌等韵文体表达对死者的哀悼之情，后渐渐形成一种对联的形式来表达。历代文人多以五言或七律等形式写作挽联，以寄哀思。相传在宋代就有挽联。现在的丧葬活动中，挽联仍被普遍应用，成为丧家治丧时的必备之物。

2. 挽联的特点

写挽联不仅要求感情真挚，还要注意挽联的写作特征。

（1）挽联的时代性。挽联是反映社会生活、表达人的思想感情的载体。随时代的变迁，挽联的内容也会起相应的变化，如风风雨雨为人民奋斗终生，山山水水留足迹风范长存。

（2）挽联的针对性。制作挽联有很强的针对性，要切合死者的地位、身份、情操和业绩等，甚至此时此地的思想感情也要切合事物与场合。挽联不能换用，也不能通用，这应该是挽联的写作灵魂。例如，献给抗战老兵的“南征北战功不朽，春去秋来名永留”；送给学术专家的“学界泰斗，人生楷模”。

（3）具有对联的形式特点。一般常见到的“一生行好事，千古留芳名”“高风传乡里，亮节昭后人”“哀歌动大地，浩气贯长空”两句组成一联，上句称为上联，下句称为下联。两句具有对偶的形式特点。严格的传统对联字数相等、句法相同，词性也一样，对仗非常工整。现在撰写挽联，能做到字数相等、句法相同或相似就可以了，做不到也不必强求，绝不能因词损意，影响内容，伤害逝者。

3. 花圈挽联写法

花圈挽联，也叫挽带，是为了表达对死者的敬仰、哀思而敬献花圈、花篮时撰写的联语。现在挽联一般多是挽带，由上联和下联组成。在实际应用中，挽带的写法和形式有一定的程式，分上下两条，右边为上联，左边为下联。上联常用“悼念×××”“沉痛悼念×××”或“×××千古”“×××安息”，下联常用“×××敬挽”“×××泣挽”“×××拜挽”。

书写挽联的字体可以是正楷、行书、行草，也可以是隶书和篆书等，但以多数人能够辨认为好，必须是同一种字体，通常是白底黑字。在书写格式上，一般下联的第一个字要比上联的第一个字低 1～2 个字的位置。

4. 制作的礼仪与悬挂场合

挽联一般竖式书写，可以写在长幅白纸上，也可以写在长幅白布（绢）上。挽联是一种哀悼的礼品，可悬挂或贴于追悼会会场两侧、花圈上，或是向遗体告别的场所、骨灰盒两侧等。花圈挽联的长短、宽窄要视花圈、花篮的大小裁剪，花圈挽联下端要剪出两个尖角，挂在花圈、花篮上呈“八”字形。

5. 案例指导

［例文 1］

沉痛悼念张××同志

××护理院 敬 挽

［例文 2］

哀××恩师千古

学生 陶× 拜 挽

［例文 3］

鹤归华表，驾返瑶池

××× 哀 挽

［例文 4］

父亲大人安息

女儿 黄×× 泣 挽

四、悼词

1. 悼词的含义

悼词是对死者表示哀悼的话或文章。它有广义和狭义之分。广义的悼词指向死者表示哀悼、缅怀与敬意的一切形式的悼念性文章，狭义的悼词专指单位组织在追悼大会上对死者表示敬意与哀思的宣读式的专用哀悼的文体。

2. 悼词的种类

按悼词的用途可分为宣读体悼词和书面体悼词。宣读体悼词用于一定的祭奠活动，要在一定场合宣读；书面体悼词用于普通礼节性的书面哀悼，不一定要求宣读。按悼词的表现手法可分为记叙式、议论式和抒情式三类，其中以记叙式悼词最为多见。

（1）记叙式悼词。以记叙死者的生平业绩为主，并适当地结合抒情或议论。通常的宣读体悼词往往采用这种形式。

（2）议论式悼词。以议论死者对社会的贡献为主，并适当地结合抒情或叙事。它常见于书面体的哀悼文章。

（3）抒情式悼词。以抒发对死者的悼念之情为主，并适当结合叙事或议论。

3. 悼词的写作格式

（1）标题。“悼词”或“悼辞”，或写出具体人名，如“在×××同志追悼会上的悼词”。

（2）表示送别的沉痛心情。

（3）扼要介绍死者的生平事迹。

（4）给予死者正确评价。

（5）对死者的逝世表示惋惜并勉励后人。

4. 案例指导

悼　　词

各位领导、各位来宾、各位亲朋好友：

在这个翠柏凝春、天人同悲的日子里，我们怀着无比沉痛的心情一起来到这里送别我们的一位老人，×××同志。

此时此刻，亲人掩面，朋友伤怀，同事哽咽。在此，请允许我代表××养老院的全体人员向李老的亲属致以亲切的慰问！

往事依稀，泪眼蒙眬。千言万语，道不尽我们对他的思念。带着对人生的无限眷恋，他永远地走了。他音容虽逝，但德泽永存。

长歌当哭，逝者逝亦，生者善之。您就安心地去吧，要相信，你的子女一定更坚强，亲友一定更和谐。

天堂路远，愿君一路平安。

×××同志安息吧！

拓展学习

现代丧葬礼仪

中国人极重葬礼，信奉“死者为大”，传统葬礼十分烦琐复杂，且有很多迷信成分。在现代文明冲击下，今天的丧葬礼仪已比过去简化，一般是吊唁，送赙仪（白事份子钱），慰问死者家属，参加追悼会。追悼会开过立即火化，没有过多的讲究。但丧礼毕竟是很庄严的大事，一些必要的丧礼知识应该了解，这样才能保证对逝者尊重，表达对家属的慰藉之情。

在养老机构发生丧事时，一是及时通知死者家属。二是开具死亡证明书。由负责照料死者的医生填写，如果是猝死或意外事件死亡，或在死时因某种原因没有医生在场时，则应由法医检验，确定死亡原因，填写死亡证明书，这种手续必须立即完成。因为其他一切事项均需等死亡证明书完成签证之后才能开始进行。三是发布讣告。讣告是死者所属单位或死者生前所在养老机构组织的治丧委员会或者家属向亲友或有关单位报丧时使用的通知或文书。讣告通常包括死者生前职衔、死亡时间、直系亲属名字、殡葬时间及地点等。四是安排陪葬衣物。五是送或收花圈，如果讣告已写明有“恳辞花圈”时，就不要送花圈了。六是参加吊唁，慰问死者亲属。七是举办或参加追悼会。八是参加遗体告别仪式，送葬，骨灰安放仪式。讣告写明为“家奠”时，则死者的朋友可以不必送葬。如果死者是为国家作出重要贡献的人物，或与死者、死者家属关系密切，不参加或不派代表送葬，易被认为是无情无义。

丧服仪式。我国传统的丧服礼制比较复杂，讲究“穿白戴孝”，在丧礼中，晚辈给长辈穿孝主要是为了表示孝意和哀悼。这本来是出自周礼，是儒家的礼制，后来又被人们引申成为亡人"免罪"。现代比较简单，丧葬期间，死者家属一般只戴一条黑布（纱）表示亲人去世，自已正在哀期，还表示对亲人的哀思怀念。参加吊唁、丧葬仪式活动的单位代表或亲友，以选择黑色及不鲜艳夺目的衣服穿着为宜；举行追悼会时，在场的人在左胳膊上也都套戴黑纱，或佩戴准备好的小白花，表示对亡者哀悼。

老人不在养老机构发生丧事时，应及时派人到死者家里表示慰问哀悼之意，如因距离过远，无法前往吊唁，则应及时写封信或发送短信、唁电给其家人表示哀悼。慰问死者亲属时注意礼貌，表情应肃穆、严谨，言语轻声低沉，不可高声，不可说笑，走路要轻。吊唁逝者，参加追悼会，应俯身鞠躬、低头默哀，表示致敬。

任务训练

1. 根据下面的材料，以河南老兵志愿者协会名义发一份讣告。

历经14年全民抗战的抗战老兵孙××老人于10月23日仙逝。孙老是××军××师185团2营6连战士，参加过北京房山、台儿庄、大别山等战役。自2010年找到孙老，5个年头来看望他近二十次，听他讲西北军的刀法，听他讲手持大刀和日寇搏杀的豪迈，听他唱军歌：我是兵护全军，手持武器真精神……刀殇……哀痛。请许昌、漯河、驻马店的志愿者代表所有关爱孙老的朋友来送老人最后一程。孙老一路走好……

2. 以养老院工作人员的身份，给刚去世的托养老人献花圈写挽联。

抗战期间曾在上海、湖南、湖北、安徽作战，参加过淞沪会战、武汉会战、随枣会战等，原国民革命军××军××师1038团1营桂平籍抗战老兵李××，于2013年9月15日22时离世，享年102岁。李老一生无儿无女、生活艰难，跪送这位全程参加14年抗战的英雄，抗战老兵，永垂不朽!!!

3. 根据下面的材料，查阅"八百壮士"史料故事，拟写一份悼词。

"八百壮士"老兵王文川逝世

2009年12月7日凌晨2时30分，"八百壮士"在世两位老兵之一的王文川因病在北京军区总医院逝世，享年91岁。

王文川生于1918年，1933年加入国民革命军张治中部第88师262旅524团1营4连，1937年淞沪会战中王文川任机枪手。1937年10月26日，王文川随谢晋元团长撤入上海四行仓库据守，将士们被称为“八百壮士”。坚守数日后，谢晋元率部撤入租界。1937 年 11 月，四行仓库孤军被英租界当局监禁在上海胶州路孤军营。“珍珠港事件”后，日军开进英租界，将四行仓库孤军分批押往江浙和南方服苦役，王文川被日军押往安徽芜湖一煤场抬煤。1943 年春，王文川逃出后回到重庆陆军散兵收容总部，被提拔为少尉。1946 年，王文川被调往北平陆军总医院，任后勤军需官。在医院任职期间，他结婚成家，并育有 1 子 4 女。1949 年，王文川脱离军界，成为一名普通百姓。1954 年，政府进行“公私合营”后，王文川进入北京轴承厂工作，后因病离职。“文化大革命”期间，王文川受到冲击并罹患脑血栓，直到 2007 年淞沪会战 70 周年，其身份才被公众知晓。

学习测评

学习态度、能力评价。

<table>
<tr><th colspan="2" rowspan="2">检测要素</th><th rowspan="2">检测内容</th><th colspan="3">完成情况</th></tr>
<tr><th>80%</th><th>60%</th><th>60%以下</th></tr>
<tr><td rowspan="2">理论知识</td><td>应知应会</td><td>讣告、唁电唁函、挽联、悼词的含义、情感作用</td><td></td><td></td><td></td></tr>
<tr><td>理解要点</td><td>读懂基本知识</td><td></td><td></td><td></td></tr>
<tr><td rowspan="5">专业能力</td><td rowspan="5">1. 把握讣告、唁电唁函、挽联、悼词写作要求
2. 符合工作情景
3. 适合工作需要</td><td>讣告写作格式</td><td></td><td></td><td></td></tr>
<tr><td>唁电唁函写作格式</td><td></td><td></td><td></td></tr>
<tr><td>挽联常用词语</td><td></td><td></td><td></td></tr>
<tr><td>悼词写作格式</td><td></td><td></td><td></td></tr>
<tr><td>能拟写符合要求的讣告、唁电唁函、挽联、悼词</td><td></td><td></td><td></td></tr>
<tr><td rowspan="2">老师评价</td><td>长处</td><td colspan="4"></td></tr>
<tr><td>努力方向</td><td colspan="4"></td></tr>
<tr><td rowspan="2">同学评价</td><td>长处</td><td colspan="4"></td></tr>
<tr><td>不足</td><td colspan="4"></td></tr>
<tr><td rowspan="3">自测</td><td>我的长处</td><td colspan="4"></td></tr>
<tr><td>我的不足</td><td colspan="4"></td></tr>
<tr><td>应该努力方向</td><td colspan="4"></td></tr>
</table>

综合练习

一、填空题

1. 请柬一般多用______纸，标题多用艺术字体，需要_______手当面奉上，以示尊重、有礼。

2. 聘书结尾常用________表示正式聘任。

3. 感谢信主要表达的是_______感谢之情，慰问信主要表达的是关怀、慰问之情。

4. 常见慰问信有两种，一种是表达同情安慰；另一种是__________。

5. 讣告是_________的一种文书；唁电唁函是慰问死者家属的一种文书；悼词是纪念哀悼死者的一种文书。

6. 礼仪文书最突出的特点是感情真挚、注重________，尊重对方。

二、选择题

1. 请柬一般需提前几天发出邀请？（　　）

A. 1~3 天　　B. 3~5 天　　C. 5~7 天　　D. 7~14 天

2. 落款签上姓名的礼仪文书是（　　）。

A. 请柬、邀请函　　B. 讣告、悼词

C. 聘书　　D. 挽联

3. 单位发的讣告一般是（　　）。

A. 公告式讣告　　B. 报道式讣告

C. 通告式讣告　　D. 通知

4. “此聘”是哪种文书常用？（　　）

A. 请柬　　B. 邀请函　　C. 聘书　　D. 感谢信

三、判断对错，错的改正过来

1. 请柬邀请的时间应具体到几时几分，地点具体到街道门牌号码。

2. 邀请函的文字一般多于请柬，落款署上单位领导姓名表示更加真诚负责。

3. 讣告又称讣闻，有三种，第一种是公告式讣告，第二种是报道式讣告，第三种是通告式讣告。新闻媒体发布的一般是报道式讣告。

4. 感谢信只表示感谢之意，不用表示敬意。

5. 悼词应肯定死者一生，符合中国“死者为大”传统。

四、写作题

2015 年，是世界反法西斯战争胜利 70 周年，请从中国老兵网搜集参加过抗战的逝去老兵，根据 1~2 人事迹，试着为他们写出挽联或悼词。

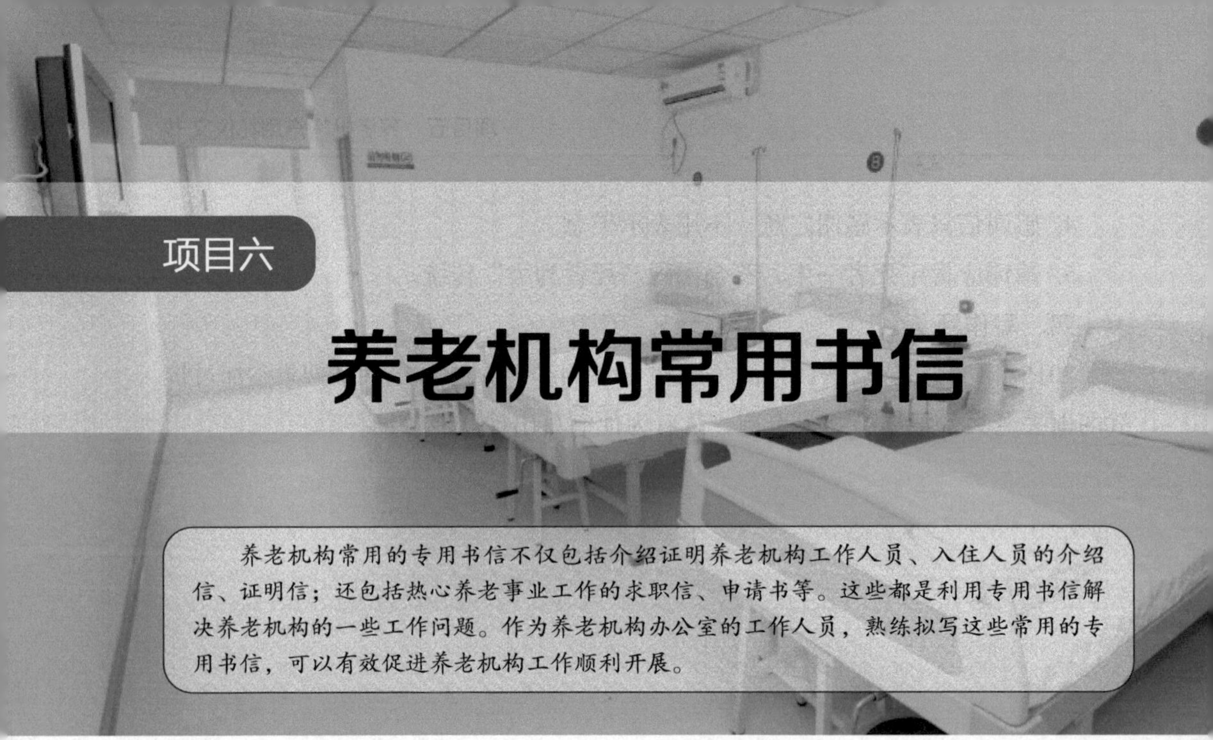

项目六

养老机构常用书信

养老机构常用的专用书信不仅包括介绍证明养老机构工作人员、入住人员的介绍信、证明信；还包括热心养老事业工作的求职信、申请书等。这些都是利用专用书信解决养老机构的一些工作问题。作为养老机构办公室的工作人员，熟练拟写这些常用的专用书信，可以有效促进养老机构工作顺利开展。

任务一　养老机构常用介绍信、证明信

介绍信、证明信是一般单位常用的专用书信。虽不是正式公文，字数不多，但是属于非常重要的公务信函，具有明显的介绍和证明的作用，是单位对外联系、办理重要事务的日常文书。

任务目标

知识目标	知道养老机构常用的介绍信、证明信的含义、作用。
能力目标	会写养老机构常用的介绍信、证明信。
态度目标	培养以文办事的自信和严谨认真的工作作风。

案例导入

某老年公寓护理部为进一步提高护理工作规范操作和服务水平，打算组织新入职的2名护理人员到市星级示范养老机构——怡和敬老院参观学习，由护理部王爱娟带队，请以老年公寓名义为他们开出介绍信。

问题讨论

1. 什么是介绍信？为什么需要介绍信？

2. 什么是证明信？介绍信和证明信有何不同？

知识学习

一、介绍信

（一）介绍信的概念

1. 含义

介绍信是为本单位人员外出办事开具的一种专用书信，具有介绍和证明的作用。机关团体、企事业单位派人到外单位联系工作、了解情况或参加各种社会活动时经常使用到这种专用信函，传递方式由被介绍人携带交往对方单位，并面交对方办公人员，对方凭此给予接待。

2. 特点

（1）组织性。必须由单位组织开具，在工作中起到介绍、沟通、证明的作用。

（2）时效性。介绍信就相当于一个在一定时间内的有效证件，它可以帮助对方了解你的身份、来历，同时赋予了你一定的责任和权利，所以介绍信一般列出一定的时日期限，这是一种在限期内才具备有用性的专用文书。

3. 作用

（1）介绍作用。介绍持有者姓名身份。

（2）证明作用。证明持有者身份的凭证。

（3）派遣作用。为外派工作人员提供工作便利。

（二）结构写法

介绍信一般有两种写作形式：手写式、印刷式。

1. 手写式介绍信

手写式介绍信简便易行，又称便函式介绍信。公文用纸或信函用纸书写。要求 16 开、B5 或 A4 纸张。

（1）标题：居中写“介绍信”三个大字。

（2）称呼：对方单位名称或负责人，顶格书写。

（3）正文：主要内容，另起一行，空两格书写。

包括：被介绍人基本情况，姓名、性别、人数、职务等；要办理的事项，对对方的要求（望予接洽、请接洽、望予办理等）。

（4）尾语：礼节性表示，“此致敬礼”按格式写。

（5）落款日期：加盖公章。

（6）有效期限：加小括号写上有效期或有效天数，此项可省略不写。

这是一种比较便捷的介绍信方式，但因其用纸、书写方面没有什么严格的要求，容易被人伪造，所以在更为正规的场合下可以少用这种介绍信。有的必须由单位负责人在介绍信上签字方可有效。

［例文 1］

介　绍　信

×市人才市场档案管理中心：

兹有我单位江×同志，身份证号码××××××××××××××××××前去你处办理社保档案集体存档业务，请予接洽并大力协助为荷。

此致

敬礼

单位负责人签字：×××

（印章）

××××年××月××日

［例文 2］

××市××区敬老院第二敬老服务中心护理人员张××在护理 90 岁五保户养老人员王××中发现其安然入睡后未再醒来，经检查王××寿终正寝，正常死亡。敬老院派梁××等 2 名工作人员前去处理对王××遗体进行火化事宜，需要给殡仪馆开具一份介绍信。

介　绍　信

殡仪馆负责同志：

兹介绍我单位梁××等 2 人前往贵处联系办理有关我院院民遗体火化事宜（王××，男，现年 90 周岁，于 2012 年 5 月 16 日 5 时许正常死亡）。希以接洽是荷。

此致

敬礼

××区敬老院第二敬老服务中心

××××年××月××日

2. 印刷式介绍信

使用这种介绍信时填空即可，印制成文，留有存根，纸张较硬，一般小于16开。一般由存根、间缝、本文三部分组成。

（1）介绍信存根部分的右下方印有“××字×号”，类似公文字号，如市政府工业局的介绍信，就写“市工字×号”，“×号”是开出的第多少封介绍信。有的写“介字×号”。

（2）本文部分按格式将内容填写空格处即可。

（3）间缝部分。存根与介绍信本文之间有一条虚线，虚线上印有“××字×号”字样，依照存根部分的有关内容填写，但号码要大写，字体要大，便于撕开后各留一半字迹，虚线的正中要加盖公章。

印制好的介绍信，具体内容现用现手写。

一是硬纸印刷的制式介绍信，大小一般是A4纸张的三分之二。

二是用A4纸打印好的制式介绍信，空白处直接根据具体情况填写。

[例文]

介　绍　信

单位名称：

兹有我单位________同志等_____人前往你处办理

__________________事宜，请予以协助。

此致

敬礼

_________（章）

××××年××月××日

本介绍信有效期截至 年 月 日。

（三）介绍信的写作要求

（1）介绍信作为单位联系业务的重要文件，一定要经过领导才能开具。接洽事宜要写得具体、简明。

（2）要注明使用介绍信的有效期限，人数、天数要大写，以防被人涂改。

（3）字迹要工整，不能随意涂改。

（4）除本文部分需加盖公章外，存根与本文的虚线正中亦要加盖公章。

（5）无论哪种形式的介绍信写完后，均应装入公文信封。

（6）重要的介绍信派人联系办理。重要或保密事情，要注明被派人员的政治面貌、职务；有的要经领导过目或在存根上签字。

二、证明信

（一）证明信的概念

1. 证明信的含义

证明信是以行政机关、社会团体、企事业单位或个人的名义凭借确凿的证据证明某人的身份、经历或某件事情的真实情况时所使用的一种专用书信。证明信一般也直接称为证明。证明信可分为组织证明信和个人证明信，前者又可分为普通书写证明信和印刷证明信。

2. 证明信的特点

（1）凭证性。证明信的作用关键在“证明”二字，其是证明某人某事的真实性的一种凭证。

（2）权威性。具有单位公章或者当事人亲笔签名，证明内容的真实性毋庸置疑，证明者对被证明的人和事负有法律、政治和道义责任。

3. 证明信的种类

根据开具证明主体的不同分为单位证明和个人证明两种。

单位证明：证明某人曾在或正在该单位工作、学习、生活的证明。例如，出生证明、健康证明、工资收入证明等。

个人证明：以个人名义书写的证明。证明的内容完全由个人负责。例如，关于目击某个案件发生全过程的陈述，并对自己的陈述负有法律责任。

根据手写与印刷形式不同分为手写式与印刷式。

4. 证明信的作用

（1）交流和指证作用。

（2）历史凭证。

（3）法律依据。

（4）人事档案材料。

（二）证明信的写作格式

证明信可手写，也可印制好直接填写。

1. 标题

大字居中写“证明信”或“证明”或“健康证明”“死亡证明”“有关××问题的证明”等。

2. 称谓

另起一行写上单位名称，之后加冒号。如无特别要求，也可不写此项。

3. 正文

需要被证明的事实。

4. 结尾

结尾处一般写“特此证明”。

5. 其他

出具证明的单位署名、日期，加盖公章。

（三）证明信的样式

1. 手写式证明信

普通手写式样与介绍信一样，纸张不能太小，采用公文用纸或信函用纸书写，要求16开、B5或A4纸张。

［例文1］

职业院校学生到老年公寓实习，老年公寓为他们出具接收实习证明。

证　明　信

×职业教育中心：

我单位×区××老年公寓位于×市河北路331号，现接收贵校老年人服务与管理专业学生3人（王×、张×、祝××）到我单位进行为期1周的实习。实习内容为了解老年人生理心理特点和需求，为老年人提供帮助和服务，协助老年人解决需求问题等（实习时间××××年××月××日开始至××××年××月××日）。

特此证明。

×区××老年公寓

××××年××月××日

［例文2］

有工作的老人入住养老院后，原有工作单位需要养老院开具老人健在证明。

证　明

×××同志，男，出生日期××××年××月××日，身份证号××××××××××××××××××××，于××××年××月××日入住我养老院，现身体状况良好。

特此证明。

×市××养老院（印章）

××××年××月××日

2. 印刷式证明信

与介绍信一样印制成文，填空即可，纸张较硬，小于16开或与手写纸张型号相同。

［例文］

工作及收入证明

兹有__________同志，身份证号码_________________，自_____年______月至今在我单位工作，任（部门）_______________职务，_____________学历，______________职称。近一年内该同志月平均纳税后工资性收入（小写）____________元，（大写）__________元。

特此证明。

上述内容真实无误，我单位对此承担相应的法律责任。

单位公章或劳资部门公章

年　　　月　　　日

备注

1. 单位全称：

2. 单位地址：　　　　　　　　　　　（邮政编码：　　　）

3. 单位人事部门（劳资部门）负责人姓名：

联系电话：　　　　　　　　　　　　传真号码：

（四）证明信的写作注意事项

以个人名义所发的证明信，要写明本人的政治面貌、工作情况等，以便使审阅证明信的人了解证明人的情况，从而鉴别证明材料的真伪与可信程度。

证明信的内容如果本人本单位不太确定，应写“仅供参考”等提示性语言。因为证明信有时是作为结论性证据的，所以要实事求是，严肃认真，要尽量言之有据。

对于随身携带的证明信，一般要求在证明信的结尾注明有效时间、过期无效的期限。

证明信的语言要十分准确，不可含糊其词。证明信不能用铅笔、红色笔书写，若有涂改，必须在涂改处加盖公章。

任务训练

（一）说说生活中遇到的需要介绍信、证明信的情景，二者可否互相取代？为什么？说说它们各自的特点和作用。

（二）根据具体场景拟写介绍信、证明信。

1. 福安堂敬老院的初级护理员王岚、谢静两位同志要前往嘉禾敬老院学习高级护理经验并进行交流。请代表福安堂敬老院拟写一封介绍信。

2. 福安堂敬老院的托管老人李老因病需要转入医院进行治疗，请以敬老院的名义向医院出具一份老人在此托管期间健康状况的证明。

学习测评

学习态度、能力评价。

<table>
<tr><th colspan="2" rowspan="2">检测要素</th><th rowspan="2">检测内容</th><th colspan="3">完成情况</th></tr>
<tr><th>80%</th><th>60%</th><th>60%以下</th></tr>
<tr><td rowspan="2">理论知识</td><td>应知应会</td><td>介绍信、证明信的含义、特点、种类、作用</td><td></td><td></td><td></td></tr>
<tr><td>理解要点</td><td>读懂基本知识</td><td></td><td></td><td></td></tr>
<tr><td rowspan="4">专业能力</td><td rowspan="4">1. 把握介绍信、证明信基本格式
2. 符合工作情景
3. 适合工作需要</td><td>介绍信写作格式</td><td></td><td></td><td></td></tr>
<tr><td>证明信写作格式</td><td></td><td></td><td></td></tr>
<tr><td>找出并会用常用词语</td><td></td><td></td><td></td></tr>
<tr><td>能拟写符合格式要求、表述清楚的介绍信、证明信</td><td></td><td></td><td></td></tr>
</table>

续表

检测要素		检测内容	完成情况		
			80%	60%	60%以下
老师评价	长处				
	努力方向				
同学评价	长处				
	不足				
自测	我的长处				
	我的不足				
	应该努力方向				

任务二　养老机构常用求职信与辞职信

养老行业是一个朝阳的事业，吸引一些年轻学子关注并投身这一事业。同时，这一行业工作服务要求、待遇等问题也引发一些年轻人的工作变动。在养老行业要找到适合自己的理想工作，应学会求职信、辞职信这些职场文书的写作。

任务目标

知识目标	知道求职信、辞职信的含义和写作基本格式要求。
能力目标	能拟写适合自己专业和工作需求的求职信和辞职信。
态度目标	培养在求职信、辞职信中自觉使用文明礼貌用语。

案例导入

1. 张霞是河北××职业技术学院护理系的一名毕业生，在校期间成绩优异。毕业来临之际，她看到某养老院招聘护理人员，感觉很适合自己。请以张霞的名义向养老院递交一份求职信。

2. 李敏是某养老院的工作人员。在该养老院工作的两年期间，一直兢兢业业。如今为了追求个人更好的发展，她想向养老院提出辞职。请以李敏的名义向养老院递交一份辞职信。

问题讨论

1. 什么是求职信？有何写作要求？
2. 什么是辞职信？有何写作要求？

知识学习

一、求职信

1. 求职信的含义

求职信是求职者写给用人单位的信，目的是让对方了解自己、相信自己、录用自己，它是一种私人对公并有求于公的信函。求职信的格式有一定的要求，内容要求简练、明确，切忌模糊、笼统、面面俱到。

多数用人单位都要求求职者先寄送求职材料，由他们通过求职材料对众多求职者有一个大致的了解后，再通知面试或面谈人选。因此，求职信写得好坏将直接关系到求职者是否能进入下一轮的角逐。

求职信作为新的日常应用类文体，使用频率极高，其重要作用愈加明显。

2. 求职信的格式要求

（1）标题。求职信的标题通常只有文种名称，可以有两类六种，以“××书”为题的有求职书、应聘书、自荐书三种名称，以“××信”为题的有求职信、应聘信、自荐信三种名称。

（2）称谓。称谓是对受信人的称呼，写在第一行，要顶格写受信者单位名称或个人姓名。单位名称后可加“负责同志”；个人姓名后可加“先生”“女士”“同志”等。在称谓后加冒号。

求职信不同于一般私人书信，受信人未曾见过面，所以称谓要恰当，郑重其事。

（3）正文。正文要另起一行，空两格开始写求职信的内容。正文内容较多，要分段写。

第一，写求职的原因。首先简要介绍求职者的自然情况，如姓名、年龄、性别等。接着要直截了当地说明从何渠道得到有关信息以及写此信的目的。这是正文的开端，也是求职的开始，介绍有关情况要简明扼要，对所求的职务，态度要明朗。而且要吸引受信者有兴趣将你的信读下去，因此开头要有吸引力。

第二，写对所谋求的职务的看法以及对自己的能力要作出客观公允的评价。这是求职的关键。要着重介绍自己应聘的有利条件，要特别突出自己的优势和"闪光点"，以使对方信服。写这段内容，语言要中肯，恰到好处；态度要谦虚诚恳，不卑不亢，达到见字如见其人的效果。要给受信者留下深刻印象，进而相信求职者有能力胜任此项工作。这段文字要有说服力。

第三，向受信者提出希望和要求。例如，"希望您能为我安排一个与您见面的机会""盼望您的答复"或"敬候佳音"之类的语言。这段属于信的内容的收尾阶段，要适可而止，不要啰唆，不要苛求对方。

（4）结尾。另起一行，空两格，写表示敬祝的话。例如，此致之类的词，然后换行顶格写"敬礼"或祝"工作顺利""事业发达"相应词语。这两行均不用标点符号，不必过多寒暄，以免画蛇添足。

（5）署名和日期。写信人的姓名和成文日期写在信的右下方。姓名写在上面，成文日期写在姓名下面。姓名前面不必加任何谦称的限定语，以免有阿谀之感，或让对方轻看你的能力。成文日期要年、月、日俱全。

（6）附件。有说服力的附件是对求职者的鉴定凭证。所以求职信的附件是不可忽视的组成部分。

附件可在信的结尾处注明，如附件 1、附件 2、附件 3……然后将附件的复印件单独钉在一起随信寄出。附件无须太多，但必须有分量，足以证明你的才华和能力。

［**例文**］

求 职 信

尊敬的院领导：

您好！

首先，衷心感谢您能在百忙之中惠阅我的个人简历，为一位满腔热情的大学生开启一扇希望之门！

我叫张霞，是来自××××职业技术学院护理系 2014 届的一名应届毕业生。即将走出大学校园的我，怀着对未来的美好憧憬和对贵院的无限向往，特向贵院呈上我的自荐书。

我很平凡，但不甘于平庸，我乐观自信、上进心强、爱好广泛、为人和善，能够很好地处理人际关系，并且有很强的责任心和使命感。3 年的刻苦努力学习和锻炼，使我树立了正确的人生观、价值观和不屈不挠的性格。在全面推行素质教育的今天，我也特别注重在认真学习好专业课的同时充分利用课余时间，拓宽知识视野，完善知识结构，积极参加各项集体活动，得到了上级领导、老师及同学们的高度好评。从而使自己各方面的综合素质能力也得到了相应的提高和完善。在竞争日益激烈的今天，我坚信只有多层次、全方位发展，并熟练掌握专业知识的人才，才符合社会发展的需要和用人单位的需求。

我在石家庄市中心医院实习期间，跟随各科室老师，认真学习，严格要求自己，理论联系实际，出色地完成了各科室应完成的任务。在此期间，得到了患者的信赖及带教老师的高度好评。同时深刻地体会到“爱心、细心、耐心和责任心”对患者的重要性，现在我对各科室的工作都有了一定经验，并从中学到了不少知识。

今年5月我已参加护士执业资格考试并且已通过，6月底领取了毕业证。普通的院校，普通的我却拥有一颗不甘于平凡的心。面对新的人生选择和挑战，我充满信心。我要在新的起点、新的层次，以新的姿态展现新的风貌，书写新的篇章，创造新的成绩。

尽管在众多应聘者中，我不一定是最优秀的，但我仍然很自信，因为我拥有不懈奋斗的精神、踏实肯干的作风和吃苦耐劳的品质。小草欣沃，得益于沃土；幼鹏展翅，尚需海阔天空。给我一个机会，还您一份满意，殷切希望我能与贵院达成协议，为贵院的发展贡献一份力量。如蒙您的栽培，不胜荣幸，我将尽忠竭智，用自己的实际行动去证明您的眼光。

最后，真诚地感谢贵院领导能阅读完我的自荐信！祝贵院宏图事业蒸蒸日上！恭候您的佳音！

此致

敬礼

求职人：张霞

2014年7月5日

附：联系电话：136××××××××

联系地址：×××××

邮编：××××××

二、辞职信

1. 辞职信的含义

辞职信，也叫辞职书或辞呈，是辞职者向原工作单位辞去职务时写的书信。辞职信是辞职者在辞去职务时的一个必要程序。

2. 辞职申请的写作格式

辞职信通常由标题、称谓、正文、结语、署名与日期五部分构成。

（1）标题。在辞职信第一行正中写上辞职信的名称。题目可写辞职信或辞职报告，标题要醒目，字体稍大。

（2）称呼。要求在标题下一行顶格处写出接收辞职信的单位组织或领导人的名称或姓名称呼，并在称呼后加冒号。

（3）正文。正文是辞职信的主要部分，正文内容一般包括三部分。

首先，要写出辞职信的内容，开门见山让人一看便知。

其次，申述递交辞职信的具体理由。该项内容要求将自己有关辞职的详细情况一一列举出来，但要注意内容的单一性和完整性，条分缕析使人一看便知。

最后，要写出自己递交辞职信的决心和个人的具体要求，希望领导解决的问题等。

（4）结尾。结尾要求写上表示敬意的话，如“此致敬礼”等。

（5）署名与日期。辞职信的落款要求写上辞职人的姓名及递交辞职信的具体日期。

3. 辞职信的写作注意事项

（1）不要说上司坏话。如果你认为有必要向管理层反映一下上司的问题，要尽量以委婉的言辞口头提出。

（2）不要满纸抱怨，抨击公司制度。

（3）不要指责同事，尤其忌讳把同事的“罪行”白纸黑字写在辞职信上。

4. 辞职信的写作要求

（1）态度恳切、措辞委婉。

（2）不要批评对方。

（3）含蓄性。

（4）简洁性。

［例文］

辞 职 信

尊敬的领导：

我很遗憾自己在这个时候向院里正式提出辞职申请。

来到院里也已经快两年了，在这近两年里，得到了单位各位同事的多方帮助，我非常感谢单位各位同事。在这里我有过欢笑，也有过泪水，更有过收获。平等的人际关系和开明的工作作风，一度让我有找到了依靠的感觉，在这里我能开心地工作，开心地学习。或许这真是对的，由此我开始了思索，认真地思考。

但是最近我因为家庭事务想换一下环境，我也很清楚这时候辞职于院里、于自己都是一个考验。养老院正值用人之际，我考虑在此辞呈递交之后的 2~4 周内离开，这样您将有时间去寻找适合人选，来填补因我离职而造成的空缺，同时我也能够协助您对新人进行入职培训，使他尽快熟悉工作。

能为院里效力的日子不多了，我一定会站好自己最后一班岗，做好工作的交接工作，尽力让项目做到平衡过渡。离开养老院，离开这些曾经同甘共苦的同事，我很舍不得，舍不得领导们的谆谆教诲，舍不得同事之间的那片真诚和友善。

在短短的两年时间我们院已经发生了巨大可喜的变化，我很遗憾不能为辉煌的明天贡献自己的力量。我只有衷心祝愿领导及各位同事工作顺利！

此致

敬礼

辞职人：李敏

2014 年 5 月 22 日

拓展学习

下面这一篇文言文辞职信，出自×××物业的一名保安之手。由于文章通篇文言文，并引用了大量典故，加上他在辞职信中描述的个人“离奇”经历，网友们将作者称为“湖州第一神保”。

××物业红丰家园管理处：

李云舟者，蜀中高隐，川北野儒也！浪迹江南，栖滞湖州。虽有经天纬地之才，而奈时遇不济，命运多舛，冯唐易老，李广难封，屈贾谊于长沙，窜梁鸿于海曲；心比天高，身为下贱！自是口吐珠玑，腹罗锦绣，虽无徐儒来下陈蕃之榻，却有文光可射斗牛之虚也！文采风流已临精神世界之绝顶层巅；会当凌绝顶，一览众山小，古今才大难为用。文章增命达，魑魅喜人过。吾如屈子之忧时伤世，离骚九歌，离风飘零！世人瞀瞀盲盲，徒留汨罗之憾也；更加深陈老杜，胸怀尧天舜日之志，指奸斥倭，与世不偕，直落得身世浮沉，宵小共怒。可堪千古一慨！

吾之品格精神，如临风之玉树，又如当空之明月浩然，怎堪与俗流共舞哉！可叹屈身于湖州某某物业，为一小小秩护员。诚如伏枥之骥，纵有千里之志，而奈缚手缚脚，无所可为，混迹于碌碌无为中矣！鉴于此，特向公司主管大人先生们引咎请辞！从此踏破樊笼飞彩凤，顿开铁锁走蛟龙。好比那万里白鸥鸥驰，驰骋于浩荡云海之间，谁复可训也！

即此以致

任务训练

1. 王丽曾经是某养老院的高级护理工作人员，有 3 年的从业经验。后来因为结婚生子不得不辞职在家休养了 2 年。如今孩子已逐渐长大，王丽自己想继续寻求一份护理工作。她向市区很多家养老院递交了求职申请，希望能得到回复。请根据王丽的情况，替她书写一份合适的求职信。

2. 谢静在某养老院已经工作 1 年多，工作期间表现良好。后来为了追求个人发展，努力考上了本市某医学院的研究生。为了继续进修学习，不得不向养老院提出辞职申请。请根据谢静的情况，替她拟写一份辞职信。

3. 搜索“80 后最牛辞职信”和“今年最奇葩辞职信”，阅读后谈谈自己感想。

学习测评

学习态度、能力评价。

检测要素		检测内容	完成情况		
			80%	60%	60%以下
理论知识	应知应会	求职信、辞职信的含义、特点、种类、作用			
	理解要点	读懂基本知识			

续表

<table>
<tr><th colspan="2" rowspan="2">检测要素</th><th rowspan="2">检测内容</th><th colspan="3">完成情况</th></tr>
<tr><th>80%</th><th>60%</th><th>60%以下</th></tr>
<tr><td rowspan="4">专业能力</td><td rowspan="4">1. 把握求职信、辞职信基本格式
2. 符合工作情景
3. 适合工作需要</td><td>求职信写作格式</td><td></td><td></td><td></td></tr>
<tr><td>辞职信写作格式</td><td></td><td></td><td></td></tr>
<tr><td>找出并会用常用词语</td><td></td><td></td><td></td></tr>
<tr><td>能拟写符合格式要求、表述清楚的求职信、辞职信</td><td></td><td></td><td></td></tr>
<tr><td rowspan="2">老师评价</td><td>长处</td><td colspan="4"></td></tr>
<tr><td>努力方向</td><td colspan="4"></td></tr>
<tr><td rowspan="2">同学评价</td><td>长处</td><td colspan="4"></td></tr>
<tr><td>不足</td><td colspan="4"></td></tr>
<tr><td rowspan="3">自测</td><td>我的长处</td><td colspan="4"></td></tr>
<tr><td>我的不足</td><td colspan="4"></td></tr>
<tr><td>应该努力方向</td><td colspan="4"></td></tr>
</table>

任务三　养老机构常用申请书

养老机构在服务管理工作中，遇到很多事情需要向有关民政、财税等职能部门提出请求才能解决，如果有明显的上下级隶属关系可用请示公文，如果没有隶属关系的提出要求时就采用申请书这一专用书信解决问题。

任务目标

知识目标	知道申请书的含义、特点及作用。
能力目标	能根据需要写出合适的申请书。
态度目标	培养规则意识、使用规范语言习惯。

案例导入

拥有 50 张床位的瑞福老年公寓，4 月根据要求已完成对老化线路和报警器的改造和更换，通过了市民政部门的验收，取得消防、卫生、环保和建设部门的前置审批或者验收证书，取得了养老机构设立许可证和民办非企业单位登记证书。根据市里规定，6 月底前完成安全达标的可以申请市区养老机构安全达标改造的专项补贴。财政部门将按照每张床位 1000 元钱的标准，一次性发放改造专项补贴。作为养老机构办公室工作人员，如何向民政部门拟写补贴申请？

问题讨论

1. 什么是申请书？申请书有何特点？
2. 申请书写作格式是怎样的？

知识学习

一、申请书

（一）申请书的概念

1. 申请书的定义

申请书是个人、单位、集体向组织、领导提出愿望、请求，要求批准或帮助解决问题的专用书信。

2. 申请书的种类

申请书的使用范围相当广，种类也很多。按作者分类，可分为个人申请书和单位、集体公务申请书。按解决事项的内容分类，可分为加入组织，如入团、入党、入住，解决实际工作生活问题，如开店创业、补助申请等。核心是表述愿望、提出请求。

（二）申请书格式

1. 标题

有两种写法：一种是直接写“申请书”，另一种是在“申请书”前加上内容，如“入住申请书”“申办养老院申请书”等。一般采用第二种。

2. 称谓

顶格写明接收申请书的单位、组织或有关领导。

3. 正文

正文部分是申请书的主体，首先提出要求，其次说明理由。理由要写得客观、充分，事项要写得清楚、简洁。

4. 结尾

写明惯用语“特此申请”“恳请领导帮助解决”“希望领导研究批准”等，最后用“此致敬礼”等礼貌用语。

5. 署名、日期

个人申请要写清申请者姓名，单位申请写明单位名称并加盖公章，注明日期。

（三）申请书案例分析

［**例文 1**］个人申办养老院申请书

申办养老院申请书

××市民政局：

我叫×××，十几年来一直从事石油行业，兹因开办养老院一事提出申请。

为了更好地做好老年人的养老工作，经过各方面论证我决定办一所养老院。姜庄北原华达立交桥收费站，既有便利的交通条件，又有优美的环境和清新的空气，周围土地可以种植花、草、树、木，可以养鸡、猪等生态食品。是开办养老院的上佳地段。

当前无论农村还是城市中，五保户、无子女户、双女户和子女不在身边的老人比比皆是。无人即时照料，生活上有很大的不方便。吃饭、购物、娱乐、就医等无人陪护，和当前欣欣向荣的社会形势极不和谐。传统的分散供养的方式已经无法解决这些问题，兴办养老院集中安置这些老人将是解决这些问题的根本方法。

本院将坚持以“老人为本”的服务宗旨，以“奉若父母，情同亲生”为服务理念，依靠一流的设施和一流的服务，让入住的老人在生活上、身体健康上真正体会到老有所养、老有所为、老有所学、老有所乐，让养老院真正成为老年人的“福地”。

开办养老院是新时期民生工作的新模式、新趋势，是“十二五”时期重要思想和以人为本的科学发展观的具体体现，也是新农村建设中的新举措和必然要求，恳请领导尽快予以批准，使这一好事能尽快实施。

此致

敬礼

申请人：×××

××××年××月××日

分析：这是一篇个人申办养老院申请书，格式规范，用语准确，表达清楚。开篇简明扼要地提出申请，随后陈述条理清晰、理由充分，表述到位。

[例文2]

补贴申请书

×市民政局：

××老年公寓现已完成对原有线路改造，实现安全达标，特提出专项补贴申请。

我们按照1月民政检查意见，对原有老化线路进行改造，更新了报警器，通过了市民政部门的验收，取得消防、卫生、环保和建设部门的前置审批或者验收证书，取得养老机构设立许可证和民办非企业单位登记证书（后附复印件）。

根据市里规定，6月底前完成安全达标的可以申请市区养老机构安全达标改造的专项补贴，财政部门将按照每张床位1000元的标准，一次性发放改造专项补贴。××老年公寓拥有50张床位，按规定应享受5万元补贴。

特此申请，请批准。

××老年公寓

××××年××月××日

分析：这是申请财政补贴的申请书。一文一事，理由充分，客观具体。

（四）申请书写作注意事项

申请的事项要写清楚、具体，所涉及数据要准确无误。

申请理由要充分、合理，实事求是，不能虚夸和杜撰，否则难以得到上级领导的批准。

语言要准确、简洁，态度要诚恳、朴实。

二、申请书与请示的区别

申请书是因业务或事务需要，按规定完成法律程序向上级或职能部门、管理机构、组织、社团说明理由，提出请求，希望得到批准的一种事务文书，也叫申请表。请示和申请书都有请求原由、请求事项，但请示是法定公文，申请书为专用书信，属于不同文种。

请示用于下级机关向上级机关提出请求，下级机关只能在上级机关的职权范围内报请需要批准的事项。申请书不仅用于下级机关向上级机关请求不属于请求范围之内的事项，而且可用于不相隶属的但按规定、法律程序必须向其请求的机关、单位、部门等，如专门办理有关业务的机构部门（银行、保险、公安、海关、土地管理、工商管理等）。

请示的行文对象固定，而申请书的行文对象不固定，请示的内容限于本系统，本部门的行政公务或政策问题，写法规范。申请书的内容不以系统、部门为限，写法不强求千篇一律，且常以填写有关部门印制的各种表格代替。

请示的作者是法定的机关、团体，而申请书的作者可以是机关、团体，也可以是个人。机关、团体或个人向有关方面递交申请书，有时必须按有关规定出具或提交有关证明、证件、文件等，而请示则没有这方面的规定。

请示可以带有附件，附件是请示的重要组成部分，作为对正文的补充说明或参考。

拓展学习

1. 开业申请书格式

关于开办老年公寓的申请书

×××民政局：

一、申请人基本情况

申请人为单位的，应注明单位名称、地址、法定代表人姓名、注册资本、经营范围、注册地址和经营地址；申请人为个人的，应注明姓名、性别、年龄、住址。

二、申请项目的具体内容

申请人申请在××××（具体地点）开办×××老年公寓。

三、申请理由

随着中国人口老龄化和城市老龄化的发展，我国即将步入老龄化国家。由于目前“四二一”的供养关系不断增加，使中间代所承受的压力很大，家庭矛盾也随之增加；同时，随着老年人观念的变化，不少老年人更加关心生活质量的提高，而不愿意和子女同住，独老户的比重不断上升，但老年人年纪大、身体虚弱、眼睛不好、牙齿不健、腿脚不灵、消化功能差，有的高龄老人和身患各种疾病的老人生活不能自理，还需要生活和医疗方面的特殊护理和服务。所以，老年公寓是理想颐养天年之所的观念被广泛接受，老年公寓的社会需求逐渐增长，成为越来越多老年人的首选，而老年公寓的建设却供不应求，远远不能满足随着人口老龄化发展对老年公寓的需求。

为了给老年人提供便利优质的养老服务，减轻老年公寓供不应求的现实困境，申请人特申请开办老年公寓。请予批准。

此致

敬礼

申请人：________（签名、盖章）

××××年××月××日

2. 入住申请书

敬老院入住申请书

×××镇人民政府：

本人名叫×××，女，71 岁，是×××村人，收养 1 个女儿（现已外嫁）。2005 年，×××镇人民政府考虑我年老、家庭困难的实际情况，批准我为五保供养对象。我现在老伴已逝世，只有孤身一人，无劳动能力；无生活来源；生活能基本自理；身体基本健康，无传染性疾病。因此申请入住敬老院。

此致

敬礼

申请人：×××

××××年××月××日

任务训练

1. 荣××，男，现年 70 岁，系陈场金岭村六组人，因身体残疾，丧失劳动能力，现居住陈场福利院。现身患糜烂性胃炎，甚感不适，附上医疗诊断证明复印件。其缺钱治疗，请以福利院名义代他向仙桃义工组织提出救助申请。

2. ××省××县红萝卜医疗投资管理有限公司 2014 年 11 月 7 日向县民政局提出筹办“××县爱吾老护养院”（机构名称）的申请，并提交一系列相关材料，保证所填内容和提交材料真实、合法，并愿承担法律责任。这些材料是根据《国家养老机构设立管理办法》和《××县养老服务机构管理办法》规定准备。请代其拟写相关申请。

3. 评析这份申请书。

申　请

××民政局：

我院是一所民办养老院，地址位于×市×区×街×号，占地面积1170平方米，建筑面积780平方米，32间房屋（均为平房）。现在设有床位22张，设投影仪一台，供老年人集体观看戏曲和影片，室内安装壁挂液晶电视，另设厨房、室内卫生间、娱乐活动室等。

我院自今年3月开业以来，以"让老人舒心，让子女放心"为宗旨，全心全意服务于入住老人。现我院入住老人已有13名，服务态度及质量受到入住老人及其子女家属的一致好评，并产生了很好的社会效益。

我们计划3年内把养老院办成可容纳65张床位，具备标准餐厅、标准活动室、健身器材和医疗康复条件的高标准养老院，以落实国家关于社会养老的文件精神，更好地服务于社会。

恳请有关部门在政策和经济上予以大力支持。

××养老院

××××年××月××日

分析：这是一篇养老院经费补助申请书，在书写格式内容上存在一些问题。

标题：

正文部分：

结尾：

落款：

学习测评

学习态度、能力评价。

检测要素		检测内容	完成情况		
			80%	60%	60%以下
理论知识	应知应会	申请书的概念			
	理解要点	读懂基本知识			

续表

检测要素		检测内容	完成情况		
			80%	60%	60%以下
专业能力	1. 把握申请书基本格式 2. 符合工作情景 3. 适合工作需要	申请书写作格式			
		申请书与请示的不同			
		拟写标题，能辨析			
		找出并会用常用词语			
		能拟写符合格式要求、表述清楚的申请书			
老师评价	长处				
	努力方向				
同学评价	长处				
	不足				
自测	我的长处				
	我的不足				
	应该努力方向				

综合练习

一、填空题

1. 介绍信是为本单位人员__________开具的专用书信，具有__________和____________的作用。

2. 证明信也称证明，按开具证明主体的不同分为_______和个人证明。

3. 求职信的标题可以说成______信、______信，自我介绍应该不卑不亢，扬长避短。

4. 辞职信也叫辞职________，要注意不抱怨、不指责别人，只需表明自己辞职意愿即可。

5. 申请书是个人、单位、集体向组织、领导提出______、______，要求批准或帮助解决问题的专用书信，既不是请示，也不是函。

二、选择题

1. 介绍信的作用有（　　）。

A. 介绍　　B. 证明　　C. 派遣　　D. 求职

2. 印刷式介绍信一般由几部分组成?（　　）

A. 标题、正文、有效时间　　B. 存根、间缝、本文

C. 标题、正文、落款时间　　D. 标题、发文字号、称呼、正文

3. 下列哪种词语是证明信常用的?（　　）

A. 请予接洽　　B. 特此证明　　C. 兹介绍　　D. 兹证明

4. 一般书信和专用书信都可使用的结尾祝颂语是（　　）。

A. 此致敬礼　　B. 特此证明　　C. 敬候佳音　　D. 望予办理

5. 需要写上有效时间的书信是（　　）。

A. 申请书　　B. 证明信　　C. 介绍信　　D. 求职信

三、判断对错，错的改正过来

1. 介绍信虽也有证明的作用，但不如证明信的效力大。

2. 加有间缝章、标有“介字×号”，后附有效期限的介绍信比较正规，效用等同于正式公文。

3. 申请书和请示不一样，既可以写给某个具体领导，也可以写上申请人的名字。

4. 专用书信与一般日常家用书信写法一样，只要盖上公章就有效。

5. 专用书信与礼仪文书的不同在于礼节少，文字少，情感色彩没有那么强烈。

四、试用所学知识，评析下面这份申请书

建立养老院申请书

民政局领导：

兹因开办养老院一事提出申请。为了更好地做好农村老年人的养老工作，我村决定办一所养老院。北砖井村地处太原、榆次交界地带，背山面川，闹中取静。既有便利的交通条件，又有幽静的山谷，优美的环境和清新的空气，是开办养老院的上佳地段。

当前农村中，五保户、无子女户、双女户和子女不在身边的老人较多。这些老人生活上有很大的不便。吃饭、购物、娱乐、就医等无人陪护，无人即时照料，和当前欣欣向荣的农村形势极不和谐，传统的分散供养方式已经无法解决这些问题，兴办养老院集中安置这些老人将是解决这些问题的根本方法。

本院将坚持以“老人为本”的服务宗旨，以“奉若父母，情同亲生”为服务理念，依靠一流的设施和一流的服务，让入住的老人真正体会到老有所养、老有所为、老有所学、老有所乐。让养老院真正成为老年人的“福地”。

开办养老院是新时期农村老年工作的新模式、新趋势，是“三个代表”重要思想和以人为本的科学发展观的具体体现，也是新农村建设中的新措施和必然要求，恳请领导尽快予以批准，使这一好事能尽快实施。

此致

敬礼！

申请人：×村委会

××××年××月××日

项目七

养老机构常用经济文书

养老机构在经济活动中经常使用的文书是经济文书，是养老机构在经营管理中处理解决经济方面的事务、沟通有关经济信息时所写的应用文。经济文书可以有效地促进养老机构内部的良好运营，形成服务优良、监管到位、自成一体的养老服务。本项目从养老机构常用企业介绍、说明书，养老机构常用条据、订货单，养老机构常用意向书、协议与合同等三个任务来学习了解养老机构常用经济文书。

任务一　养老机构常用企业介绍、说明书

企业介绍和说明书是养老机构开展商务公关活动的常用文书。养老行业为了生存发展常面临双重推销任务，一是宣传推销养老产品，二是宣传推介企业自身。养老机构要熟悉养老产品说明，才能熟练、准确、规范地做好养老服务；恰到好处的养老机构介绍，可以吸引更多老人和家属前来咨询，达成合作养老服务意向。

任务目标

知识目标	知道企业介绍、说明书的含义、作用。
能力目标	能看懂并能拟写简单的产品说明书，撰写简单的养老机构简介。
态度目标	培养严谨细致的工作作风，尊老敬老、热爱养老事业的积极情感。

案例导入

每年临近春节，很多在城市打工的保姆计划着回家过年，原本由保姆照顾的老人怎么办？保姆要回家，儿女又不在身边的老人们需要找养老院，尤其是高龄、多病、失能、半失能的老人，需要专人照顾。市养老机构有上百家，每家的位置、

院内条件、收治对象均不一样。如何在最短的时间内，帮助老人们找到离家最近、条件适宜的养老机构，今年12月20日开始，连续三个周日，《金色岁月》报社联合市内四区养老机构，举办走进社区、走进养老院公益活动，为老人推荐养老机构，欢迎老人及家属就近考察。为此，各养老机构需要拟好自己的企业介绍。

问题讨论

1. 什么是企业介绍？什么是说明书？
2. 企业介绍包括哪些内容？说明书的格式是怎样的？

知识学习

一、企业介绍写作

1. 含义

企业介绍就是对企业的介绍。这种介绍不是一句话带过，也不是长篇大论，是简明扼要地介绍公司的一段文字，让别人初步了解公司或企业的基本情况。

2. 内容

企业简介一般包括以下几个方面。

（1）基本情况。简介里面要注明公司全称，成立时间、公司性质、规模等以及具备的优势和特点。

（2）公司的主要产品或主要服务内容。

（3）公司的团队是怎样的。

（4）适当介绍企业文化、服务理念、服务宗旨、标语口号等。

3. 结构格式

一般养老机构简介大致包括如下内容。

（1）标题：全称+简介。

（2）正文。基本内容如下。

概况：名称、地址、主管主办单位性质、规模、服务管理队伍、组成部分、运营模式、服务对象定位、服务宗旨、理念等。

主体：服务硬件设施、设备，服务环境，服务条件，收费标准，获得荣誉。

（3）结尾。养老机构基本信息，包括地址、电话、传真、交通路线等。

4. 企业介绍注意事项

（1）根据具体情况、发送对象不同，确定文章篇幅，以达到预期效果。

（2）介绍既要正面，又要客观。企业介绍一般都是正面介绍宣传，不能出现对企业不利的内容，但要注意不能忘记客观评价原则，即恰到好处、恰如其分，有章可循，有据可依，否则会给人留下自我吹嘘、华而不实的印象。

（3）图文并茂，形象直观。适当配一些与企业相关的图片、照片，简短文字介绍，令人赏心悦目，留下深刻印象。

5. 案例指导

［例文 1］

××社区居家养老服务中心简介

××社区居家养老服务中心位于××区中环路 26 号、××社区党员群众服务中心三楼，是在上级民政部门和赤壁办事处的重视和关心下，于 2013 年 5 月率先成立的城市社区居家养老服务试点之一。××社区居家养老服务中心为辖区老人提供无偿、低偿、有偿的日间照料服务。

××社区居家养老服务中心占地面积 486.44 平方米，有配套的居家养老服务，室内共有 6 个日间照料床位，设有文化娱乐厅、棋牌室、休闲保健厅、日间休息室、餐饮服务区、阅览室、心理疏导室等；室外有 532 平方米的活动区，设有篮球场、体育器材健身场和喷泉庭园长椅休闲区。××社区居家养老服务中心以日间生活照料服务为主，为社区老人提供日托照料、护理陪伴、代购代买、配餐送餐等服务，同时也提供法律维权、文化教育、体育健身、精神慰藉、医疗保健等专项服务，为社区老年人提供集居家、养老、娱乐、保健、修身养性于一体的综合性老人居住场所。

服务中心本着“为老人献爱心，替子女尽孝心”的服务宗旨，秉持“善待老人就是善待自己、让老人满意就是我们工作的追求”的服务理念，弘扬中华民族“敬老、爱老、养老、助老”的传统美德，管理、服务人员按照社区制定的严格的规章制度，对老人实行家庭化管理，服务周到、态度和蔼，不断提高工作质量，努力打造名副其实的“清雅、清馨、清和”的××之家，让××社区的老人真正“老有所乐、老有所为、老有所学、老有所教、老有所医、老有所养”，为建设和谐社会贡献一份力量。

分析：

这是社区养老服务中心的介绍。标题由全称（××社区居家养老服务中心）+简介组成。正文由3个自然段组成：第1自然段介绍中心基本情况，名称、地理位置、具体地址，上级主管单位、成立时间，中心性质、服务范围等；第2自然段介绍中心规模、服务设施、设备、服务内容；第3自然段介绍中心企业文化，从服务宗旨、服务理念、规章制度、工作目标等方面展开表述。对于刚成立没有多少历史和荣誉的新的机构，从这些方面挖掘介绍很有必要，有利于表明该中心的工作态度和精神。

［例文2］

××老年公寓简介

××老年公寓位于××大道中段，××酒店旁，占地面积3600平方米。本老年公寓投资1000万元人民币，致力于打造全昆明配套设施最完善的老年人生活及娱乐场所，打破以往养老院、敬老院给老年人带来的生活枯燥、生活乏味的印象。其中有台球室、乒乓球室、羽毛球室、阅览室、电脑室、医疗保健室、健身房、娱乐室、会议室、影视厅等可以给予老人自由组织活动及娱乐的场所，让老年人在公寓里老有所为，老有所获。

保健医疗：本老年公寓有专门的保健医疗室，老年人进行定期体检，可以让老年人的身体得到保障。做到“小病不出寓、大病不误诊、慢病可疗养、事事可咨询”。会为所有老年人建立病历及档案，可以让老年人随时查看，更清楚地了解自己的身体状况。以防老年人突发各种大病，使老年人生活得更健康。

心理咨询：本老年公寓和心理咨询公司进行合作，为需要心理咨询服务的老年人提供咨询服务。对有心理隐患的老年人及时给予心理咨询及指导，排除公寓中老年人的心理障碍，让老年人的心理更健康。

物品代购：本老年公寓有专门的物品代购人员，让老年人所需的老年用品、日常用品能够从公寓中获得。不用让老年人为了所需物品自己去购物，或者等待子女探望时才能获得。让老年人体会到在公寓里像在自己家一样，住得更舒心。

保健项目：本老年公寓和市场上口碑较好的保健品商及保健项目合作，把保健品及保健项目直接引入到公寓中，有专柜供老年人作选择，让老年人不用再为买保健品而到处去奔波，让老年人可以更直接地面对产品作选择。

法律顾问：本老年公寓和法律顾问公司进行合作，为公寓里的老年人提供法律顾问业务，让有需求的老年人可以更直接地咨询相关法律问题，避免老年人因为不懂法律吃亏。

老年人管护解决方案：采取全护、半护、日托、全托等多种护理及管理方式，让家属可以根据老年人的不同情况和家属时间状况自由地安排和选择，更加方便家属，让老年人和家属的互动更为密切。

公寓网址：××

接送热线：××

公寓地址：××

乘车路线：××

分析：

这篇养老机构介绍第一段介绍养老机构的地理位置、投资规模、基本设施，从中展现该养老机构的优势和特色，这是总体介绍；主体从保健医疗、心理咨询、物品代购、保健项目、法律顾问、老年人管护解决方案六个方面分别介绍该机构完善精良的设备设施、良好的服务环境和服务条件，确保入住老人安心舒适生活；结尾介绍该老年公寓基本信息，包括网址、接送电话、地址、交通路线等。

二、说明书写作

1. 含义

说明书是生产者为向消费者全面、明确地介绍产品名称、用途、性质、性能、原理、构造、规格、使用方法、保养维护、注意事项等内容而写的准确、简明的文字材料（表 7-1）。一般称为产品说明书或商品说明书，有的称为用户手册。

表 7-1　说明书内容

序号	分类标准	种类	备注	其他
1	按所要说明的事物来分	产品说明书		
		使用说明书	操作使用说明	
		安装说明书	电扇、空调等产品	
		戏剧演出说明书		

续表

序号	分类标准	种类	备注	其他
2	根据内容和用途的不同	民用产品说明书	家用日用品	
		专业产品说明书	专业性较强	
		技术说明书	专有名词、术语	技术参数等
3	根据表达形式的不同	条款式说明书	分条列项	
		文字图表说明书	以图为主，配以文字简短说明	
4	根据传播方式的不同	包装式	图文使用说明	直接写在产品的外包装上
		内装式	说明书、使用手册	专门印制，甚至装订成册，装在包装箱（盒）内

2. 特点

（1）说明性。介绍说明，是主要功能和目的。

（2）实事求是性。必须客观、准确反映产品。

（3）指导性。包含指导消费者使用和维修产品的知识。

（4）形式多样性。表达形式可以文字式，也可以配图。

3. 作用

能够帮助和指导消费者正确地认识、使用和保养产品，确保用户正确、安全地使用产品，同时还具有宣传产品的作用。是“路标”和“向导”，可以帮助用户了解产品特性。如果说明不准确，不仅会影响产品的正常使用，还会给用户带来诸多不便甚至发生意外事故。

4. 格式

说明书的格式：标题+正文+附文。

标题：

（1）品牌+产品名称+文种；

（2）产品名称+说明书；

（3）品牌+产品名称；

（4）使用说明或说明书。

如侧重介绍使用方法，称为使用说明书，即产品名称+使用说明。

正文的具体格式如下。

① 开头：主要写产品概况，包括名称、规格、产地等（也可略写）。

② 主体：这是产品说明书的主要部分，详细介绍产品有关知识。包括：产品的成分、原料、制作方法；产品的性能、特点；产品的用途或适用范围；产品的使用方法和注意事项；产品的保养、维修、“三包”等。一般的产品说明书分为家用电器类、生活日用品类、食品药物类、大型机器设备类、设计说明书。

③ 结尾：写一些开头、主体未包括进去的内容，如运输、保存等方面的禁忌，有效期限，到什么地方选购等；也可不写结尾。

附文：一般包括厂名、地址、电话、电挂、电传、联系人和生产日期等。出口产品在外包装上要写明生产日期、中外文对照。

5. 注意事项

（1）说明书要实事求是。有一说一、有二说二，不可为达到某种目的而夸大产品的作用和性能。

（2）说明书突出特点，要全面地说明事物。不仅介绍其优点，同时还要清楚地说明应注意的事项和可能产生的问题。

（3）产品说明书、使用说明书、安装说明书一般采用说明性文字，而戏剧演出类说明书则可以以记叙、抒情为主。

（4）说明书可根据情况需要，使用图片、图表等多样的形式，以期达到最好的说明效果。

6. 案例指导

［例文 1］× × 骨关节综合治疗仪 LY528B

【药品名称】

通用名称：骨关节综合治疗仪。

商品名称：凌远（骨关节综合治疗仪 LY528B）。

拼音全码：× ×。

【主要成分】由外壳、电磁波谱发生器、电源控制装置组成。

【适应证/功能主治】用于骨性关节炎（膝关节、肩关节、颈椎腰椎关节）的辅助治疗。

【规格型号】× ×。

【用法用量】

（1）首先，将治疗①连线一端插到两片阿是贴片上，治疗②连线插入治疗带的两个插孔。

（2）在使用之前，把治疗①连线和治疗②连线分别插入机身背面的对应插孔。

（3）先将“苗王追风液”喷在需要治疗的部位，揉搓几下，再将治疗②治疗带捆在腰部（插线口需朝向下方），当治疗带捆在腿部时插线口需朝向外面，最后将治疗①的阿是贴片贴在患部(注：贴阿是贴片及捆绑治疗带时，要处于关机状态)。

（4）每按一下“处方”按钮，都会有不同的治疗感，如针灸、捏、锤、揉、拿，可根据个人需要来选择不同的处方。停止治疗时，需关机后才可解开阿是贴片和治疗带。两大治疗模式可单独或者同时使用，也可以两个人同时使用不同模式。

（5）使用完毕后会自动关机，如中途关机则先按控制面板上的开关键关机，再关掉主机后的电源开关，最后拔下电源插头及其他连接线放好。

【储 藏】密封，水平放置。

【包 装】1 台/盒。

【有 效 期】60 个月。

【执行标准】粤 0794-2011《电磁波谱治疗仪》。

【批准文号】粤食药监械（准）字 2012 第 2260173 号。

【生产企业】佛山市凌远医疗科技有限公司。

分析：

这是保健治疗仪器的使用说明书。标题由品牌+产业名称+型号组成，主体从药品名称、主要成分、适应证/功能主治、规格型号、用法用量、储藏、包装等几项分开来表述，附文包括有效期、执行标准、批准文号、生产企业名称等。不足是缺少生产日期和生产厂家联系电话、地址。

[例文 2]

便携式紫外线消毒灯说明书，外形如图 7-1 所示。

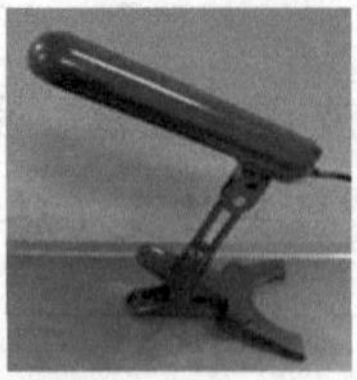

图 7-1 便携式紫外线消毒灯

一、灭菌原理

本产品材质使用高级石英材料制作，主谱线为253.7纳米紫外辐射线，具有极强的杀菌能力，能使细菌发生变异或死亡。对枯草杆菌黑色变种芽孢杀灭率为100%，同时还产出臭氧（O_3），O_3可以杀菌、消毒、消除异味。

二、使用方法

本产品适用于15~20平方米房间的消毒杀菌，空气净化。每次不少于20分钟。如果房间大，可以延长每次照射时间。小件物品消毒可直接置于灯下5分钟即可。

三、注意事项

本产品工作时产生大量的紫外线，对有机细胞有杀伤力，所以不能直接照射人，尤其不能直接照射眼睛，否则会引起灼伤。

××公司电话：××

（网址××）

分析：

这份说明书言简意赅，图文并茂。从消毒灯的灭菌原理、使用方法、注意事项三方面介绍了产品，结尾是经销单位及电话，配上图更形象、直观。

任务训练

1. 请同学们分组（每四人一组）讨论完成表7-2（说明书的具体作用），说得越多越好。

表7-2　说明书作用讨论

序　　号	作用内容	举　　例
作用1	消费指南。说明书是指导消费的行动指南，是了解产品的特性、正确选择产品的指南。它也是用户维权的重要依据	
作用2	指导用户掌握产品的操作程序、维护保养，了解维护保养的规定与途径，为达到科学消费目的起到重要作用	
作用3	宣传企业。说明书在介绍产品的同时，也宣传了企业，因而兼有广告宣传的作用	
作用4	传播知识。当说明书伴随着产品走向消费者的时候，所包含的新知识、新技术也能被消费者所了解	

2. 请根据下列材料，拟写一份产品说明书。

银耳乳白鱼肝油是一种优良的营养滋补剂，由海南鱼肝油厂出品，保质期一年，成人口服每次 20 毫升，每天可服 4 次，儿童服用量为成人的二分之一，每天也可服 4 次。应在吃饭前或睡觉前服用。银耳乳白鱼肝油可用于防治维生素 A、维生素 D 缺乏症。银耳乳白鱼肝油的成分是精炼银耳浆占 60%，鱼肝油占 40%，成人儿童皆可常年服用，但要注意服前摇匀，服后要密封，并且放在阴凉避光的地方，周围温度不要低于 5℃。

3. 下面是一则常见感冒药的使用说明书，请读后根据内容填写项目名称，填在括号里。

板蓝根使用说明

（　　）板蓝根，辅料为蔗糖、糊精。

（　　）清热解毒、凉血利咽，用于肺胃热盛所致的咽喉肿痛、口咽干燥、急性扁桃体炎及见上述症候者。

（　　）每袋装 10 克。

（　　）开水冲服，一次 0.5～1 袋（5～10 克），一日三次。

（　　）密封。

（　　）复合膜袋，每袋装 10 克。

（　　）24 个月。

（　　）国药准字 Z44023485

（　　）J7A046

（　　）2011 年 11 月 10 日

括号内容分别填写成分、功能主治、规格、用法用量、储藏、包装、有效期、批准文号、产品批号、生产日期。

学习测评

学习态度、能力评价。

检测要素		检测内容	完成情况		
			80%	60%	60%以下
理论知识	应知应会	企业介绍、说明书含义、特点、作用			
	理解要点	读懂基本知识			

续表

检测要素		检测内容	完成情况		
			80%	60%	60%以下
专业能力	1. 把握企业介绍、说明书基本格式内容 2. 符合工作情景 3. 适合工作需要	企业介绍主要内容			
		说明书写作格式			
		找出并会用常用词语			
		能拟写符合基本要求的企业介绍、说明书			
老师评价	长处				
	努力方向				
同学评价	长处				
	不足				
自测	我的长处				
	我的不足				
	应该努力方向				

任务二　养老机构常用条据、订货单

条据、订货单是经济活动中简便易行的凭证单据，都与钱财、物品紧密相关。养老机构常用的凭证性条据有借条、收条、领条、欠条。订货单是订购产品和货物的单据，常用的有表格式、条文式和综合式订货单。

任务目标

知识目标	认识常用的条据、订货单，熟悉条据、订货单的格式。
能力目标	掌握借条、收条、领条、欠条四种凭证条据和订货单的三种形式的规范写法，能写出符合要求的条据和订货单。
态度目标	培养严肃、诚实、守信的工作态度与作风。

案例导入

2012 年 10 月，× 市老年公寓为扩大经营，建设二期工程，决定实行会员制，吸引老人及家属投资。已入住或有意向的该老年公寓的老人或家属只要缴纳7万～10万元，即可成为会员。一年到期归还，也可继续投资，利息10%，当年入住老人一年房间费用打4折。2013年11月2日，董娟娟接待市民张先生，为他已入住的83岁岳父（梁××）办理会员，缴纳10万元，写下借条一张，加盖老年公寓印章和法人代表签名章。12月3日，市民王先生因妻子生病住院，到老年公寓提取一年前投资的10万元，老年公寓刚订购一批急需用品，考虑到王先生家的实际情况，老年公寓马上先支付王先生8万元，经理姜××承诺12月26日前支付余下的2万元及利息1万元，并写下欠条交付王先生。如何写这两张单据？

问题讨论

1. 什么是条据？与什么活动有关系？有何特点？常见的条据有哪些？

2. 条据格式写法各是怎样的？书写条据应注意哪些事项？

知识学习

一、条据

（一）条据概念

1. 什么是条据

日常生活中向别人借钱或别人向我们借东西，我们常常要写条据，以作凭证。条据是个人或单位之间因发生钱物往来，而给对方出具的一种作为凭证或说明的具有固定格式的简短文书。它作为收入、支出、报销、保存、考查的根据，具有凭证作用。不写条据或条据写作不规范，都可能会给我们带来一些意想不到的麻烦。

2. 条据特点与形式

特点：内容上具有协约性、严肃性，形式上具有简洁、短小特点，所用纸张多成条状，格式规范，用语固定。

凭证性条据有借条（借据）、收条（收据）、欠条、领条等。

（二）凭证性条据格式

凭证性条据格式为标题+正文+结尾。

1. 标题

写在正文上方中间位置，如“借条（借据）”“收条（收据）”等。

2. 正文

开头空两格，一般以“今借到”“今收到”“今领到”等开头。

写清对方名字或名称，以及涉及钱物的数量、原因等。在正文后直接写或另起一行写“此据”二字。

3. 结尾

正文下面偏右处写上经手人的姓名及日期，个人出具的单据，由本人签名，有时要写明所属单位名称，并盖章；单位出具的条据要盖公章，一般还要由经手人签名盖章。日期写在署名的下面。

（三）写作要求

（1）字迹应清晰工整，只能用钢笔、签字笔或毛笔写，不能用铅笔、圆珠笔写；只能用蓝色或黑色笔书写，不能用红色或其他易褪色笔写。

（2）款项金额、物品数量必须大写；款项金额要注明币种，如“人民币”；金额后面要加上一个“整”或“正”字，且要写在同一行以防涂改。

财务数额大写为零、壹、贰、叁、肆、伍、陆、柒、捌、玖、拾、佰、仟、万、亿。

（3）借条或欠条中必须写清归还期限，以免无理拖延。所借钱或物品归还时，应收回原来所写的借条并作废处理。

（4）条据写成后，不可涂改。如需更改时，应由出具单位或个人在改动处加盖公章或私章，以表示负责。

（四）案例指导

[例文 1]

收　据

今收到福瑞爱心志愿者 10 人（郭××代表）捐赠的爱心轮椅肆辆（4 辆），四脚拐杖陆把（6 把）。

此据。

× 镇敬老院（印章）

××××年××月××日

[例文 2]

领　条

今从后勤处领到肥皂伍块（5 块），消毒液叁瓶（3 瓶），毛巾伍条（5 条）。

此据。

老年公寓护理部　王××

××××年××月××日

[例文 3]

借　条

今借到张××先生为其岳父梁××（我院院民）代交的柒万元整（￥70000），约定一年后归还，利息 10%。

此据。

北京××老年公寓（印章）

经手人　董××

××××年××月××日

[例文 4]

欠　条

原借王强人民币壹拾万元整（￥100000），已还捌万元整，尚欠贰万元整及利息壹万元整，共计叁万元整。保证在 12 月 26 日前还清。

此据。

×市老年公寓（印章）

经理　姜××（签名章）

经手人：董××

××××年××月××日

[例文 5]

欠　条

原借×市××有限公司财务张××柒万元整（￥70000），因用于购置老年公寓急需用品未能如约归还，深表歉意。我们承诺 2013 年 5 月 31 日前归还欠款柒万元整（￥70000），如到期不能归还，按每日2%支付违约金，一并归还。

此据。

×市××老年公寓（印章）

经手人：陈××

××××年××月××日

分析：

例文1是收到交来的物品，写给送交者的作为凭据的条据——收条。格式完整，用语规范。标题“收据”，正文以“今收到”开头，然后写送交者姓名或单位组织名称，收到送交的物品名称、数量；结尾“此据”；落款写单位名称、时间，并加盖公章。

例文2是个人向单位内部其他部门领取钱款或物品后,留给发放个人（单位）的文字凭据，叫领条。

例文3是借条。借条是指借个人或公家的现金或物品时写给对方的条据。钱物归还后，打条人收回条据，即作废或撕毁。它是一种凭证性文书。通常用于日常生活以及商业管理方面。借条通常是指借钱以后按期归还和借钱数额的凭证，如果没有借条，别人就能赖账或者违约。这个借条写明了借款人、借款日期，还款日期、借款人签字、借款数额（大写）、借款原因。

最后两个例文是欠条。欠条是欠款、欠物的个人或单位写给对方作为约期归还的文字凭据。如物品到期不能全部归还，应收回原借条，另写一张欠条，约定在一定期限内归还尚余部分，不能与借条混淆。写法与领条、收条、借条相近，正文书写明显比其他条据字数略多，常用“已还多少，尚欠多少，定于某日归还”等字样。

拓展阅读

读一读，记一记。

单据写作很重要，规范与法要记牢。

钱物数量要大写，数前“币种”数后“整”。正文之后写“此据”，借条、欠条标还期，打印稿，应签名，年月日，须写齐，涂改处，盖印章，无歧义，无烦恼。

二、订货单

（一）订货单概念

1. 含义

订货单是由买方向卖方订购货物时填写的单据。订货单是买方和卖方间货物交易的依据或凭证。

2. 特点

（1）履约性。履约性是指买方和卖方都具有认同及信守订货单中各项条款和约定的特性。买方填写了订货单，便等于认同与卖方有过协商。

（2）严肃性。填写订货单有近似签订合同的性质，对买方和卖方来说，都是一种与人财物有关的负责任的行为，具有严肃性。

3. 类别

（1）从成交与否分为预约订货单、现货订货单两种。

（2）从表达方式分，订货单有表格式、文字式（订货函）和综合式三种。

（二）订货单的结构内容与写法

订货单一般由标题+正文+尾部构成。

1. 标题

订货单的标题一般有三种写法。

第一种由货物名称和文种构成，如护理床订货单。

第二种由单位名称和文种构成，如××养老院订货单。

第三种只写文种“订货单”三个字，即订货单。

2. 正文

正文：买卖双方信息+订货信息+收送信息+交付信息+意见要求。

（1）买卖双方信息。包括双方单位名称、地址、邮政编码、电话、传真号码、电子邮箱和联系人等。

（2）订货信息。包括商品名称、商品编码、商品单价、商品质量级别和订购数量等。

（3）收送信息。包括送达方式及送达地点信息。

（4）交付信息。款项支付方式及银行账户。

（5）意见要求。指买方的意见和要求。

3. 尾部

写订货单位、订货日期及经办人签章。

（三）拟写订货单注意事项

（1）信息要齐备。即设置的订货单要包含货物买卖必需的各种信息，不得遗漏。

（2）要实用、好用。订货单的结构要尽可能简单，让买方一目了然，便于填写。

（3）一张纸印制一份订货单。切忌一份订货单跨页或分成几页，以免被“掉包”换页。

（四）案例指导

［例文 1］

××老年服务中心订货单

供货单位：

根据双方于××××年××月××日所签合同，现需贵方供应下列产品，其他条款见双方合同约定（表 7-3）。

表 7-3　订货单

品名	规格、型号	数量/件	单价/元	小计/元	备注
无线呼叫器	60 mm×60 mm×25 mm	10	40	400	
电子血压计	Bm7051	6	210	1260	
便携切药器	90 mm×40 mm×30 mm	5	25	125	
便携放大镜	L03	6	32	192	

金额合计：¥1977

（大写）壹仟玖佰柒拾柒元整

注：上述产品于××××年××月××日送至×市×区×路×号××老年服务中心。

订货单位：××老年服务中心

经办人：张××

联系方式：××-×××

日期：××××年××月××日

分析：这是客户订货单，采用表格形式，一般比较简单、订购货品种类不少但数量不多。

［例文 2］天然口服液订货单（表 7-4）

表 7-4　天然口服液订货单

<table>
<tr><td colspan="3">订货单位</td><td colspan="4">发货单位</td></tr>
<tr><td>单位名称</td><td colspan="2">××老年俱乐部</td><td colspan="4">名称：××公司</td></tr>
<tr><td>发货地址</td><td colspan="2">××街 42 号</td><td colspan="4">地址：×市×路×号</td></tr>
<tr><td>联系人：王×</td><td>电话</td><td>××</td><td colspan="4">联系人：高××</td></tr>
<tr><td>传真：××</td><td>邮编</td><td>××</td><td colspan="4">电话：××</td></tr>
<tr><td>结算方式：
支票</td><td>发票性质</td><td>税务发票</td><td colspan="4">传真：××</td></tr>
<tr><td>要求发运方式</td><td colspan="2">直接送达</td><td colspan="4">邮编：××</td></tr>
<tr><td>税号</td><td colspan="2"></td><td colspan="2">账号</td><td colspan="2">××</td></tr>
<tr><td>开户行</td><td colspan="2"></td><td colspan="2">希望到货时间</td><td colspan="2">××××年××月××日</td></tr>
<tr><td>品名规格</td><td colspan="2" rowspan="2"></td><td>单位</td><td>数量</td><td>单价</td><td>金额</td></tr>
<tr><td>天然口服液</td><td>箱</td><td>80</td><td>1800 元</td><td>144000 元</td></tr>
<tr><td>总金额</td><td colspan="6">大写：壹拾肆万肆仟元整
（单位：人民币）</td></tr>
</table>

订货单位（签章）：××老年俱乐部

经办人（签章）：王×

请将货款汇至以下账号：

户名：××公司　　　　开户行：××

账号：××　　　　联系电话：××

传真：××　　　　联 系 人：高××

××××年××月××日

分析：这是文字与表格相结合的订货单。把对对方的要求用文字表述出来，其他用表格表示。

[例文3] 订购函

×敬老院订购函

_________先生：

贵厂___月___日的报价单获悉，谢谢。贵方报价较合理，特订购下列货物：

老人护理床20张，单价350元，总计人民币柒仟元整（￥7000元）。

手动单摇护理床10张，单价450元，总计人民币肆仟伍佰元整（￥4500元）。

手动轮椅可折叠有安全带 4 台，单价 350 元，总计人民币壹仟肆佰元整（￥1400元）。

总计人民币壹万贰仟玖佰元整（￥12900元）。

交货日期：___年___月底之前。

交货地点：______市______区______路______号敬老院。

结算方式：转账支票。

烦请准时运达货物，以利我地市场需要。

我方接贵方装运函，将立即开具一半价款转账支票，货到验收无误后，三天内开具另一半价款转账支票到达贵方。

请即予办理为荷。

×敬老院

××××年××月××日

分析：这是文字式订货单，具有合同作用。

任务训练

1. 新桥敬老院里有 170 多个照顾对象，其中有近三分之二的人是半护理老人，眼看着天气转暖、春暖花开，敬老院准备带大家出去走走，但一些行动不便的老人就比较困难，急需一些拐杖、轮椅等器材。一天，办公室主任接到一个福康社会爱心组织的电话，要给敬老院提供帮助，主任按对方的要求提供了敬老院的地址，结果不久后敬老院就收到几个邮件。经过清点有轮椅5辆、拐杖30副以及助行器10副等，初步估算市场价值在4000元以上。新桥敬老院应为福康社会爱心组织出具什么单据，请拟写出来。

2. 农历九月初九是重阳节，又称老人节，福人老年公寓准备组织大家举行“老年之声”联欢晚会，需要向保管室借30张椅子、4个话筒、5张台布、1台照相机，准备第二天下午归还。请你给保管室写一份借条。

3. 瑞康老年服务中心现需要订购一批老年生活设施用品，认为美达用品公司报价比较合理，决定购买该公司的LED紫外线杀菌灯2个，单价500元，脚底按摩器2台，单价600元，星星电热开水机2台，单价3000元，塑料大洗衣筐8个，单价40元，结算方式为转账支票。请根据以上内容写一份瑞康老年服务中心订货单。

学习测评

学习态度、能力评价。

检测要素		检测内容	完成情况		
			80%	60%	60%以下
理论知识	应知应会	条据、订货单含义、特点、作用			
	理解要点	读懂基本知识			
专业能力	1. 把握单据、订货单格式 2. 符合工作情景 3. 适合工作需要	条据写作格式			
		订货单写作格式			
		找出并会用常用词语			
		能拟写符合格式要求表述清楚的借条、欠条、收条、领条、订货单			
老师评价	长处				
	努力方向				
同学评价	长处				
	不足				
自测	我的长处				
	我的不足				
	应该努力方向				

任务三 养老机构常用意向书、协议与合同

意向书、协议、合同都是双方（或多方）合作的约定，由双方（或多方）对某事、某物、某个问题取得一致意见，确定各自职责、权利、义务。意向书、协议书和合同都属于契约文书。它们是协商一致的产物，对订立的双方或多方都具有约束力，有的受法律保护。按合作进展，一般先有意向后有协议、合同。

任务目标

知识目标	知道意向书、协议书、合同的含义、特点、种类、写作要求。
能力目标	熟悉意向书、协议书、合同的写作格式，能写简单意向书，读懂协议书、合同主要内容。
态度目标	培养严谨、诚实、守信的工作作风。

案例导入

董娟娟实习结束不久将回学校办理毕业手续，她听说学生即将毕业时，都会和企业单位签订就业协议、意向书或者合同等，就想了解一下这方面的情况。

问题讨论

1. 意向书、协议书、合同的含义、特点、种类各是什么？

2. 意向书、协议书、合同的写作格式是怎样的，有何写作要求？

知识学习

一、意向书

（一）意向书概念

1. 含义

意向书是当事人双方或多方之间，在对某项事务正式签订条约、达成协议之前，表达初步设想的意向性文书，是双方进行实质性谈判的依据，是签订协议

（合同）的前奏。意向书为进一步正式签订协议奠定了基础，是“协议书”或“合同”的先导，通过意向书来选择订立合同的相对方，多用于经济技术的合作领域。意向书用在附条件、附期限或未尽事项继续协商等方面，一般不具备成就合同的条件，为将来充分条件下签订合同积极创造条件而做准备。意向书作为约定订立合同的合同，在预约中已经约定了合同的主要或全部内容，并附约在未来特定时间订立正式合同。

2. 特点

意向书具有协商性、灵活性、简略性、信用性等特点。

意向书不同于协议或合同，在协议或合同签订之前，它可以随双方的意向改变，在协商过程中，当事人各方均可按各自的意图和目的提出意见，在正式签订协议、合同前亦可随时变更或补充。

3. 作用

意向书的主要作用是传达“意向”，提请对方注意或供参考，可以约束双方的行动，保证双方的利益；意向书能反映业务工作上的关系，能保证业务朝着健康有利的方向发展；意向书可为正式签订协议或合同打下基础。

4. 形式种类

意向书通常有以下三种形式。

（1）单签式。只由出具意向书的一方签署，但文件一式两份，由合作的另一方在副本上签字盖章，交付对方。

（2）联签式。由当事人双方签署的意向书。

（3）换文式。即以交换信件的形式表达合作的意向。

（二）格式写法

意向书一般由标题+正文+结尾组成。

1. 标题

（1）项目名称+文种。如××养老院合作意向书。

（2）文种。即意向书。

2. 正文

正文部分由引言+主体+结尾三部分组成。

（1）引言（开头）。写明订立意向书的依据或指导思想以及双方（或多方）当事人在何时何地由何人就何事进行洽谈，然后用“双方本着××原则，就××

事项达成意向如下”引出主体。

（2）主体。分条列项写明达成的意向性意见。

（3）结尾。写明“未尽事宜，在签订正式合同或协议书时再予以补充”“欠缺部分，另行补足”等语句，以便留有余地。

应写明意向书的份数和报送单位。

3. 结尾

意向书签订各方单位的名称、代表人姓名并加盖公章、私章及日期、意向书的份数和报送单位；再在下方写明日期。

（三）意向书写作注意事项

（1）注意态度要端正，不要以为意向书没有约束力就可随意签订，损害自己的形象。

（2）注意慎重行事，撰写意向书时对关键性问题不宜贸然作出实质性承诺，以免陷入被动。

（3）注意原则性。意向书不要写有违政策法规的内容，也不要承诺属于上级部门和其他部门才能解决的问题。

二、协议书

（一）概念

1. 含义

协议书也写作“协议”，是当事人双方为保障各自的合法权益，经双方或数方共同协商达成一致意见后签订的书面材料，是具有法律效力的记录性应用文。协议书对双方当事人具有约束力，其适用范围很广泛。

广义的协议书是指社会集团或个人处理各种社会关系、事务时常用的“契约”类文书，包括合同、议定书、条约、公约、联合宣言、联合声明、条据等。

狭义的协议书指国家、政党、企业、团体或个人就某个问题经过谈判或共同协商，取得一致意见后，订立的一种具有经济或其他关系的契约性文书。

2. 特点

平等协商性，自愿性，协议效力不确定性，合法性。

（二）协议书写作格式

1. 标题

标题由双方单位名称、事由、协议书三部分组成。有的省略当事人名称或事由，如老年公寓代养服务协议。

2. 正文

协议书的正文由引言+主体+结尾组成。

（1）引言。写出协商目的，常用“为了……经双方协商，签订如下协议：”。

（2）主体。写出达成一致的条款，分条列项表达。协议书内容可以参照《中华人民共和国合同法》规定应包含的条款，与合同写法一样；也可只写当事人协商决定的有关内容。

（3）结尾。签名盖章、地址、电话、传真等，并注明具体日期（年月日）。

三、合同

（一）合同的定义、特点、种类、作用

1. 合同的定义

合同是平等主体的自然人、法人、其他组织之间设立、变更、终止民事权利义务关系的协议（《中华人民共和国合同法》第二条）。

2. 合同的特点

（1）合法性。体现在主体、内容、订立程序、表达形式等各个方面。

（2）协商一致性。双方协商一致才能签约，如需变更需要重新协商，否则乙方擅自改变要承担违约责任。

（3）平等互利性。首先表现在当事人的法律地位是平等的；内容上，等价有偿，各自有利，也要反映当事人各方的责任和义务。

（4）诚信性。在签订合同时，当事人均应做到真诚坦白、实事求是；在履行合同时，做到讲求信誉、恪守信用。

（5）规范性。合同的规范性主要表现在形式的规范和语言的规范两个方面。

3. 合同的种类（表 7-5）

表 7-5　合同的种类

序号	标准	种　类	备　注
1	形式	有表格式合同、条款式合同、结合式合同 3 种	按写作形式
2	期限	有长期合同、中期合同、短期合同 3 种；或者是固定期限合同和无固定期限合同和以完成一定工作任务为期限的劳动合同 3 种	按时间长短，三年以下是短期，三年以上（包括三年）是中长期
3	内容	有买卖合同、供用电（水、气、热力）合同、赠与合同、借款合同、租赁合同、融资合同、承揽合同、建设工程合同、运输合同、技术合同、保管合同、仓储合同、委托合同、行纪合同、居间合同等 15 种	依据《中华人民共和国合同法》规定

4. 合同的作用

（1）合同是社会各方协作发展的纽带。

（2）合同是促进企业经济核算的有效手段。

（3）合同是国家对企业实施监督的重要凭借。

（4）合同是维护当事人的合法权益的有力保障。

（二）合同的写作结构内容

1. 合同写作基本要素

合同分为法定条款和约定条款。法定条款指《中华人民共和国合同法》规定的条款。包括：（1）当事人的法定单位名称或姓名和住所；（2）标的；（3）数量和质量；（4）价款或酬金；（5）履行期限、地点和方式；（6）违约责任和解决争议方式。

约定条款一般指在法定条款之外双方约定的事项，合同当事人各方协商一致的条款，如货物运输的包装要求、保险费用、自然损耗等。

2. 合同写作结构和内容

无论合同写作形式如何，合同写作结构一般由首部+主部+尾部三部分组成。

（1）首部。包括标题、订立合同双方单位名称、合同编号与签订时间地点。

① 标题。主要有以下四种写法：一是合同的内容种类充当合同名称，如买卖合同、租赁合同等；二是合同标的加合同种类，如购买护理床合同、代养合同、

养老合同等；三是单位名称加合同种类，如老年公寓合同；四是混合式写法，如老来乐公寓入住合同。

② 订立合同双方单位名称：在标题下另起一行顶格书写“订立合同双方单位”，并列写上全称或规范化简称，并在后面用小括号括上是“甲方”还是“乙方”，“供方”还是“需方”或“卖方”还是“买方”。

③ 合同编号，可以省略。

④ 签订合同时间地点。

（2）主部。合同正文，由引言+约定条款组成；引言，一般说明订立合同的根据、目的，或直接表示“经双方协商，签订如下合同”；正文，双方约定具体条款，一般围绕合同基本要素展开；署名和有效期限等。

（3）尾部。由有效期限+文本保存方式+落款组成。有效期限指合同生效时间或终止时间；文本保存方式指一式几份，当事人保存的份数；落款是合同特定的内容和格式，由当事人的名称、签章、法定地址、法人代表、银行账号、签约日期和地点组成，签约日期和地点在首部已出现的可省略。如有附件也在尾部标出。

（三）合同的写作要求

（1）内容要合法。

（2）格式要规范。

（3）条款要完备、具体。

（4）表述要准确、简明。

（5）字迹要清楚，文面要整洁。

四、案例指导

[例文1] 意向书

合作培训意向书

甲方：某市卫生职业学校

乙方：某民政局

经双方协商，拟合作举办养老护理员培训班，初步意向如下。

一、培训期30天。2014年7月3日至8月2日。

二、培训学员30名。由乙方选送各养老机构护理员30人，年龄为25~45

岁，初中以上文化程度。

三、培训费 2 万元，由乙方在开班前支付给甲方。

四、甲方提供培训场地、师资、教材、实训设备，并负责教学管理、发放结业证书。

×卫生职业学校（印章）　　　　　　　　　　×市×区民政局

代表：（签字）　　　　　　　　　　　　　代表：（签字）

年　月　日　　　　　　　　　　年　月　日

分析：

这是一份篇幅短小的意向书。结构内容齐全，写法规范。标题采用事由+文种写法，正文先写合作双方单位名称，合作事项；主体写出双方协商达成一致的具体内容，用四个条文形式表述；结尾签署双方单位名称、代表姓名及签署日期。

［**例文 2**］协议书

敬老院合作协议书

甲方：×乡镇敬老院　（以下简称“甲方”）　联系人：×××

乙方：×县职业教育中心（以下简称“乙方”）　联系人：×××

为了发扬青年志愿者“奉献，友爱，互助，进步”的精神，就甲方作为乙方的青年志愿者社会实践合作基地，甲乙双方本着平等自愿的原则，在协商一致的基础上共同签订本协议，并遵照执行。

第一条　总则

为维护甲、乙双方的合法权益，经双方协商，共同达成本协议书的全部条款，并共同守约执行。

乙方在甲方的授权范围内开展相关的志愿活动，不收取任何酬劳。

第二条　授权

在本协议有效期内乙方可在____________________时间范围内于甲方提供的敬老院开展相关志愿活动，服务老人。

第三条　甲方权利

（一）有权根据实际情况对合作计划进行调整与补充，并及时通知乙方。

（二）有权对乙方的志愿服务进行相关工作的指导及纠正。

第四条　甲方义务

（一）为乙方提供志愿服务开展场地。

（二）为乙方提供老人生活状况等相关资料，以便乙方更好地进行志愿服务。

第五条　乙方权利

（一）在甲方授权范围内开展相关志愿服务。

（二）需要甲方提供老人生活状况等相关资料。

（三）若乙方因临时情况无法按时开展志愿服务，甲方应予以理解。

第六条　乙方义务

（一）协助甲方做好相关工作，服务老人。

（二）听从甲方的合理安排。

第七条

协议签订后，双方必须履行相关责任及义务。

第八条

本协议有效期内基于业务运作需要，双方协商共同制定的其他相关制度和书面文件，其效力等同于本协议。

第九条

本协议未尽事项，经双方协商一致签订补充协议，补充协议与本协议具有同等效力。

第十条

协议的解除与终止：任何一方如遇对方当事人违反本合同或不履行合同义务时，均有权单方终止协议，并告知对方确认。

第十一条　其他

（一）本协议一式两份，甲乙双方各执一份。本协议对外不构成甲乙双方的雇佣关系。

（二）本协议自双方签字盖章之日起生效。

甲方：　　　　　　　　　　　　　　　乙方：

责任人（签章）：　　　　　　　　　　责任人（签章）：

日期：　　　　　　　　　　　　　　　日期：

分析：

这份协议书，签订协议目的明确，内容条款比较具体，各自权利与义务表述清晰，未尽事宜可进行协商补充，对双方约束比较宽松。书写也比较规范。

拓展学习

1. 意向书、协议、合同的区别与联系

意向书是签订协议与合同的第一步，多用于经济技术领域，是谈判签约前具有原则性、意愿性、趋向性的意见倾向的书面材料。广义的合同就是指协议，本质上协议与合同一样，狭义的合同指民事合同。所有合同都是协议，但是并非所有协议都是合同。比较而言，协议、合同比意向书更具体、实际；协议简单、概括、原则，合同明确、详细、具体；意向书只具有信用性，不具有法律效力，协议、合同都具有法律约束效力。协议可以作为正式合同的“前奏”，也可作为合同的补充修订，更是常常作为合同来使用。协议书比合同应用范围更为广泛，时间可以更长。

2. 就业协议

就业协议是三方协议，全称为“全国普通高等院校毕业生就业协议书”，是由校方、毕业生、工作单位三方来签订，是具有法律效益的协议书，一般高校会在毕业前夕派发给学生（具体时间由各校制订），此协议一式三份，由该毕业生保留一份用于办理报到、转移行政关系及户口等手续。就业协议的法律效力直至该毕业生到工作单位报到，和该单位签订劳动合同后失效。一般只在毕业生尚未毕业，劳动合同未签订前有法律效力，一旦签订劳动合同就业协议即作废。就业协议是避免毕业生签订多家单位而制订的一个协议性文件，一般对大专以上学生有要求。

任务训练

分析下面这份协议，找出入住老人有哪些权利可以享受？出现什么问题老年公寓不负任何责任？你认为老年公寓这样做是否合适？

老年公寓入住协议书

甲方：×市×老年公寓

乙方：张××

责任担保人：乙方直系亲属或组织单位代表

甲方与乙方及其责任担保人，经充分协商，达成如下协议，望双方共同遵守执行（以下简称“甲方”“乙方”）。

一、甲方责任

1. 甲方为乙方提供居住、饮食及个人生活护理等服务，甲方每月1—5日按时收取寄养费，如遇节假日及休息日依次往后顺延。

2. 甲方设立餐厅供乙方用餐，保证做到清洁卫生，一日三餐按老人要求及时供应面点、饭菜，伙食费乙方自理。

3. 甲方有医疗配套设施，每周定期进行保健检查，免费看病，药费自理。乙方如病必须去医院就诊或住院，甲方负责通知乙方委托的家属办理各项手续，同时甲方对急诊病人采取相应的急救措施，帮助呼叫120急救车送医院治疗或抢救，费用乙方自理。

4. 甲方设立健身房、阅览室、棋牌室等活动场地，免费为住寓老人服务。同时还组织各种有益于乙方身体健康的文娱活动。

5. 甲方服务人员将诚恳、负责、热情、周到地为乙方服务。如有态度恶劣者，将予以辞退或调离本岗位。

6. 根据寄养老人的年龄和健康原因，甲方有权调整老人的护理等级，望乙方积极配合。

7. 因内部管理的需要，甲方有权对寄养老人的住宿房间在同类档次中进行调整。

8. 甲方认真做好安全保卫、环境美化工作，为老人提供一个安全、祥和、优雅的生活环境。

9. 甲方对寄养老人实行非限制性开放型管理，如被寄养人在寄养期间不慎或主动发生事故，导致走失、自伤、自残、自杀或死亡等，甲方不承担任何责任。

10. 甲方每月每人提供20度电供照明使用，其余按抄表数实收，水按10元/人/月收费，有线收视费10元/房/月，多人间5元/人/月。

二、乙方的责任

1. 首次办理入寓手续应一次性交纳医疗保证金3000元和当月寄养综合费××元。老人退离公寓时，保证金如数退还，月综合费不超过半个月，以半个月退费，超过半个月以一月退费。

2. 乙方入寓只需带被褥、换洗衣物、部分床上用品、洗漱用餐用具等，不准自带家具进住房，以免影响住房整洁。公寓备有电器设备，若老人仍需自带电饭煲、电磁炉、电烤炉等功率比较大的电器，其使用不当或引起的事故，由乙方自行承担，公寓只提供第一次入住老人的房间设施设备，若有损坏需老人自配。

3. 乙方不能把贵重物品和数量较大的现金存折等带入公寓，如遗失，甲方不负保管和赔偿责任。未经公寓允许，家属不得陪住。

4. 乙方请假走亲戚、有事外出或住院，在三个月以内者，月寄养综合费照交；但请假在三个月以上者，只缴纳床位费；如乙方不要求保留床位，待再来时服从公寓安排者，月寄养综合费可不交。

5. 乙方损坏公共财产及房间内配套设施，应照价赔偿。

6. 公寓设有公共食堂，禁止乙方私带电磁炉、电饭煲等电器及明火烹饪。如违反，发生意外，一切责任由乙方承担。

7. 被寄养人因病去世后，甲方应及时通知乙方家属来寓处理丧事，如乙方 6 小时内不能应约前来处理丧事，则甲方有权处理遗体，期间发生的所有费用由乙方家属负担。

8. 甲方月寄养综合费将随市场物价变动而进行调整，乙方不得有异议。

9. 乙方应认真履行本协议条款，如有不遵守公寓规定，无理取闹，不按时缴纳月寄养综合费，或发现有隐瞒精神病和传染病史，以及发现患有阿尔茨海默病离开公寓的情况，即将老人送回家，乙方家属不得以任何理由拒绝。如不接走，发生任何意外，本公寓将不承担任何责任。

10. 老人属于骨质疏松症高危人群，极易造成病理性骨折，如寄养老人自身原因发生骨折或其他摔伤的（含特级护理的有活动能力的阿尔茨海默病老人），甲方不承担任何责任。

11. 乙方责任担保人或家属每月应至少来公寓探望一次，以便做好老人的思想工作，便于公寓各项工作的开展。

12. 解除合同关系以办理离寓手续为准，若未办理，期间发生房间费用由乙方自行承担。

三、本协议一式二份，经甲、乙双方或甲方、乙方负责担保人签字盖章后生效。

甲方签字：×市×老年公寓	乙方签字：张××
电话：	电话：
年　月　日	年　月　日

学习测评

学习态度、能力评价。

检测要素		检测内容	完成情况		
			80%	60%	60%以下
理论知识	应知应会	意向书、协议、合同的含义、			
	理解要点	读懂意向书、协议、合同特点、作用			
专业能力	1. 把握意向书、协议、合同格式 2. 符合工作情景 3. 适合工作需要	读懂三者写作格式			
		知道三者之间大致不同			
		理解签订契约文书各自权利和义务，明晰其中利害关系			
老师评价	长处				
	努力方向				
同学评价	长处				
	不足				
自测	我的长处				
	我的不足				
	应该努力方向				

综合练习

一、填空题

1. 养老机构常用凭证性条据有__________、收条、领条、__________。

2. 订货单最好写在______________页，以免被换或被掉包。有的订购函具有____________作用。

3. 说明书一般称为_______________或_______________，有的叫用户手册。说明书一般由_______、正文和__________三部分组成。

4. 合同的规范体现在__________的规范和__________的规范。合同一般有______条款和______条款。

5. 意向书是签订协议、合同的____，多用于经济技术合作领域，具有灵活性、信用性，它可以随____的意向改变，并可随时变更、补充。

二、选择题

1. 养老机构服务宗旨是养老机构简介必备的内容，属于企业简介里面的(　)。

A. 企业概况　　B. 企业文化

C. 企业产品　　D. 企业性质

2. 欧姆龙血压计说明书的标题属于（　　）。

A. 产品名称+说明书　　B. 品牌+商品名称

C. 文种　　D. 品牌+商品名称+文种

3.《中华人民共和国合同法》规定合同种类共（　　）。

A. 2 种　　B. 3 种　　C. 10 种　　D. 15 种

4. 某地产公司与夕阳美老年公寓双方达成合作意向，双方法人代表现场签订意向书，属于（　　）。

A. 单签式意向书　　B. 联签式意向书

C. 换文式意向书　　D. 其他

5. 订货单常见形式有（　　）。

A. 表格式　　B. 订货函　　C. 条款式　　D. 综合式

三、判断并改错

1. 狭义的协议书就是合同。

2. 意向书一经签订，就具有合同的法律效力。

3. 意向书、协议书、合同这三种契约文书中，时效性最长的是协议书。

4. 订货单就是订货合同。

5. 最严谨的说明书是药品说明书。

四、评析以下协议书

网络养老院企业加盟协议书

甲方：__________

乙方：__________

为进一步满足铁西区广大老年人的生活、文化需求，完善我区居家养老服务，为全区加入网络养老院的老年人建立高质量、广覆盖、低成本的居家养老服务体系，经甲、乙双方共同协商，甲方考察批准，现同意乙方加盟甲方服务体系。具体加盟事宜制定如下：

一、合作方式

（一）甲方受政府委托承接辖区内老年人居家养老服务工作。乙方自愿加盟到铁西区网络养老队伍，加盟后依托甲方服务网络平台提供的服务信息，为辖区内的入网老人提供家政类服务。

（二）乙方为独立的法人企业或民办非企业单位（行业协会等），独立核算、自负盈亏。

（三）乙方自行选择经营场所，招募、组织、管理工作人员，承担一切经营费用支出，支配经营所得。甲方依据本协议对乙方加盟后的服务进行监督考核。

二、甲方的权利和义务

（一）甲方负责为乙方划定服务区域，甲方在接到乙方服务范围内老人的服务需求后，由12349平台向乙方派发服务工单。

（二）甲方可以为乙方提供服务区域内的老人居家服务需求资料，调试安装网络通信软件，培训软件使用工作人员。

（三）甲方负责审批乙方申报的服务项目，制定居家养老服务范围、服务规范和服务价格，乙方要提供高品质的低偿、有偿服务，价格公道合理，力所能及地提供一些无偿服务。

（四）甲方负责监督、管理乙方的经营活动是否符合国家有关法律法规、政策规定和合法经营，并负责监督乙方健全相关管理制度。如乙方违反上述之规定而引起法律、经济责任和损失，应由乙方负责承担，甲方无任何责任，甲方有权劝阻和终止本协议。

（五）甲方负责对乙方进行业务指导和考核，考核为月度考核，重点按月考核派工次数、服务时间、服务态度、服务质量、服务价格、服务满意度等。考核通过入户调查、电话询问、亲友邻居走访的形式进行。考核排名靠前的企业给予评星，对于评星等级高的企业甲方将提供更多的合作机会，并作为年底评选“为老服务明星企业”的重要依据。如乙方未按照相关服务规范，引起法律、经济责任和损失，应由乙方负责承担，甲方有权劝阻和终止本协议。

（六）甲方只负责为乙方提供服务信息，乙方在服务过程中如发生纠纷、投诉均由乙方负责。甲方不承担任何责任。

三、乙方的权利和义务

（一）乙方负责办理工商、民政、税务等各项登记手续，按时办理年检工作，所发生的费用均由乙方负责。在工商或民政部门登记的经营范围内合法经营，诚信服务，依法纳税。

（二）乙方具有固定的经营场所，健全的管理规章制度。

（三）乙方负责承接甲方划定服务区域内的老年人居家养老服务，并在接到甲方派送的服务工单后，派出工作人员上门提供服务。

（四）乙方负责保管甲方提供的老人资料，严格保密，未经许可，不得向第三方透露。如有泄露，应接受甲方处罚，并赔偿造成的经济损失，承担相应的法律责任。

（五）乙方负责向甲方申报服务项目，并按照甲方制定的居家养老服务范围、服务规范和服务金额提供服务。因乙方管理不善或违反服务规范造成的乙方工作人员伤亡，由乙方负责赔偿，并承担相关法律责任。

（六）乙方负责工作人员的招募，并按照甲方要求，对工作人员进行统一的培训、注册、考核、管理。因乙方工作人员违法行为造成用户伤亡或财物损失的，由乙方负责相应赔偿，并承担相关法律责任。

（七）乙方负责按照甲方要求统一制作工装、工作牌，统一设计、配备店面门牌、店内海报等。

（八）乙方按照甲方的服务要求或经甲方同意开展服务，并在店面显眼的位置设置甲方监督和投诉电话，接受甲方监督检查。如乙方未按照相关服务规范，引起法律、经济责任，应由乙方自行承担。

（九）乙方必须协助甲方进行服务投诉的调解，接受投诉处理和处罚。如有异议，可在 5 日内向甲方提出申诉，或向有关行政管理部门提出申诉。

（十）乙方在开展业务中要积极维护好甲方的形象，不得从事任何有损甲方形象的活动。如发现乙方违规操作，甲方有权与乙方解除合同并追究乙方的相关责任。

四、违约责任

（一）本协议履行过程中，如无正当理由，任何一方不得恶意终止合作协议，对以上条款如有违约，任何一方可追究违约方的法律责任。

（二）乙方超范围经营或违反本协议规定经营的，或乙方出现下列问题的，经确认后则甲方有权立即终止本加盟协议。

1. 违反国家及行业有关法律、法规的；

2. 无正当理由拒绝执行甲方网络平台下达服务指令的；

3. 违反本协议约定相关事宜的；

4. 服务企业每月连续出现三次以上服务质量投诉事件的；

5. 连续三次考核不合格的；

6. 出现重大工作失误，对甲方公共服务机构形象造成严重损害的。

（三）如乙方经营不善导致无法再继续经营，需提前1~5个月书面通知甲方。

五、其他约定

（一）本协议履行过程中的未尽事宜，双方另行协商解决。如发生争议，双方应尽力协商解决。协商不成的，可向行政主管部门或人民法院起诉解决。

（二）本协议自双方签字或盖章后生效。有效期限为自　　年　　月　　日至　　年　　月　　日。

（三）本协议一式两份，甲乙双方各执一份。

（四）本协议附件包括乙方营业执照及其他经营许可证复印件，法人代表身份证复印件。

甲方签章：　　年　　月　　日

乙方签章：　　年　　月　　日

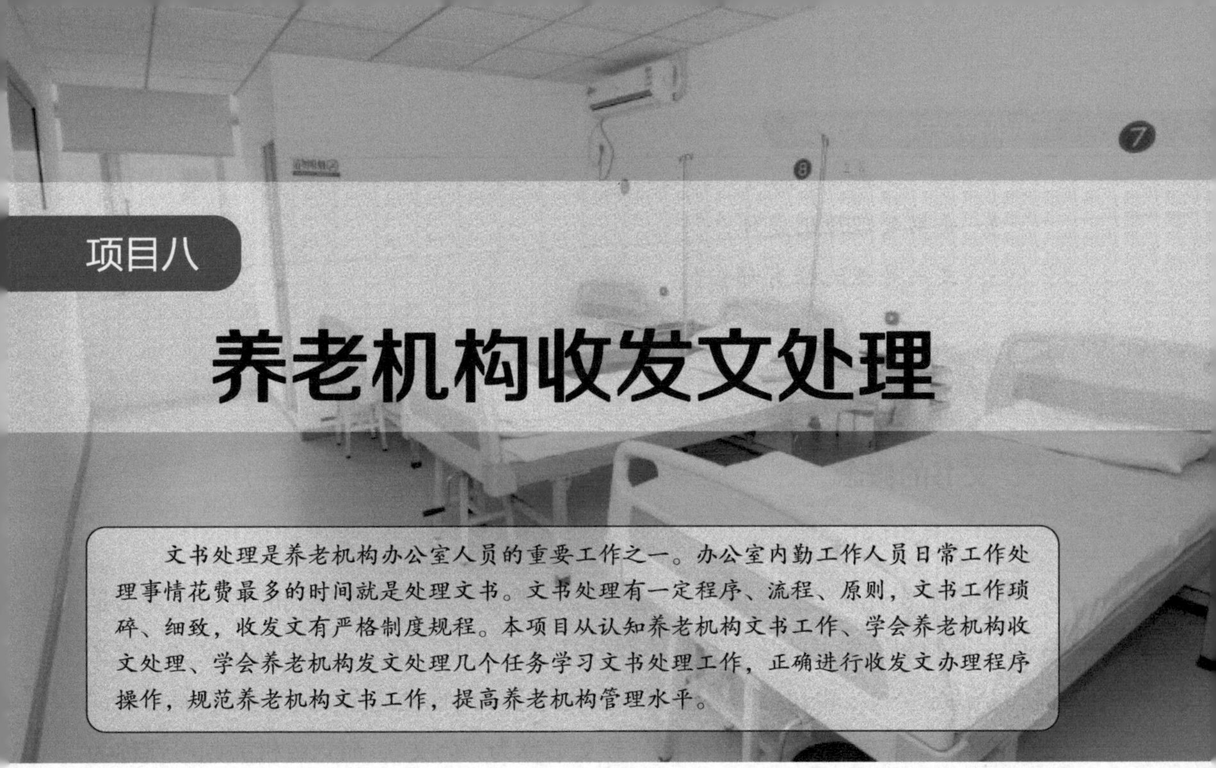

项目八

养老机构收发文处理

文书处理是养老机构办公室人员的重要工作之一。办公室内勤工作人员日常工作处理事情花费最多的时间就是处理文书。文书处理有一定程序、流程、原则，文书工作琐碎、细致，收发文有严格制度规程。本项目从认知养老机构文书工作、学会养老机构收文处理、学会养老机构发文处理几个任务学习文书处理工作，正确进行收发文办理程序操作，规范养老机构文书工作，提高养老机构管理水平。

任务一　认知养老机构文书工作

任务目标

知识目标	熟悉养老机构文书处理基本知识，整体把握文书处理工作任务。
能力目标	知道文书处理流程，掌握文书处理原则和规范程序。
态度目标	培养谨慎、细致、认真的工作态度及求真、求实的工作作风。

案例导入

董娟娟在养老机构办公室实习做文书工作，工作一段时间后，她发现要想处理好每一份文件，并不是像有的人说的“收收发发、抄抄写写”的事务性工作，做每一项工作，都有一定的程序和要求。只有充分了解养老机构的文书工作，熟悉养老机构文书工作程序，才能在文书往来中规范操作，提高办文质量和行政管理效率。

问题讨论

1. 什么是文书处理?

2. 文书处理原则是什么？

3. 文书处理流程有哪些？

知识学习

一、文书的概念

1. 文书、文件、公文

文书、文件、公文（图 8-1）是单位行政管理工作中常见到的名词。文书是一种书面材料，文书的核心和主体部分是公务文书，而公务文书就是公文；公文既包括法定公文，也包括事务文书类的常用公文，而法定公文正是我们通常所说的“文件”。行政机关一般习惯将公务文书称为“公文”，而党政机关则习惯称为“文件”。由此可见，文件、公文、文书在某种意义上是相同的，方向完全一致；使用程度上有一定的重合性，但它们之间也有区别，即文书的外延较大，公文的范围次之，文件的范围较窄。

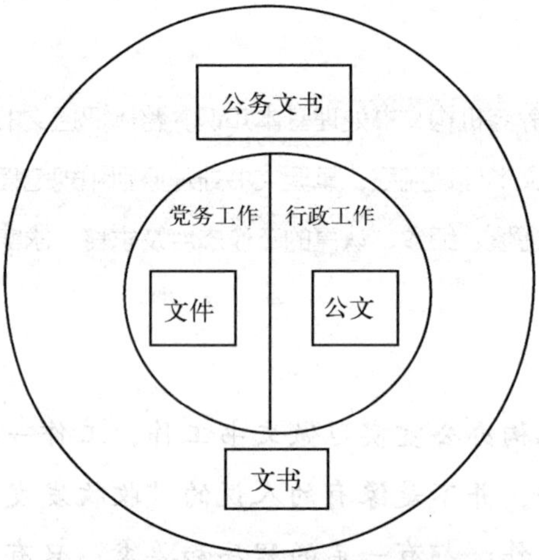

图 8-1　文书、文件、公文

在机关企事业单位工作活动中，常常出现“文书”、“文件”和“公文”这三种概念同时使用的情况。如文书、文书处理、文书工作；文件、文件拟写、文件往来；公文、公文格式、公文立卷等。这些概念有时还可以互为通用。如文书处理也可称为文件处理、公文处理；文件往来也可称为文书往来、公文往来；公文格式也可称为文件格式、文书格式等。

在一般单位工作活动中，文书、文件和公文这三个概念的基本含义是一致的，都是指国家机关及其他社会组织在工作活动中形成和处理的收来文件、发出文件以及机关内部所使用的文件材料，即公务文书。根据不同情况、不同场合，分别使用这三个概念。从这个意义上说，文书、文件和公文三者之间是可以互为通用的。

2. 文书种类

文书按其使用者的身份，可以分为私人文书和公务文书。私人文书是个人或者家庭、家族在其活动中形成和使用的文书，如书信、日期、自传、遗嘱、家谱、著作手稿、房契、地契等。公务文书即公文，也称为狭义的文书。

3. 公文种类

按照作用可以将公文分为通用公文和专用公文两类。通用公文是各个领域的机关和部门普遍使用的，反映领导和行政管理活动的文件材料。通用公文又可以分为法定公文和非法定公文两类。按行文方向可以将公文分为下行文、平行文和上行文；按照功能性质可以将公文分为法规性公文、指挥性公文、部署性公文、知照性公文、报请性公文、批答性公文和奖惩性公文；按照时限要求可以将公文分为紧急文件和平件；按照保密程度可以将公文分为保密公文和普通公文；按照来源和使用范围可以将公文分为外发文件（发文）、收来文件（收文或来文）和内部文件三种（表 8-1、表 8-2）。

表 8-1　文书常见分类

序号	标　　准	名　　称		备注说明
1	作用	通用公文	法定公文	新《条例》规定的公文 15 种，规范程度最高
			非法定公文	
		专用公文	经济文书	事务文书
			司法文书	
			军事文书	
			科技文书	

续表

序号	标准	名称		备注说明
2	行文方向	上行文	请示、报告、上行意见	向隶属关系的上级单位行文
		下行文	命令（令）、决议、指示、决定、议案、通知、公告、通告、通报、意见、会议纪要、批复等	向隶属关系的下级单位行文
		平行文	函	向平级或不相隶属关系的单位行文
3	保密程度	绝密公文	保密文件	保密程度最高
		机密公文		保密程度次之
		秘密公文		保密程度最低
		普通公文	单位内部公文	
			对外发布公文	
4	紧急程度	特急	紧急文件	紧急程度最强
		加急		紧急程度次之
		平件	普通文件	普通公文
5	来源	收（来）文	外部发来的文件	外单位发来
		发文	对内发布	内部制发
			对外发布	对外制发

表 8-2　企业文书一般分类

序号	名称	备注说明
1	常用法定公文	新《条例》规定的 15 种公文
2	事务文书	计划、总结、简报、会议记录、消息、规章制度等事务性文书，也称常用公文
3	专用书信	介绍信、证明信、表扬信、感谢信、求职信、辞职信、申请书等
4	礼仪文书	请柬、邀请函、致辞、贺信、讣告、悼词、墓志铭等文书
5	经济文书	说明书、企业介绍、订货单、契据、意向书、协议书、合同、广告、海报等文书

二、文书的稿本

1. 文书的文稿

文书的文稿包括草稿和定稿两种。

（1）草稿。供讨论、审核、修改、签发，一般文稿内容不够成熟。按修改次数可分为一稿、二稿、三稿；按作用和特点分为讨论稿、征求意见稿、修改稿、送审稿等，一般在文件标题后用括号标出。如《宁波市居家养老服务机构建设和运营资金补助办法（征求意见稿）》。

（2）定稿。定型文稿或正式文稿，是印制正式文件的标准和依据。定稿是印制公文文本的唯一依据，是日后工作查找的直接凭证，与公文的存本归档保存。一般不用括号标出。

2. 文书的文本

文书的文本包括正本、副本、存本三种。

（1）正本。按定稿制发具有法定标准格式的正式文件文本。按内容和时间等因素又可分为定型本、试行本、暂行本、修订本和不同文字的正本。试行、修订、暂行一般在标题中出现，有的加上括号标出，而定型本一般不用标出。如《沅陵县基本养老服务补贴制度实施办法》是湖南沅陵县基本养老服务补贴制度实施办法的正式文书文本；南京市民政局文件（宁民规〔2014〕1 号）《南京市居家养老服务管理办法（试行）》与《南京市社区居家养老服务标准（试行）》中的括号“试行”两字标出了该文书的正本文本是试行本；上海市民政局关于印发《上海市养老机构管理和服务基本标准（暂行）》的通知标出了该文书的正本文本是暂行本。

（2）副本。又称抄本，根据正本复制、誊抄的文本，现在多为复制本。与正本内容完全相符统称为副本，如果只是正本的部分内容则称为摘录副本或节录副本。如国家民政部规定，养老机构设立许可证有效期 5 年，在有效期届满 30 日前，养老机构需要带养老机构设置批准证书（副本）、企业营业执照（副本）、法人登记证书（副本）等文书材料到原许可机关申请换发。养老机构合同协议也多是一个正本几个副本。

（3）存本。指发文单位留存归档的正本的样本。一般不盖印章或签发，留存一般在一两份到三五份不等，与定稿一起存档，形成存本，以备查考核对。

三、文书的制度

文书制度有行文制度、三审三校制度、用纸制度、用印制度、收发文登记制度、传阅制度、保密制度等。这里只介绍行文制度，其他制度放在具体的流程中介绍。

行文制度包括行文关系、行文方式、行文规则三个方面。

1. 行文关系

行文关系包括文件往来关系、授受关系、隶属及非隶属关系。

（1）上行关系：一般来说，具有直接隶属或业务管理关系的下级机关单位和上级机关单位之间才能形成文件的上行关系。

（2）下行关系：一般来说，具有直接隶属或业务管理关系的上级机关单位和下级机关单位之间才能形成文件的下行关系。

（3）平行关系：是指平行机关或非隶属机关之间的行文关系。平行机关：互不隶属但隶属于一个共同上级机关或在业务上互不管理但受一个共同的上级主管机关管理的机关。不相隶属机关：泛指相互间没有隶属关系或业务管理关系，并且也没有直接共同上级的机关单位。

2. 行文方式

（1）下行文：逐级下行文（常用）；多级下行文；直达公民（通过媒介报刊、影视广播、网络等公开）。

（2）上行文：逐级上行文（常用）；多级上行文；越级上行文（突发、紧急、重大等情况下）。

（3）平行文：平级单位或不相隶属单位之间。在一省范围内，某县或区民政局与所属市民政局、市民政局与省民政厅、省民政厅与民政部均为上下级关系，省市县所直属的敬老院、福利院、老年公寓、养老院为直接上下级关系，可直接向上或向下行文。一般民办养老机构归属所在县区民政局管辖。

3. 行文规则

（1）行文应当确有必要，不越级行文。

（2）政府各部门不能向下一级政府正式行文。

（3）联合行文要求级别相同、协商一致。

（4）向下级或本系统的重要行文应当同时抄送直接上级机关。

（5）请示、意见、报告注意事项：请示和上行的意见应一文一事；一个主送机关；不能抄送下级；报告中不能夹带请示。

在具体办理行文的工作时，应遵循以下原则：各级机关、单位应根据其隶属关系及职权范围行文；一般情况下不得越级行文；向下级机关或系统内的行文需抄报上级机关并抄送同级相应平级机关。要正确确定抄送机关；需各级机关、单位协调一致的事项，未经协调一致不能单独发文，联合发文须经会签；必须正确使用文书种类，确保行文质量；经公开发布的党和国家公文，如公告、通告等应视为正式公文，遵照执行，可不再行文。

四、文书工作内容与程序

1. 文书工作内容

文书工作内容包括文书拟制、文书的收发文处理、文件管理。

2. 文书工作的环节

文书工作包括三个环节：公文的形成——初始环节；文书处理——中心环节；文书管理——归结环节（整理归档）。文书整理包括办毕文件的初步整理、系统整理和归档。每一环节又包含着若干个互相衔接的工作程序。

3. 文书工作程序

（1）文书的拟制：初始环节，包括三个环节，即草拟、审核、签发。

（2）文书处理：核心环节，包括收文处理、发文处理程序。

（3）文书管理：归结环节，包括整理归档和清退销毁。

五、文书处理概念

1. 含义

文书处理，是单位对收到与发出的文书进行的处理，又称文件处理或公文处理。文书处理是指公文拟制、办理、管理等一系列相互关联、衔接有序的工作。文书拟出后，只有经过处理，才能完成它的使命。

2. 文书处理特点

程序性、规范性、政治性。

3. 文书处理的原则

新《条例》规定，公文处理工作应当坚持实事求是、准确规范、精简高效、安全保密的原则。

4. 文书处理的流程

文书处理的详细流程如图 8-2 所示。

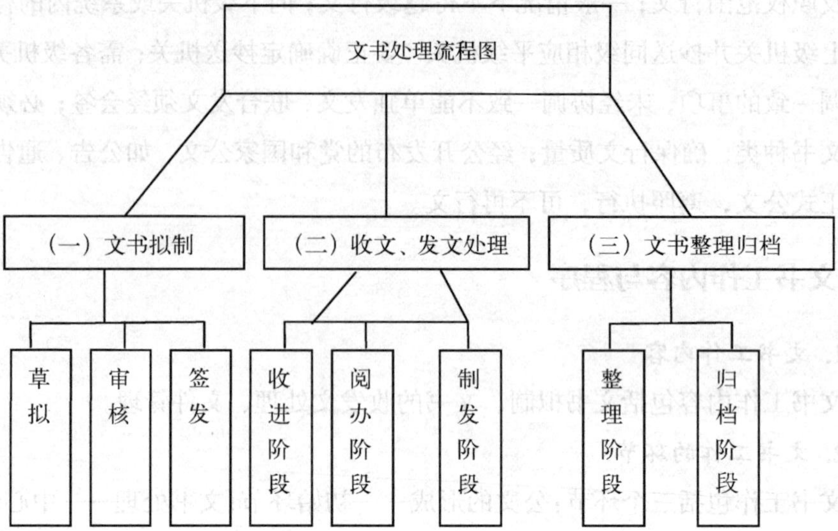

图 8-2　文书处理流程

六、养老机构文书工作案例指导

［案例 1］

六安市裕安区民政局办公室收到市民政局发来的公文。阅读下面公文，从文书工作角度按不同标准对其进行分类。

关于表彰 2014 年度全市文明敬老院和优秀敬老院院长的通报

各县区民政局、叶集试验区民政局：

2014 年，在各级党委、政府的高度重视和社会各界的配合支持下，我市敬老院建后管养工作成效显著。按照《农村五保供养服务机构管理办法》和《安徽省农村五保供养服务机构管理细则》规范要求，全市敬老院的规划建设、管理服务水平都得到了进一步发展和提升。为表彰先进，鼓舞干劲，通过乡镇推荐、县区初审、市局研究决定，对在 2014 年度五保供养工作中表现突出的单位和个人予以通报表彰，文明敬老院给予 3 万元经费补助，优秀敬老院院长给予每人 1000 元物质奖励。

希望受表彰的单位和个人，再接再厉，其他单位和个人要学习先进，立足实际，与时俱进，开拓创新，为促进我市五保供养工作再创佳绩。

附：1. 2014 年度全市文明敬老院名单

2. 2014 年度全市优秀敬老院院长名单

六安市民政局

××××年××月××日

分析：

这篇公文从来源看属于收文；发文单位是六安市民政局，收文单位是六安市裕安区民政局。从隶属关系上看是上级给下级的行文，裕安区民政局业务主管隶属于六安市民政局，行文方向是下行。从公文范畴看属于法定公文范畴；从公文制发机关看，属于行政公文。附件有两个：一个是 2014 年度全市文明敬老院名单，另一个是 2014 年度全市优秀敬老院院长名单。文件的标题是“关于表彰 2014 年度全市文明敬老院和优秀敬老院院长的通报”，文种是通报，属于表彰通报；主要内容是对评选出的 2014 年度五保供养突出的文明敬老院、优秀敬老院院长予以通报表彰并奖励。

［案例 2］

小英是某养老院办公室的秘书，办公室主任负责行政事务兼司机，每天负责督查养老院情况，陪领导外出，文稿收发由小英全权负责。人们看到她都是忙忙碌碌，常常在一堆一堆的文件材料中翻来找去，抽屉里、桌面上到处可看到文件材料，领导要个文件她总是穿梭在办公桌与文件柜之间找来找去才找到，写好文稿请示院长，院长批示后，她就拿回来赶紧打印出来，交给办公室主任，主任盖上章就发出去。

分析：养老机构的办公室文书工作，不只是简单的收和发的工作，收发文是有一定程序和规范的。

作为养老机构办公室文员，要做好文书工作需要注意以下几个方面。一是建立收文登记，对所有收到的公文的时间、应阅知的人员、文件存放在何处等做好详细记录。二是应多了解公司主要人员的业务范围，及时把文件送到他们手里。尤其应当注意的是，文件阅办范围，即考虑文件应当由哪些人知道，不能由哪些人知道，只能由哪些人知道等。三是建立发文登记，对所有对外发放的文件的时间、签发人、发往单位、发放时间等做好详细的记录备查。按收发文程序进行收文、发文，及时整理归档，不仅可以节省办公空间，而且能够尽量避免将正在办理的文件错误地混合在已办理完成的文件中，还可防止文件丢失，使办公室文秘工作井井有条，效率提高。

任务训练

训练一：学会文件归类

请将下列养老机构文书分别归入事务文书、礼仪文书、经济文书、法定文书（结合以前所学项目任务，可参考本书目录）。

1. 关于××市××区老年公寓建设项目的请示
2. ××老年公寓简介
3. 重阳节贺信
4. 养老市场调查报告
5. ××市民政局关于同意筹建“××老年公寓”的批复
6. 致全州老年朋友慰问信
7. 老年公寓2014年消防工作计划
8. ××镇敬老院关于消防及食品安全的情况报告
9. 关于举办老年公寓连锁开发与运营服务现场交流会的通知
10. ××为失独老人建立养老院
11. ××老年公寓工作简报
12. ××市居家养老服务条例
13. ××老年服务中心订货单
14. 养老机构设立许可办法
15. ××老年公寓补贴申请书
16. ××市养老服务协会章程
17. 养老院护理员日常操作规程
18. 开办老年公寓申请书
19. 养老机构管理办法
20. 养老院介绍信
21. ××老年公寓托养协议

训练二：识别文件稿本

指出下列文件属于文书的哪种稿本。

1. 国发办〔2015〕3 号文件《关于增加机关事业单位离退休人员离退休费的实施方案》

2. 国家子生计生委办公厅关于印发《养老机构医务室基本标准（试行）》和《养老机构护理站基本标准（试行）》的通知

3. 关于印发《六盘水市农村养老服务机构管理暂行办法》的通知

4. 海南省城镇从业人员基本养老保险条例实施细则（2014 年修订）

5. 养老机构设置批准证书（副本）

6. 常德市社会养老服务机构经费补助实施办法（讨论稿）

7. 保监会《关于开展老年人住房反向抵押养老保险试点的指导意见（征求意见稿）》

8. 民政部 2014 年养老护理员职业技能鉴定工作报告（征求意见稿）

9. 养老机构老人安全风险及防范（修改稿）

10. 关于《张家港市居民基本养老保险实施办法（送审稿）》征求意见的通知

训练三：知道行文关系和行文方向

判断下面单位之间行文关系并确定行文方向。

1. 河北省民政厅发文给国家民政部

2. 国家民政部发文给北京市民政局

3. 石家庄市民政局发文给河北省民政厅

4. 石家庄市老年公寓发文给石家庄市民政局

5. 河北省民政厅发文给河北省财政厅

6. 河北省物价局发文给河北省民政厅

7. × 市长安区民政局发文给爱欣养老院

训练四：上网查阅自己所在学校公文处理流程

学习测评

学习态度、能力评价。

检测要素		检测内容	完成情况		
			80%	60%	60%以下
理论知识	应知应会	了解文书工作内容与流程			
	理解要点	清楚文书含义、特点、种类，行文制度，文书工作程序及要求			
专业能力	1. 把握文书处理工作任务 2. 符合工作场景 3. 适合工作需要	能恰当分辨并归纳常用文书类别			
		能准确判断文书文稿			
		能判断文书使用行文关系与行文方向			
		能说出文书办理主要内容			
老师评价	长处				
	努力方向				
同学评价	长处				
	不足				
自测	我的长处				
	我的不足				
	应该努力方向				

任务二　按照收文办理程序处理收文

收文处理是对外单位发给本单位的所有文书进行处理的一系列程序性工作。收文办理程序是文书运转处理流程的第一个程序，其办理效率和质量影响着公文的正规性、处理的速度，在文书运转处理流程中处于重要地位。收文办理有两个阶段：一是收进阶段，包括签收、登记、初审三个环节；二是阅办阶段，包括承办、传阅、催办、答复四个环节。

任务目标

知识目标	知道收文办理程序及各环节要求。
能力目标	能按收文办理程序进行收文处理。
态度目标	养成严谨、规范操作的工作作风和习惯。

案例导入

董娟娟在养老机构办公室实习时，每天都会收到民政局等外单位发给养老院的一些公务文件和材料。原以为每天到收发室之后，人家给什么自己拿着就行了，让签字就签下字，过过数，确定没错，就抱回办公室，看见写着办公室收的就交给办公室主任，写着院长收的信函就跑去拿给院长。但是有文书处理工作经验的老员工告诉她：要想做好办公室文件的接收和管理工作，应按照收文办理程序要求收文，才能更好地完成办公室文书工作。

问题讨论

1. 什么是收文办理？有哪几个阶段？

2. 收文办理程序有哪些环节？核心环节是什么？

3. 收文环节顺序是否可以打乱？

知识学习

一、收文办理内涵

收文处理是对收到文书的办理与管理的活动。2012 年《党政机关公文处理工作条例》规定，收文办理程序包括签收、登记、初审、承办、传阅、催办和答复七个环节。

收文处理分为收进和阅办两个阶段。

二、收进阶段

收进阶段包括签收、登记两个环节。

1. 签收

对收到的公文应当逐件清点，核对无误后签字或者盖章，并注明签收时间。办公室工作人员的签收工作如下。

（1）清点。清点公文件数，尤其注意清点绑在一起的文件材料，分清责任。

（2）检查。检查包装、核对封面书写内容，检查是不是送给本单位的，不是送给本单位的要退回，以防拿错。

（3）签字。签署收件人姓名和收到日期，字迹要工整、清晰，要写全名，不能只签姓。

2. 登记

登记是文书工作的重要环节和程序，对公文的主要信息和办理情况应当详细记载。办公室文书登记工作主要如下。

（1）制作收文登记表（簿册）。一般采用装订成册的簿式登记和未装订成册的单页卡片式登记两种。簿式登记一般为 16 开纸，双面印刷，年终分类装订成册（表 8-3）；卡片式登记纸张比较随意，一般要小些，32 开或更小些也可以（表 8-4）。

表 8-3　收文登记簿（账页）样式　　　　第 1 页

序号	来文单位	标题	文号	份数	签收人	收文日期	备注

表 8-4　收文登记卡样式（联单）

<table>
<tr><td>收到日期</td><td></td><td>收文编号</td><td></td><td>来文机关</td><td></td><td>文种</td><td></td></tr>
<tr><td>发文字号</td><td></td><td>份数</td><td></td><td>附件</td><td colspan="3"></td></tr>
<tr><td>标题</td><td colspan="7"></td></tr>
<tr><td>承办单位</td><td colspan="7"></td></tr>
<tr><td>处理情况</td><td colspan="7">领导批示：

传阅时间：</td></tr>
<tr><td>承办结果</td><td colspan="7"></td></tr>
<tr><td>签收人</td><td colspan="2"></td><td>备注</td><td colspan="4"></td></tr>
</table>

注：联单一般附在收文上面，随收文运转。

（2）及时填写登记内容。主要是文件编号、来源、标题、份数、去向等，以保证文件的收受和处理，便于对收文数量进行统计与日后查找利用。

收文登记簿一般由单位内负责文件收发的部门（多为办公室）使用。

登记的注意事项如下。

① 字迹工整清楚，便于辨认、查找。

② 登记项目要逐格填写，不得随意涂抹。

③ 登记标题要完整，不可随意简化。如无标题，可根据内容作简短摘要。

④ 对有专门性质或保密的文件，要进行专门登记，做好保密和督查工作。

⑤ 登记后的文件，应填好收文备注或编号，以防丢失。

3. 初审

对收到的公文应当进行初审。由单位资深秘书或办公室主任进行初审。重点审核如下内容。

（1）是否应当由本机关办理。审核是否属于本单位职权范围内需阅知或办理的事项，如系误送应立即退回发文机关，不要擅自处理，代转发文。涉及其他地区或者部门职权范围内的事项是否已经协商、会签，是否符合公文起草的其他要求。

（2）是否符合行文规则。审核是否按照新《条例》“第四章　行文规则”或本项目任务一中的行文规则办理。

（3）文种、格式是否符合要求。审核是否按照新《条例》“第二章　公文种类”、“第三章　公文格式”或本书项目二中公文格式规范要求办理。

养老机构规模较小的办公室一般只设 1 人，签收、登记和初审工作都可由这 1 个人做。经初审不符合规定的公文，应当及时退回来文单位并说明理由。

三、阅办阶段

阅办阶段包括承办、传阅、催办、答复四个环节。

1. 承办

承办是收文处理的核心环节和关键内容。

阅知性公文应当根据公文内容、要求和工作需要确定范围后分送。批办性公文应当提出拟办意见报本机关负责人批示或者转有关部门办理；需要两个以上部门办理的，应当明确主办部门。紧急公文应当明确办理时限。承办部门对交办的公文应当及时办理，有明确办理时限要求的应当在规定时限内办理完毕。

一般是单位办公室主任承办具体工作或协助其他部门开展工作。

（1）确认承办范围。属于自己办理范围的，提出拟办意见。

（2）按批办意见办理。批办即请领导做出批示意见。

（3）及时、快捷办理公文。

（4）依据规章办理公文。

（5）签注公文办理结果，即注办。注明办理结果，如“已在本周内向全体职工传达”。对传阅文件办理，对需要复文的办理以及对传达文件的办理，可用“已阅”“已办”“办毕”“已复文”“已传达”等。一般应填写文件处理单，参见表 8-5 中文件处理单的样式。

表 8-5　文件处理单样式

来文单位		来文日期		文号		份数	
收文日期：　　年　月　日							
文件标题：							
附件：							
主办部门：							
拟办意见：							
批示意见：							
处理结果：							

以簿册式登记，要求承办或回复的文件，必须填写文件处理单，由具体主管部门提出拟办意见，领导提出批办意见。文件处理单附在所收文件上随文件运转和归档。

2. 传阅

根据领导批示和工作需要，办公室主任或机要人员应将公文及时送传阅对象阅知或者批示。有两种传阅收文：一是阅知收文，不需要具体执行，只需要领导或有关人员阅读了解的文件，要在收文上附上文件传阅单；二是阅办或阅批文件，需要具体落实、办理或给予答复办理的文件，要经过拟办、传阅、批办、承办等处理环节（表 8-6）。

表 8-6　文件传阅单样式

来文单位		来文日期		来文字号	
来文标题				文种	
附件					
传阅人签名	传阅时间		备注		

3. 催办

及时了解掌握公文的办理进展情况，督促承办部门按期办结。紧急公文或者重要公文应当由专人负责催办。

催办一般有对外催办和对内催办两种，办公室工作人员一般应重点做好对内催办，对外催办一般由单位主管业务部门负责（表 8-7）。

表 8-7　催办记录单样式

来文单位		发文字号	
收文日期		密级	
收文单位		收文字号	
文件标题（内容）			
交办日期		承办期限	
主办单位			
领导批示	签名 日期		
催办记录			

有三类文件需要催办：一是单位领导指定必须催办的文件；二是有明确时限要求，需要按期办复的文件；三是需要处理结果和回复的文件。

常用的催办四法包括电话催办、发文催办、会议催办、登门催办，最有效的催办方法是登门催办。

4. 答复

公文的办理结果应当及时答复来文单位，并根据需要告知相关单位。答复外单位来文进行发文，进入发文办理程序。

四、收文办理流程

收文办理的具体流程见表 8-8。

表 8-8 收文办理具体流程

序号	环节	办理人员	办理事项	阶段细节	阶段	备注
1	签收	前台秘书（收发）	清点、查看 签字、收取	收进三环节	收进	外收发到内收发 办公室秘书到主任
2	登记	办公室秘书	拆封、登记 登记收文登记簿			
3	初审	办公室主任	审核、分送 填写文件处理单			
4	承办	拟办——办公室主任或业务部门负责人	填写拟办意见	文件的阅办——“三办”	阅办	拟办意见填写注意使用“拟请”“拟派”等词
		批办——主管领导或经理	填写批办意见			
		具体承办	主办部门按批办意见办理			
5	传阅	办公室主任或业务部门主管人员 局长或经理级别人员	办公室主任或业务部门主管递送文件 单位顶层领导或顶层级别人员阅读文件并在文件传阅单上签字	阅件的办理——阅知		注意递送和收回文件
6	催办	办公室秘书或主任	填写催办文件记录单 注明文件处理结果	办毕		注意方式方法
7	答复	办公室秘书或主任	进入发文处理程序	办毕		

五、收文办理案例指导

［案例 1］收进文件

某养老机构办公室人员小王到收发室接收一份文件，上面写“×老年公寓收”。他仔细查看一下邮件封套，单位名称、地址都没错，发现外面封套边儿有些打开，便问了一下收发张师傅，其说邮递员送来时就这样；邮递员说，可能边上粘的胶不匀，运转中干了些，一动就开了一点。小王又仔细查看了一下，整体上看确实是没有打开过的，于是在收发室登记本上用签字笔签下自己名字，取走邮件。回到办公室，把信在桌上磕了十几下，尽可能使信纸沉落下去，然后取出剪刀，小心翼翼地剪开了信封。把信封内的文件展开，盖上日戳，仔细核对，进行初审，再用回形针把文件和信封别住。填写收文登记基本内容，做好备注，将文件交给办公室姜主任。

分析：

小王是内收发，张师傅是外收发。小王收文时仔细检查、清点、核对，发现问题后搞清原因，然后签字取回，小心拆封，仔细审查，进行登记，交给办公室主任，完全按照收文办理程序收进阶段处理收文，规范、准确，责任清楚。

［案例 2］阅办文件处理

安邑老年公寓近日收到区民政局下发的文件——《关于加强养老机构安全卫生大检查的通知》，要求辖区各民办养老机构首先进行自查，并将今年的安全卫生保障措施进行上报予以回复。在老年公寓工作的办公室文员小文，应该先做哪些工作，才能保证文件畅通流转？怎样才能顺利将文件进行下发和传阅，完成回复？

分析：

首先，小文要按照文件的内容、性质和办理要求，及时、准确地将其送给有关领导、有关部门和承办人员阅办。其次，在递送文件时，按照收文办理程序规范操作。要注意先交给主要领导或负责人进行批办，由他们提出处理意见或批办意见进行分发办理。收到的文件主要涉及养老机构安全卫生问题，因此应先交给机构主管安全卫生工作的经理或副经理审阅，领导签批意见后再交给相关部门负责人传阅或具体办理，如果有具体时间节点办理要求，注意提醒有关领导催办。文件办理完毕，要记得在收文登记卡处理情况（结果）栏注明“已办理并已上报材料”，然后归档，此文件流转完毕。

拓展学习

1. 内收发与外收发

收发：指文件的收进和发出，是本单位与外单位往来行文的“关口”，收发工作由单位指定收发人员和文书工作人员负责。一般单位收发室有专人负责管理封装好的文件的收进与发出，称为外收发，外收发负责接收邮局送来的文件及信函邮件。单位的办公室及各个部门文书工作人员负责本部门有关业务往来文件的拆封、装封和分发工作，称为内收发。内收发从外收发处领取文件信函，做好清点、查收、拆封、登记等工作。写明由某领导人“亲启”或“亲收”的邮件，应交其本人启封。

2. 误拆信件的处理

小王是某外资公司秘书。一次，他不小心误拆了外方总经理的私人信件，而且信里写的是总经理极其不愿他人知晓的隐私，这可如何是好呢？

小王当时想，事情既然已经发生了，就要勇于面对，不可藏匿不交，更不可私自拆毁。误拆信件只是工作事故，而藏匿或拆毁则是道德甚至是法律问题了。当务之急是先解决问题，然后再分析原因。于是他紧急采取了如下步骤。

发现误拆，当即停止阅读，并保证不把已看到的内容告诉任何人。把信纸按原样折叠好，放回信封。取一张便签贴，上面写上“抱歉，误拆”，并签上自己的姓名。然后将这张便签贴在信封上。在每天规定的传送邮件的时间里，把这封错误开拆的信放在其他的邮件中间，一并送入总经理办公室，如办公室无人，当面向总经理道歉，若办公室有其他人在，则过后道歉。

借助这一方式，小王虽然受到了总经理的严厉批评，但最后也得到了总经理的谅解。事后，小王及时总结经验教训。小王承认，发生误拆信件的事情，主观上是自己工作不认真、太大意所致，今后要增强工作的责任心，以避免类似事情的发生。客观上，是来信人没有按照一定的规范标明私人信件。这需要学习识别哪些是没有标明性质的私人信件。小王得出如下经验：一是留意哪些人经常给总经理写私信，那么这些人的来信即便没有标明信件的性质，也不会贸然误拆。二是学会辨别公务信件和私人信件的差别。一般来讲公务信件是打印的，而私人信件是手写的；公务信件的信封是白色的，私人信件的信封是多种颜色的；公务信封往往印有单位的名称和地址，而私人信封往往是公开出售的普通信封。三是当拿不准是公务信件还是私人信件的时候，请领导来定夺。

任务训练

训练一：处理收到的邮件——文件收进

1. 实训目标

通过本实训掌握处理收到邮件的程序和方法。

2. 实训情景

秦琴是某老年公寓总经理的秘书，一清早进入办公楼，就收到了前台一大摞的邮件。进入自己的办公室，略微整理了一下，秦秘书就坐在自己的办公桌前开始工作了。

秦琴数了下信件的数量，一共 21 封。其中，有 3 封信是人事部的，7 封信是行政部的，1 封信是财务室的，1 封信写着教育科，但公司没有这个部门，只有 1 个培训部，1 封是老年活动中心的来文，1 封是民政局的来文，1 封信上写总经理亲启，2 封是总经理办公室的，剩下的 4 封是报纸杂志，其中有一封是经理订阅的《健康之友》杂志。

清点完毕，没有问题。接着进行拆封，在拆信前，她先把信拿到光亮地方照了下，一封信的信纸叠得几乎与信封一样大小，她小心翼翼地剪开了信封，其他的依次拆封。

其中，一封信写明有三份附件，但秦琴仔细检查，只找到两份附件；民政局的是一份会议通知（内附一张会议回执单）；老年活动中心的来文是老年书画展的邀请函，还有一封是咨询老年公寓服务设施、服务内容的读者来信。

处理完毕后要做的是收文登记工作。

3. 实训内容

按照实际要求演练处理邮件的过程。

4. 实训要求

（1）自由结组，4~6 人一组，选出小组负责人，进行分工分角色，然后分头进行准备工作，到时上台展示。

（2）小组分角色演示这个场景，展现出材料里出现的所有环节。包括签收、拆封、登记、处理等环节。

（3）小组分角色展示秘书的实际做法。

（4）小组成员专人讲解这个做法的道理。小组负责人进行解说，演示完毕，小组进行自评。小组成员一起讨论这个场景出现的问题和不足以及拓展的思路。

（5）其他组进行评价，教师点评。

训练二：具体收文处理——文件阅办处理

1. 实训目标

通过本实训掌握收文处理的程序。

2. 实训情景

2014年3月10日早上，×市养老地产有限公司办公室收到了省房地产业协会发来的一份关于召开2013年度全省房地产开发企业工作会议的通知，得知该协会将于10月20日在×市金鼎大酒店举行。

办公室梁主任将文件交给了办公室秘书小朱，让他来处理。小朱收到文件后赶紧进行收文登记，文件核查，填写收文登记簿，然后取出文件处理单填上基本内容。小朱马上带着处理单去找梁主任，梁主任在拟办栏内写好了拟办意见，告诉小朱交给江总审批（拟办内容："拟请信息中心参加会议，妥否，请江总批示"）。小朱准备去江总办公室找江总审批，可是此时江总正在会客，小朱怎么办？

下午，小朱从江总办公室取回了文件（领导批示意见："同意。请信息中心潘主任与会。）"江总让信息中心潘主任参会。梁主任就吩咐小朱，通知潘主任参会，并嘱咐小朱催办。10月21日，潘主任参会回来，在文件处理单上填好结果（办理结果、办理日期、相关内容），然后将处理单和通知原件一起交给了小朱。

3. 实训内容

按照实际要求演练文件处理的过程。

4. 实训要求

（1）自由结组，4~6人一组，选出小组负责人，进行分工分角色，然后分头进行准备工作，上台展示。

（2）演示这个场景，展现出材料里出现的所有环节，包括签收、登记、初审、拟办、批办、承办等环节，要有实际文字实物。

（3）小组负责人进行解说，公文处理过程中使用的各种工具，应说明其具体功能。小组成员专人讲解这个做法的道理。

（4）分角色演示这个场景，展现出材料里出现的所有环节。

（5）展示秘书小朱的实际做法并说明所填写的内容。

（6）演示完毕，小组进行自评。

小组成员一起讨论这个场景出现的问题和不足以及拓展的思路。

（7）其他组进行评价，教师点评。

学习测评

学习态度、能力评价。

检测要素		检测内容	完成情况		
			80%	60%	60%以下
理论知识	应知应会	收文办理的含义、阶段、各环节作用			
	理解要点	收文办理程序流程			
专业能力	1. 把握收文办理工作任务 2. 符合工作场景 3. 适合工作需要	能说出收文办理主要环节及工作要求			
		熟悉并能说出收文程序每一环节的具体工作要点			
		能按照收文办理程序熟练规范地处理文件			
		在收文工作演示中能与同学协作配合			
老师评价	长处				
	努力方向				
同学评价	长处				
	不足				
自测	长处				
	不足				
	应该努力方向				

任务三　按照发文办理程序处理发文

发文办理是养老机构答复外单位来文或根据工作需要向外单位主动发出文件的过程。发文工作包括公文拟制和公文制发。发文办理程序主要是公文的制发，包括复核、登记、印制、签发 4 个环节。

任务目标

知识目标	知道发文办理程序及各环节要求。
能力目标	能按发文办理制度进行发文办理。
态度目标	养成严谨、规范操作的工作作风和习惯。

案例导入

董娟娟在老年公寓办公室收到民政局、老龄办的一些文件，办公室主任、经理阅后有时又让她依据上面文件发给各部门，这个算是收文还是发文，怎么处理才合适呢？

问题讨论

1. 什么是发文办理？有哪几个阶段？
2. 发文办理程序有哪些环节？核心环节是什么？
3. 发文环节顺序是否可以打乱？

知识学习

一、发文办理内涵

发文办理是答复外单位来文或根据工作需要向外单位主动发出文件的办理过程。以前发文办理包括制文、制发两个阶段，现在只有一个制发阶段。2012 年《党政机关公文处理工作条例》规定，发文办理程序包括复核、登记、印制、签发四个环节。制文阶段为“公文拟制”，列为专章（第五章）与第六章公文办理——收文、发文办理，整理归档并列。

在实际工作中，发文办理离不开公文拟制。为便于更好地学习理解发文办理工作，我们先简单了解公文拟制的部分内容。

二、文书拟制

《党政机关公文处理工作条例》第五章第十八条规定：公文拟制包括公文的草拟、审核、签发等程序。

（一）草拟

1. 交拟

领导交办拟稿任务——领导的组织能力、指挥能力。

2. 起草

秘书写稿——文书工作人员的写作能力。

（二）审核

办公室负责人或水平高的文字秘书把关——文件质量的关键环节。要严把三关：行文关、政策关（内容关）、文字关。

（三）签发

这是最重要的一道手续——定稿，主管领导审定签发，行使职权。有正签，代签、核签/加签、会签等，遵循先核后签原则。

签发是对文稿的又一次全面核查，更是对公文质量与正式效用的最终确认。签发人在批注之前，应该对文稿作全面审核，进行必要的修改、纠正和补充，确认无误后再明确签注意见，并写上姓名和时间（若圈阅，则视为同意）。文稿经签发成为定稿后，其他人不经签发人同意，均不得对其再作任何修改，否则将负行政或法律责任。

三、发文办理程序

（一）复核

已经发文机关负责人签批的公文，印发前应当对公文的审批手续、内容、文种、格式等进行复核；需作实质性修改的，应当报原签批人复审。

（二）登记

对复核后的公文，应当确定发文字号、分送范围和印制份数并详细记载。

具体工作：编号，分发，填写发文登记表。

（三）印制

公文印制必须确保质量和时效。涉密公文应当在符合保密要求的场所印制。需要做的具体工作包括如下几项。

1. 缮印

缮，抄写誊清，印制；现在主要是印制。

2. 校对

校对是根据定稿对文件校样进行核对校正（表 8-9）。选好校对方法，使用统一校对符号，要对发出的文书进行三校。一般从以下几方面进行校对：（1）有无错字、漏字、多字；（2）字体、发文字号是否规范；（3）检查版式、标题是否端正，页码是否连贯，行、字距离是否匀称，版面是否美观；（4）检查引文、人名、地名、数据、计量单位、专业术语是否有误；（5）检查版式是否与文种格式统一，有无需调整和改版之处。

表 8-9 校对符号

符号作用	符号形态	符号在文中和页边用法示例	修改结果	说明
改正		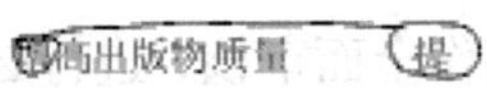	提高出版物质量	改正的字符较多，圈起来有困难时，可用线在页边画清改过的范围；必须更换的损、坏、污字也用改正符号画出
删除			提高出版物质量	
增补		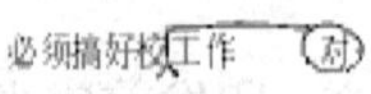	必须搞好校对工作	增补的字符较多、圈起来有困难时，可用线在页边画清增补的范围
对调			认真总结经验	用于相邻的字词，用于隔开的字词

续表

符号作用	符号形态	符号在文中和页边用法示例	修改结果	说明
转移			要重视校对工作，提高出版物质量	
接排		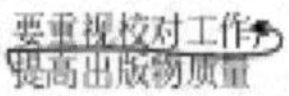	要重视校对工作，提高出版物质量	
另起段			完成了任务。明年……	
保留	△	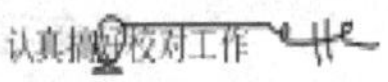	认真搞好校对工作	除在原删除的字符下画“△”外，并在原删除符号上画两竖线

3. 用印

用印的基本要求为“骑年盖月”。这是文件生效标志，而会议文书一般不用印。专人专管，一般由办公室主任或办公室重要工作人员负责，必须经领导批准方可使用，进行用印登记（表 8-10）。

表 8-10　用印登记表

序号	经办人	部门	用印事由	份数	审批人	时间	备注
1							
2							
3							

盖印的注意事项如下。

（1）要端正。加盖印章应图案端正，痕迹清晰，不能盖歪或颠倒；加盖的印章都要端正盖在成文日期的上方，应做到上不压正文，下压成文日期，俗称“骑年盖月”。

（2）要清晰。不能第一次痕迹不够明显，再盖一次，出现叠印。

（3）要规范。严格按用印制度盖章，不应该盖章的绝对不盖。严禁在空白纸上盖印；严禁盖印的那一页没有正文；严禁介绍信不盖骑缝章；严禁在没有申请和登记的情况下盖印。

（四）核发

公文印制完毕，应当对公文的文字、格式和印刷质量进行检查后分发。具体工作内容如下。

（1）核查文字。

（2）核查公文格式。

（3）核查印刷质量。

（4）文件检查后登记，由办公室文书人员填写发文登记表/簿或送文登记表（表 8-11~表 8-13）。

表 8-11　×单位发文表

密级（　　）　　紧急程度（　　）

签发（会签）：同意发文 张×　　××××年 ×月××日	主办单位拟稿人：高× 主办单位核稿人：王×
标题：	
事由：	附件：
主送机关： 抄送机关：	
打字：　　校对：	共印　　份
发文字号：　字（ ）　号	成文日期：　　年　　月　　日
正文：	

表 8-12　发文登记表（发往外单位）

序号	发文日期	标题	文号	事由	附件	份数	发送机关	备注
1								
2								
3								
4								

表 8-13　送文登记表（发往单位内部）

序号	发文日期	标题	文号	份数	发往部门	签收人	签收日期	备注
1								
2								
3								
4								

分装发送过程中，办公室人员要做好四项工作：书写封面；装入文件；封口（加封条盖章）；发送（邮递需有回执；机要投递，专人送递需要办理交接手续）。

分发标准：（1）按密级划定；（2）按级别划定；（3）按内容划定；（4）按作用（范围）划定。

四、发文办理流程

发文办理的详细流程见表 8-14。

表 8-14　发文办理流程

序号	发文环节	发文办理人员	发文办理事项	备注
1	复核	办公室文字秘书或主任 签批人	复核单位签批的公文，从公文的审批手续、内容、文种、格式等进行复核；需作实质性修改的，应当报原签批人复审	复核人即使发现问题也不能擅自修改
2	登记	办公室文字秘书	确定发文字号、分送范围和印制份数并详细记载	按单位原有规定编号、分送、份数登记
3	印制	办公室秘书 办公室主任	1. 缮印 2. 校对三遍 3. 用印：填写用印申请或用印登记 4. 办公室主任盖章	印制必须确保质量和时效。涉密公文应当在符合保密要求的场所印制 符合三审三校 严格遵守用印制度
4	核发	办公室秘书	1. 核查文字 2. 核查公文格式 3. 核查印刷质量 4. 填写发文登记表 / 簿 5. 分装发送	遵守"先核后发"原则

五、发文办理案例指导

［案例 1］

×老年公寓内部发文签收表

序　　号	201301	发文时间	2013.1.23	页数	5
文件标题		南县福利院（老年公寓）2013 年工作要点			
签发人	孟海军	承办部门	办公室	承办人	王伟球
领导意见		各部门传阅，在部门会议上传达学习			
各 部 门 文 件 签 收					
部门	签字	时间	部门	签字	时间
行政部			后勤部		
公寓部			财务部		
餐饮部			医务部		
业务接待中心					

分析：

这是养老机构内部发文的登记表，发文文件内容等项目记录清楚，要求发放部门、接收时间登记在案，承办发文、接收对象、收文责任分明，可有效避免部门之间互相推诿。

［案例 2］

某单位外收发人员对来文进行签收启封后，将《关于申请补贴经费的函》直接送交办公室王主任，王主任在公函空白处写道：“建议某某处与某处共同办理复文，报请刘×局长阅批”。刘局长阅毕拟办意见，用铅笔圈阅，以示同意。承办单位开始办理复文。王主任对拟好的文稿进行审核，刘局长随即在“发文稿纸”的签批栏上签批，“同意发出。刘×　×年×月×日”，交付文印室打印，打印文稿时，王主任突然发现遗漏了重要事项，于是对文稿进行相应补充。随后，缮印、校对、盖章，向外发出文件。

分析：

在本案例中，外收发人员不应违反公文处理程序，擅自启封文件，并直接交给办公室王主任。该单位应分清内外收发程序，应由外收发人员交给内收发人员，由内收发人员交给拟办人员处理，王主任负责拟办工作，建议由两个部门办理复文不妥，谁是主办，谁是辅办，责任本应明确。刘局长不应用画圈方式表示意见，应在批办单上用钢笔或签字笔写上明确的办理意见；铅笔书写也不符合文件签批要求。承办单位应当进行核稿，而不应由王主任审核，刘局长作为文件签发人应对文件进行终审，刘局长对签发工作没有履行终审责任，违反"先核后签"原则。王主任交付打印时，发现遗漏问题，不能直接补充后付印文件，应当请示签发人进行核签再去办理。办公室在办事的时候，没有使用专用的表单，如收文登记表、文件处理单、发文登记表、用印登记表等，反映该单位文书工作不够规范，影响该单位文书整理归档工作。

拓展学习

小贴士：收文工作七招。

（1）从源头上保证文件的规范性。收文过程中，要严格审查文件是否加盖公章、签发时间是否及时、是否留存联系人、文中内容是否规范得体、附件是否齐备等，防止因文件不规范，导致公文难以流转或流转困难。

（2）给文件做好编号工作。按照自定义的编号规则，依次对接收的文件进行规范化管理。编号后的文件，就像给人办理身份证明，具有唯一性。以后在找文件过程中直接对应记录找文件编号即可。一是公司名称拼音第一个字母，二是文件类别代号，三是发文部门代码，四是文件顺序号，五是发布年号。

（3）接收文件后及时传阅。对于接收的文件，要及时送达各级领导手中，切不可在自己手中耽搁，以免影响整体办件效率或耽误重要事情。

（4）及时跟踪文件办理进展情况。文件流转到哪个环节，要及时跟踪，及时到领导办公室取回阅处完的文件，若有批示则按照批示及时传递办理，并对文件流转的过程一一进行记录，避免出现无法跟踪文件办理的情况。

（5）及时记录领导批示。对于领导的批示，可以记录在办公软件中，这样就可以宏观地了解文件办理进程，对于查询历史文件办理过程具有很重要的作用，防止因临时无法找到文件而不知道文件曾经的具体办理情况。

（6）及时将文件数字化。文件数字化，即对办理完成的文件进行数字扫描。这样能极大地便利我们对文件的管理和查阅。文件一般可以扫描为 PDF 格式文件。

（7）及时完成文件的归档。文件及时归档，不仅可以节省办公空间，而且能够避免将正在办理的文件误混进已办理完成的文件中，防止文件丢失。

任务训练

训练一：编制发文登记表，填写相关内容

这是某市老年工作委员会办公室发送的几份文件，请你以发文登记人身份拟制发文登记表并填写有关内容。

1. 发布机构：×市老龄委。发文日期：2013 0726。名称：×市老龄工作委员会关于表彰首批敬老文明号的决定。文号：×老龄委〔2013〕7 号。附件：×市首批敬老文明号单位。发送单位：市老龄委成员单位、各区老龄办、有关涉老部门。印制：100 份。

2. 发布机构：×市老龄委。发文日期：2013 0625。名称：关于印发居家养老服务信息化工作实施方案的通知。配套文件：×市居家养老服务信息化工作实施方案。文号：×老龄委〔2013〕5 号。印制：100 份。发送单位：市老龄委成员单位、各区老龄办、有关涉老部门。

3. 发布机构：×市老龄办。发文日期：2013 0322。名称：关于印发 2013 年全市老龄工作要点的通知。发送单位：市老龄委成员单位、各区老龄办、有关涉老部门。配套文件：2013 年全市老龄工作要点。文号：老龄办〔2013〕6 号。印制：100 份。

训练二：收发文综合实训

1. 实训目标

通过本实训熟练规范操作收发文处理。

2. 实训情景

浙江省某职业中专学校校办室小周收到浙江省民政厅、浙江省财政厅、浙江省教育厅联合下发的关于印发《浙江省老年服务与管理类专业毕业学生入职奖补办法》的通知文件，根据学校领导要求对该文件进行要点摘编、解读文件。

小周经过认真阅读、摘编，拟写了“我校毕业生入职养老服务机构有奖补”一文，经过办公室王主任修改审定，李校长作了签发，并批示以学校名义发文到各有关部门，使在校教职员工都了解这件事情，同时在校园网站、宣传栏内进行张贴。小周对文件进行了印发，首先查看学校发放文件编号，已经印发了 17 份，小周将此文件编为第18号，然后与王主任分别对校长签发的文稿进行了复核，对文件内容、格式、文字审核无误后，按照领导要求的20份的印制份数交给学校文印室小孙印制，小孙打印时仔细查对打印质量，发现有印记模糊或墨迹划痕的就撤下重印，文印员小孙印好后交给小周，小周又复对一遍没发现什么问题，就找王主任盖章，填写了用印登记表，小周、小孙在李主任办公室盖好20份文件公章，按照学校各部门设置，小周拟制了送文登记表，随文请各部门签收，两人又一起在学校公示宣传栏张贴此文，同时将此文挂在学校网站首页通知公告栏。

3. 实训材料

文件拟制如下。

我校毕业生入职养老服务机构有奖补

近日，浙江省民政厅、财政厅和教育厅联合发布《浙江省老年服务与管理类专业毕业学生入职奖补办法》，就浙江省老年护理事业，将实行老年服务与管理专业毕业学生入职奖补。

现摘录奖补办法内容及相关内容解读如下。

一、奖补对象

本次奖补对象为入职我省非营利性养老服务机构，从事养老服务、康复护理等工作的高等院校、高职、中等职业技术学校的专业对口毕业生。持有养老护理职业资格证书的我校护理专业毕业生为此次奖补所面向的群体之一。

二、入职要求

入职的养老服务机构应当经有关职能部门批准设立，具有独立法人资格；入职奖补学生必须与养老服务机构签订就业服务协议，服务期限不少于5年。

三、奖补名额及金额

2013—2015年，金华市入职奖补中职学生为98名。

入职满5年给予一次性奖补，中职毕业生奖补费21000元。

四、奖补时限及经费保障

本次奖补时限为2013年至2015年底前入职各类养老服务机构的毕业生。2015年后另行研究。奖补时限从入职签订劳动合同之日起算，满5年给予一次性奖补。

入职奖补所需经费（除宁波外）由省级财政全额承担。

五、奖补程序

毕业生进入养老服务机构就业后，与用人单位签订《入职奖补协议书》，待入职期满5年后，由本人提出申请，经相关单位审核，获取相应奖补。

据悉，到2012年底，我省60岁及以上老年人口857.69万，占总人口的17.87%。近年来，为积极应对人口老龄化，努力满足养老服务需求，我省不断深化完善养老服务体系建设，建立健全养老服务人员教育培训体系；实施《浙江省老年服务与管理类专业毕业学生入职奖补办法》，是全面提升养老护理人员素质、增加养老护理人员工资待遇、提升养老护理工作社会地位的重要举措。

附件：

1. 入职奖补协议书

2. 入职奖补申请表

浙江××职业学校

××××年××月××日

4. 实训要求

按照实际要求演练文件处理的过程。

（1）自由结组，4~6人一组，选出小组负责人，进行分工分角色，然后分头进行准备工作，上台展示。

（2）演示收文处理场景，展现出材料里出现的所有环节，包括签收、登记、初审、拟办、批办、承办等环节，要有实际文字实物，收文登记表填写。

（3）演示发文处理场景，展现出材料里出现的所有环节，包括复核、登记、印制、用印、核发等环节，要有实际文字实物，发文登记表填写。

展现发文工作分6个场景：演示小周拟制文件初稿，办公室主任审阅的过程；演示领导审核签字的过程；演示小周交办小孙印刷文件的过程；演示小孙、小周核对文件的过程；演示小周填写发文登记的过程；演示小周、小孙送文登记的过程。

（4）演示完毕，小组进行自评。

小组成员一起讨论这个场景出现的问题和不足以及拓展的思路。

（5）其他组进行评价，教师点评。

教学测评

学习态度、能力评价。

检测要素		检测内容	完成情况		
			80%	60%	60%以下
理论知识	应知应会	发文办理的含义、各环节作用			
	理解要点	发文办理程序流程			
专业能力	1. 把握发文办理工作任务 2. 符合工作场景 3. 适合工作需要	能说出发文办理的主要环节及要求			
		能制作发文登记表，填写发文办理内容			
		能按照发文办理程序熟练规范地处理文件			
		在发文工作演示中能与同学协作配合			
老师评价	长处				
	努力方向				
同学评价	长处				
	不足				
自测	我的长处				
	我的不足				
	应该努力方向				

综合练习

一、填空题

1. 文书的文稿包括草稿和______，文书的文本包括______、副本和存本。文书工作内容包括文书拟制、______、文件管理。收发文办理程序是文书工作的______环节。

2. 收文处理包括__________和__________两个阶段__________个环节，其中________是收文办理程序的核心环节与关键内容。

3. 提出初步办理意见的叫______，由单位领导提出办理意见的叫_______，具体办理的部门叫________。催办有对内催办和对外催办两种，最有效的办法是________。

4. 收文办理应制作并填写____________表和__________单，发文办理应制作并填写____________表和__________表。

5. 公文拟制有 3 个环节，收文办理有_____个环节，发文办理则有______个环节。

二、选择题

1. 下列词语外延最广的是（　　）。

A. 文种　　B. 文书　　C. 文件　　D. 公文

2. 下列各项中属于收文处理程序的是（　　）。

A. 签收、拟办　　B. 传阅、答复　　C. 登记、催办　　D. 拟稿、签发

3. 下列承办意见不恰当的是（　　）。

A. 拟同意　　B. 同意，请××处解决

C. 请××同志阅处　　D. 阅

4. 下列哪个环节是收文办理最核心的环节。（　　）

A. 批办　　B. 拟办　　C. 承办　　D. 催办

5. 办公室文员在发文办理程序中从事的分装发送工作内容有（　　）。

A. 书写封面　　B. 装进文件　　C. 加封条盖章　　D. 对外发送

三、判断并改错

1. 文书、文件、公文只是使用习惯不同，实际使用是一个意思。

2. 收文办理程序虽然有严格的七道手续，但关键把握好收文登记表、文件处理单、文件传阅单，及时沟通，就很容易做好。

3. 收到文件只需要领导批办，下属承办即可。

4. 最有效的催办办法是电话催办。

5. 发文办理程序复核环节发现文字问题，直接修改即可。

四、阅读以下案例并按照文后要求回答问题

毕业不久的小张到单位工作不久，一天在收发室桌上看到一封封套上写着自己所在的业务部门收启的信件，他想也许是前不久发到某单位的一封问函的复文到了，就将这封信带回自己的办公室拆开，启封后发现并不是自己等待的那封复文，就将拆开了的文件随手放在办公桌上。请分析小李做法存在的问题及可能产生的后果，并提出纠正意见。

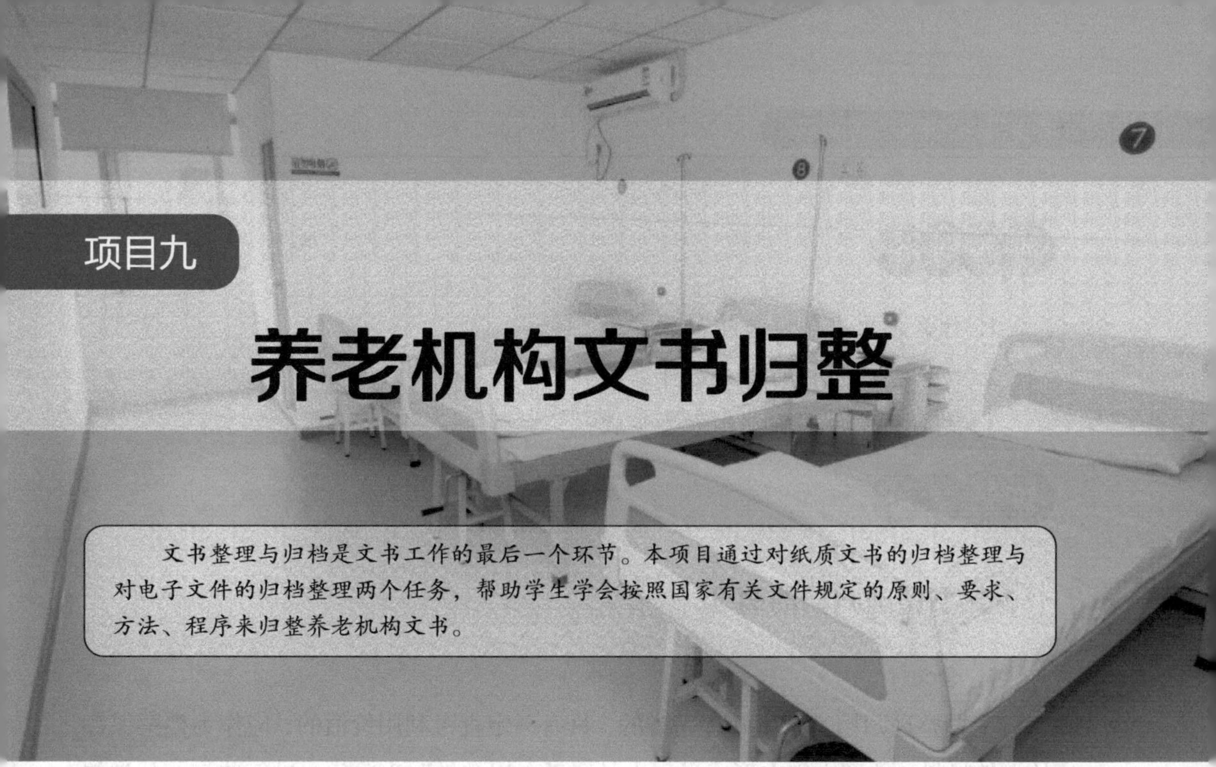

项目九

养老机构文书归整

文书整理与归档是文书工作的最后一个环节。本项目通过对纸质文书的归档整理与对电子文件的归档整理两个任务，帮助学生学会按照国家有关文件规定的原则、要求、方法、程序来归整养老机构文书。

任务一　归整养老机构纸质文书

纸质文书是单位行政活动的重要文件，反映了单位的工作进程和历史全貌，是单位行政活动的重要财富和信息资源。把零散文书整理归档、系统排列，有利于日后的保管利用。本任务介绍了文书整理归档的概念，基本原则，质量要求，方法和步骤及案例指导，帮助学生学会归整养老机构纸质文书。

任务目标

知识目标	了解文书整理归档的含义、范围、意义作用和原则、要求。
能力目标	学会文书整理归档的方法与步骤，会编制文书整理分类，会对盒内文件进行排列、编号，会填写文件目录，备考表。
态度目标	培养耐心、细致、一丝不苟的工作态度和高度的责任心。

案例导入

董娟娟在养老机构办公室实习，每天要处理很多文件、报告、图表等。5月，总公司发文让各部门上交上一年度的文件材料。办公室主任指着文件柜里放着的一堆材料，让小董好好整理一下，按照归档文件目录整理。面对这些材料，小董该如何完成这项任务？

问题讨论

1. 什么是文书整理归档？
2. 文书整理归档的意义是什么？
3. 文书整理归档有哪些方法步骤？

知识学习

一、文书整理归档的概念

1. 含义

文书整理归档是指将处理完毕的、具有一定查考利用价值的、应作为档案保存的文件材料，按照它们在形成过程中的联系，以“件”为单位，进行装订、分类整理，并进行装盒、归档，使之有序化的过程。2000 年 12 月 6 日国家档案局、中央档案馆发布的《中华人民共和国归档文件整理规则》（以下简称《规则》）规定，归档文件针对的是各种纸质文书材料。

依据国家档案局第 8 号令《机关文件材料归档范围和文书档案保管期限规定》规定，把办理完毕的具有参考利用价值的文件进行系统化整理编目后，才算完成了文件整理工作。

2. 文书整理归档的范围

文书整理归档的范围是指机关在工作中，形成的可以归档的文书材料。依据国家档案局 2006 年发布的《机关文件材料归档范围和文书档案保管期限规定》分成应该整理归档的文件材料和无须整理归档的文件材料。

应该整理归档的文件材料如图 9-1 所示。

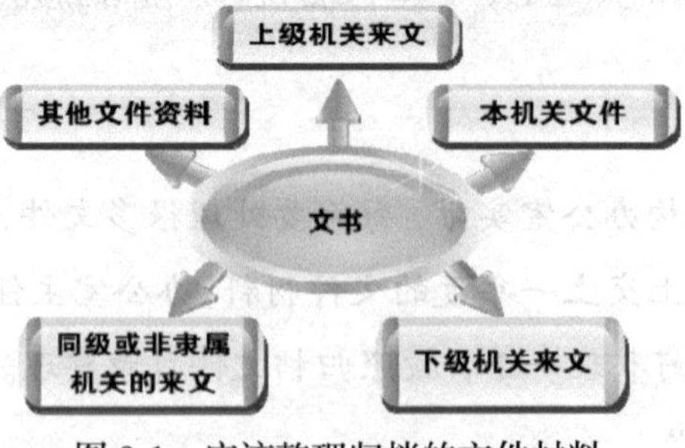

图 9-1　应该整理归档的文件材料

无须整理归档的文件材料如图 9-2 所示。

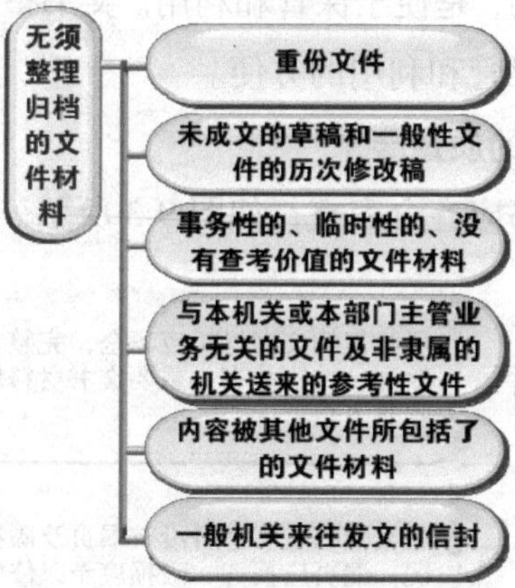

图 9-2　无须整理归档的文件材料

3. 文书整理归档的意义作用

对文书进行整理归档，可以保持文件之间的联系，可以保护文件的完整与安全；反映单位工作的历史全貌；对文书进行整理归档，便于单位文书的保管、查找和利用；对文书进行整理归档，可以保持文书工作的连续性，为档案工作奠定基础，积累宝贵的文化财富。

二、文书整理归档的基本原则和质量要求

依据《规则》，文书整理归档的基本原则和质量要求如下。

（一）文书整理归档的基本原则

1. 遵循文件形成的客观规律

反映本单位主要职能活动或基本历史面貌的对本单位工作发展和历史研究具有重要价值的文书材料。

2. 保持文件之间的有机联系

机关内部之间联系各个部门。每个机关都有自己的工作职能，在整个国家机构的组织体系中处于一定的地位，在具体活动和工作过程中的联系，决定了文件之间自然的、历史的联系。

3. 区分文书的不同价值

不同种类文书具有不同价值，有的无须归档，有的必须归档，有的可以销毁。

4. 便于保管和查找利用

文书整理的根本目的，是便于保管和利用。文书整理归档时，除了要保持完整、系统外，还要考虑保管和利用的方便。

（二）文书整理归档的质量要求

（1）整理归档的文书应齐全完整，如图 9-3 所示。

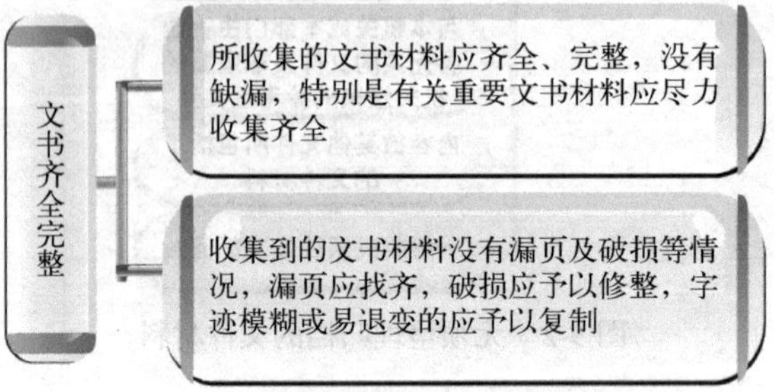

图 9-3　整理归档的文书应齐全完整

（2）整理归档的文书要符合档案保护的要求，主要指整理归档的文书材料所使用的书写材料、纸张、装订材料等要符合经久、耐用等要求，以利于妥善保管。

（3）整理归档的文书材料的保管期限应界定，根据文书档案保管期限的规定，文书的保管期限分为永久、长期、短期三种。

三、文书整理归档的方法和步骤

（一）文书整理归档的基本单位“件”

界定“件”，要按以下标准和步骤执行。

（1）顺其自然，单件归档，按《规则》要求，一般情况下一份文件即为一件。

（2）正件与附件合为一件。

（3）来文与复文（请示与批复，函与复函）合为一件。

（4）会议记录、会议纪要等成套性材料，每次（期）为一件。

（5）各种报表、名册、图册等，一册（本）为一件。

（二）文书整理归档的方法步骤

文书整理归档的方法步骤揭示了文书整理归档的程序，即编制分类方案类目—初步整理—系统整理—归档（图 9-4）。

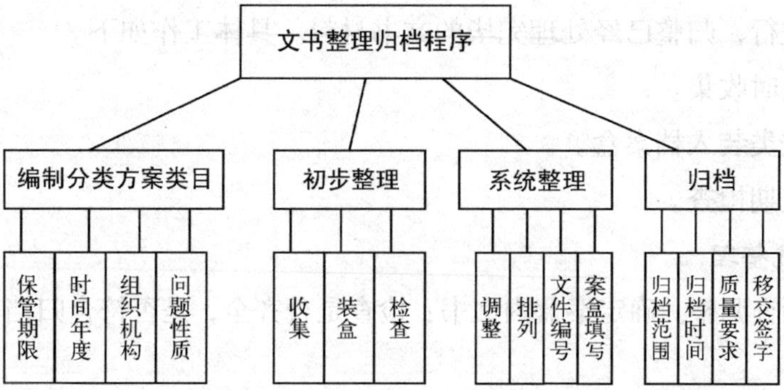

图 9-4　文书整理归档的程序

1. 编制分类方案类目

按照文书整理的原则，拟制出来的归档文书的类别和条目。

（1）按保管期限分类。一般分为永久、长期及短期三种，如图 9-5 所示。

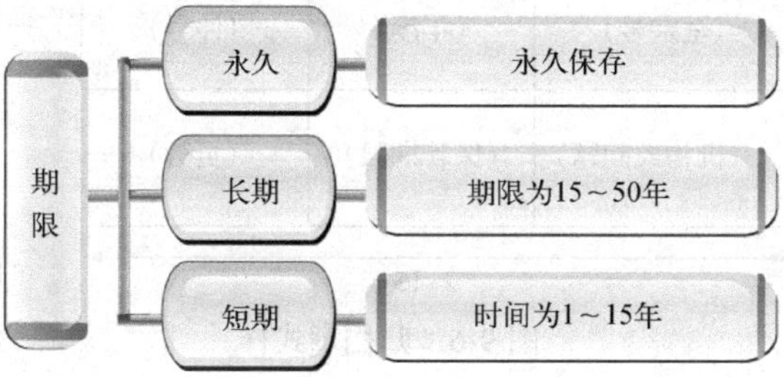

图 9-5　图书保管期限的分类

按保管期限分类的注意事项：原则上不要将不同保管期限的文件混在一起；应以一个问题或一组文件材料的重要程度划定保管期限，不要孤立地按单份文件的重要程度来划定保管期限；一个问题的文件，有保管期限不完全相同的情况，为了保持问题的完整性，可本着就高不就低的原则。

（2）按年度分类。年度分类符合整理归档的时间规律，便于查找。

（3）按组织机构分类。按组织机构分类，即按单位各部门名称划分，可采用各个组织机构的名称作为类名。

（4）按问题分类。按问题分类即按工作性质及有关事项的不同进行划分。如规章制度类、安全保卫类、综合统计类。

2. 初步整理

即平时整理，把机关在工作中逐步形成的应当归档的文书整理工作放在平时有计划地进行，归整已经处理完毕的文书材料。具体工作如下。

（1）及时收集。

（2）按类装入档案盒。

（3）定期检查。

3. 系统整理

（1）检查调整。确定案盒内文书：检查是否齐全，是否符合归档范围、保管期限。

（2）排列文件。以“件”为单位进行排列，具体排列有四种方式：可按事由结合时间排序、文件套系关系、按事由重要性和归档先后顺序等原则分类。

（3）文件编号。以归档章的形式（图 9-6）给文件编号，在每件文件首页上端注明。

图 9-6　归档章式样

归档章的位置不限于首页右上角，首页上端空白处都可以，但在整个案盒文件中，其位置应一致。归档章设置的必备项目及填写方法如图 9-7 所示。

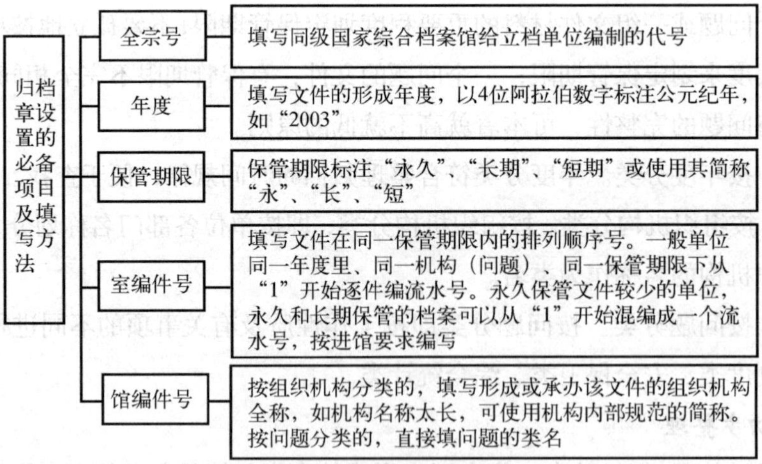

图 9-7　归档章设置的必备项目

（4）填写案盒的注意事项。

①填写案盒内文件目录表（表 9-1）。包括件号（顺序号）、责任者（发文单位）、文号、文件标题、日期以及备注。

表 9-1　归档文件目录

序号	责任者	文号	文件标题	页数	发文日期	备注
5	×区民政局	×〔2014〕×号	关于上报优秀护理员通知	2	2014-4-7	

文件目录应装订成册，一般一年一本，并编制封面。

归档文件目录封面：

全宗名称：　0322

年　　度：　2010

保管期限：　15

机　　构：　×市民政局

②填写备考表（图 9-8）。备考表放在案盒文件最后，说明盒内文件的状况，如该盒内文件缺损、补充以及其他需要说明的问题等；并填写登记日期及归档文件整理完毕的日期、整理人、检查人。整理人，即负责整理文件的人员姓名；检查人，即负责检查归档文件整理质量的人员姓名。

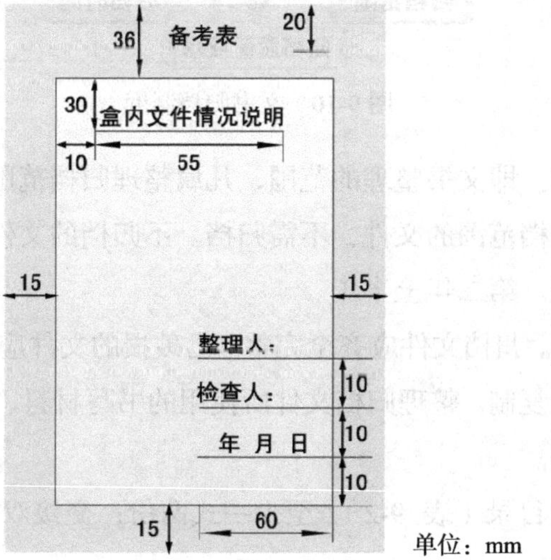

图 9-8　备考表式样

③填写案盒封面、盒脊。调整后的文件按档案室编件号顺序装入档案盒，并需要填写档案盒封面、盒脊（图 9-9）。

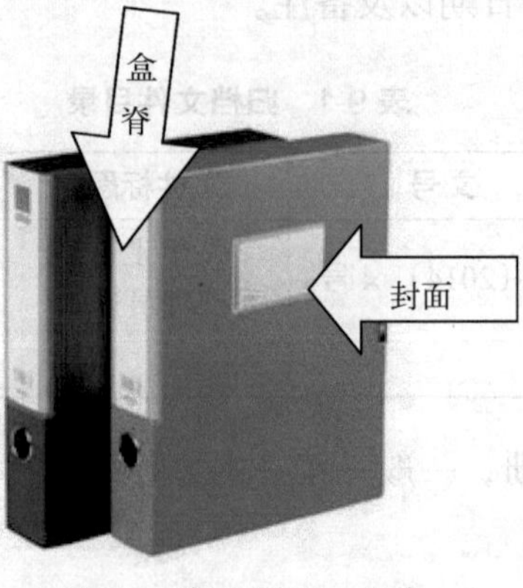

图 9-9　案盒封面、盒脊

4. 归档

归档就是指文书部门将系统整理后的案盒文件向档案室进行移交以便集中保管。国家档案局颁布的《机关档案工作业务建设规范》具体规定了文书的归档制度（图 9-10）。

图 9-10　文书归档制度

（1）归档范围。即文书整理的范围，凡属整理归档范围的文件，一律归档；不属于文书整理归档范围的文件，不需归档。不归档的文件可按制度销毁。

（2）归档时间。第二年上半年。

（3）质量要求。归档文件应齐全完整。已破损的文件应予修整，字迹模糊或易褪色的文件应予复制。整理归档文件所使用的书写材料、纸张、装订材料等应符合档案保护要求。

（4）编制移交目录（表 9-2）。至少一式两份；交接双方经过清点案盒，履行签字手续。

表 9-2　归档文件移交目录

移出单位部门		接收单位部门	
文书年度		交接数量	
情况说明			
移出单位部门：（印章） 负责人（签字）： 经手人： 日期：　　年　月　日		接收单位部门：（印章） 负责人（签字）： 经手人： 日期：　　年　月　日	

四、案例指导

［案例 1］

刚参加工作的小王，在对文书进行归档整理时，认为文书整理归档的重点应该是以本机关单位直接产生的文书为主，而上级的批复和下级的请示都不是本机关的文件，因此都不属于归档范围，所以就没有对这些档案进行整理，归档时也没向档案室移交。

问题：你认为小王的做法正确吗？为什么？

分析：

小王的做法不正确。应该整理归档的文书没有进行整理归档。上级的批复和下级的请示，因为都不是本机关的文件，小王都没列入归档范围，他的判定整理归档范围的标准——以是否为本机关单位直接产生的文书——是错误的。

《机关文件材料归档范围和文书档案保管期限规定》（国家档案局第 8 号令）规定：本机关需要贯彻执行的上级机关、同级机关的文件材料，下级机关报送的重要文件材料，其他对本机关工作具有查考价值的文件材料，都应纳入本单位文件材料归档范围。而不需整理归档指的是上级机关发来的普发性不需本机关办理的文件材料，任免、奖惩非本机关工作人员的文件材料，供工作参考的抄件等，下级机关发来的供参阅的简报、情况反映、抄报或越级抄报的文件材料等。

［案例 2］指出表 9-3 中项目填写的不规范之处，并予以改正。

表 9-3　归档文件目录

件号	责任者	文号	题名	日期	页数	备注
8	×市老龄办	（2012）19 号	决定	2013-5-15	5	王主任保管

分析：

这份归档文件目录几个项目要素填写存在不规范之处。

件号即是文书的序号，填写正确。责任者是发文单位，可用全称或规范化简称，日期、页码填写正确。

存在的问题是文号、题名、备注填写不规范、不准确。

文号即文件的发文字号，由发文机关代字+年号，用六角括号括上年度表示，再加上序号，本表填写文号没有发文机关代字，年号 2012 用小括号括起，是不够规范的填写。

题名即文件的标题，应写全，不能只写文种。

备注：注释文件的变化或要说明的问题。《规则》规定，文书不能由个人保管，必须由单位文档部门统一收回，统一保管。

[案例 3] 请根据文件归档制度分析下列案例中的不当之处，并说明正确的做法。

××公司总经理办公室文员小王负责 2009 年文件材料的整理归档工作。该公司全年制发文件 235 份，收到外机关文件 1378 份。公司规定以“件”为单位整理，并按期向公司档案室移交归档。为此，小王按照如下步骤进行。

（1）按照收文日期顺序依次排列 1378 份收文，按照发文日期顺序依次排列 235 份发文，按照排序结果分别填写收文和发文的归档文件目录。

（2）将所有文件按照排序依次装入文件盒。

（3）2010 年 10 月 12 日，小王将收文、发文的归档文件目录以及装盒的归档文件一并移交给档案室，归档工作完成。

分析：

第一，归档的收发文顺序排列不当。收文顺序应该结合发文单位和日期来排列，填写收文登记本。发文按照行政文件、党务文件、函、会议纪要等分类结合文号来排列并填写发文登记本。这一步是文书工作。

第二，没有确定归档范围，并且没有对整理归档的文书进行编制分类。按照文件归档范围确定收文和发文中哪些是应该归档保存的文件，一般以本单位形成的文件为主。按年度—保管期限—机构（问题）或者年度—机构（问题）—保管期限的方法对文件进行分类，编制归档文件目录。

第三，归档上交时间拖延。归档工作要在第二年第二季度之前完成，将归档文件目录和装盒后的归档文件一并移交档案室。

任务训练

训练一

确定×老年公寓文书的归档范围。

1. ×老年公寓介绍信
2. ×老年公寓关于消防安全检查的自查报告
3. ×市养老院 2014 年工作计划
4. ×老年公寓举办九九老年节活动策划方案
5. ×民政局关于开展消防安全检查活动的通知
6. ×民政局关于评选 2013 年度优秀护理员的通知
7. ×民政局关于表彰 2013 年度优秀护理员的通报
8. ×民政局、×老龄委关于开展寻找最美养老院活动的通知

训练二

案例导入中小董按照以下的方法整理其归档文件。

（1）按件装订文件，并给每一份文件加封面和封底，以便保护文件。

（2）将其全部归档文件分为永久、长期、短期三个期限。

（3）将三个期限的文件分别按照本部门、后勤部、医护部等依次分类排列。

（4）按照排列顺序，在文件首页的右下角逐件对文件编制件号。

（5）填写一式二份的归档文件目录，一份装订成册，另一份放入档案盒中作为盒内文件目录。

（6）将归档文件按件号顺序装入档案盒。

请问，小董归档文件采用什么分类方法？她在整理归档文件时的方法是否规范？如有不规范的地方，请指出并予以改正。

训练三

指出表 9-4 中项目填写的不规范之处，并予以改正。

表 9-4　归档文件目录

件号	责任者	文号	题名	日期	页数	备注
13	本养老院	（2012）19 号	通知	2012-9-15	2	

教学测评

学习态度、能力评价。

<table>
<tr><th colspan="2" rowspan="2">检测要素</th><th rowspan="2">检测内容</th><th colspan="3">完成情况</th></tr>
<tr><th>80%</th><th>60%</th><th>60%以下</th></tr>
<tr><td rowspan="2">理论知识</td><td>应知应会</td><td>了解文书整理归档含义</td><td></td><td></td><td></td></tr>
<tr><td>理解要点</td><td>文书工作归档的意义及要求</td><td></td><td></td><td></td></tr>
<tr><td rowspan="3">专业能力</td><td rowspan="3">1. 把握文书整理归档工作任务
2. 符合工作场景
3. 适合工作需要</td><td>能按步骤程序整理归档，学会文书整理归档的方法</td><td></td><td></td><td></td></tr>
<tr><td>能准确判断文书整理归档的范围</td><td></td><td></td><td></td></tr>
<tr><td>能说出文书整理的主要内容</td><td></td><td></td><td></td></tr>
<tr><td rowspan="2">老师评价</td><td>长处</td><td colspan="4"></td></tr>
<tr><td>努力方向</td><td colspan="4"></td></tr>
<tr><td rowspan="2">同学评价</td><td>长处</td><td colspan="4"></td></tr>
<tr><td>不足</td><td colspan="4"></td></tr>
<tr><td rowspan="3">自测</td><td>我的长处</td><td colspan="4"></td></tr>
<tr><td>我的不足</td><td colspan="4"></td></tr>
<tr><td>应该努力方向</td><td colspan="4"></td></tr>
</table>

任务二　管理养老机构电子文件

随着电子政务和信息化工作的推进，养老机构电子文件大量涌现，加强归档管理，确保电子文件的科学管理和有效利用日益重要。本任务从国家有关政策文件中电子文件管理的基本概念，电子文件的形成与办理，电子文件的整理归档等三个方面学习如何管理养老机构的电子文件。

任务目标

知识目标	知道电子文件含义、类型及整理归档要求。
能力目标	能熟练识别电子文件稿本、类型，说出其代码，并能熟练进行电子文件登记及归档。
态度目标	培养耐心细致的工作作风、强烈的责任心和奉献精神。

案例导入

董娟娟在养老机构实习中发现，办公室电脑桌面上建立了很多文件夹文档，存储了大量的文件，应该如何管理越来越多的电子文件？

问题讨论

1. 什么是电子文件？
2. 电子文件如何收集整理？
3. 电子文件的形成、性质是怎样的？
4. 如何做好电子文件的登记与归档工作？

知识学习

一、电子文件管理概念

（一）电子文件概念

1. 含义

2012 年 12 月 31 日发布的中华人民共和国国家标准《电子文件管理系统通用功能要求》（GB/T 29194—2012）规定，电子文件是指机关、团体、企事业单位和其他组织在处理公务过程中，通过计算机等电子设备形成、办理、传输和存储的文字、图表、图像、音频、视频等不同形式的信息记录。在此，文书类电子文件即电子文书。

2. 电子文件特点

在信息时代，电子文件大量采用，但不可能取代纸质文书，在产生和办理过程中，它与纸质文书将长期并存，双轨运行，双套管理，实现文档一体化。双轨制归档策略与双套制管理办法是渐进进程中的一种过渡性手段。

电子文件主要有如下几个特点。

（1）文件面广量大。归档范围比纸质文书要广。

（2）保存空间拓展。海量存储，灵活记录。

（3）查找快速准确。保管利用，方便快捷。

（二）电子文件管理

1. 电子文件管理系统

电子文件管理系统指机关、团体、企事业单位和其他组织用来对电子文件的识别、捕获、存储、维护、利用和处置等进行管理和控制的信息系统。

2. 电子文件管理原则

电子文件管理应当遵循信息化条件下电子文件形成和利用的规律，坚持下列基本原则。

（1）统一管理。对电子文件管理工作实行统筹规划，统一管理制度，对具有保存价值的电子文件实行集中管理。

（2）全程管理。对电子文件形成、办理、传输、保存、利用、销毁等实行全过程管理，确保电子文件始终处于受控状态。

（3）规范标准。制定统一标准和规范，对电子文件实行规范化管理。

（4）便于利用。发挥电子文件高效、便捷的优势，对有价值的电子文件提供分层次、分类别共享应用。

（5）安全保密。按照国家有关法律法规和规范标准的要求，采取有效技术手段和管理措施，确保电子文件信息安全。

电子文件形成单位应当对本单位电子文件管理工作进行统筹规划，建立管理制度，明确管理职责，规范工作流程，落实保障措施。

二、电子文件的形成与办理

（一）电子文件的形成

电子文件一般通过两个渠道形成：一是办公自动化系统（Office Automation System，简称 OA 系统）；二是计算机辅助设计系统（Computer Aided Design，简称 CAD 系统）和计算机辅助制造软件（Computer Aided Manufacturing，简称 CAM）。

（二）电子文件稿本

电子文件按其稿本分为草稿、正式电子文件和非正式电子文件。其稿本代码为：M—草稿性电子文件；U—非正式电子文件；F—正式电子文件。

（三）电子文件信息类型

电子文件信息类型有文本文件、图像文件、图形文件、影像文件、声音文件、多媒体文件、超媒体链接文件、程序文件和数据库文件。电子文件常见信息类型见表9-5。

表9-5　电子文件常见信息类型

序号	类型名称	通用格式	含　义	备　注
1	文本文件	DOC、XLS、RTF、TXT、WPS、PDF	指用计算机文字处理技术形成的文字文件、表格文件等，一般OA系统形成多为此类	应注明文件存储格式、文字处理工具等，必要时同时保留文字处理工具软件
2	图像文件	JPEG、TIFF	指用扫描仪、数码相机等外部设备获得的静态图像文件	将非通用格式转换为通用格式，如无法转换，则应将相关软件一并收集
3	图形文件	GIF、BMP	指采用计算机辅助设计或绘图工具获得的静态图形文件	不要遗漏相关软件及各种数据信息
4	影像文件	MPEG、AVI	指用数码摄像机、视频采集卡等视频设备获得的动态图像文件	应同时收集其非通用格式的压缩算法和相关软件
5	声音文件	WAV、MP3	指用音频设备获得并经计算机处理的文件	应注意收集其属性标识和相关软件
6	超媒体链接文件		指用计算机超媒体链接技术制作的文件	
7	数据库文件	DBF、XLS	指用计算机软硬件系统进行信息处理等过程中形成的各种管理数据、参数等	
8	计算机程序	EXE、CMD	指计算机使用的商用或自主开发的系统软件、应用软件等	应转换成通用型电子文件或连同专用软件一并收集归档

（四）电子文件的形成和办理要求

电子文件在形成和办理过程中，应当具备国家法律法规规定的原件形式，并符合下列要求。

（1）能够有效表现所载内容并可供调取查用。

（2）能够保证电子文件及其元数据自形成起完整无缺、来源可靠，未被非法更改。

（3）在信息交换、存储和显示过程中发生的形式变化不影响电子文件内容的真实、完整。涉密电子文件的原件形式应当符合国家有关保密法律法规的规定。

（4）电子文件应当采用符合国家标准的文件存储格式，确保能够长期有效读取。

（5）电子文件形成单位应当对电子文件形成的过程稿及其相关信息的留存和安全保密等作出明确规定。

（6）在电子文件传输、交换时，应当遵循相关要求，对传输、交换过程予以记录。

三、电子文件的整理与归档

（一）电子文件的日常管理

做好电子文件日常管理工作，有利于顺利归整电子文件，方便保管利用。

1. 建立文件夹

在电脑 C 盘之外选择文件夹存储，把内容相同或相近的电子文件放在一个文件夹，进行分类保管。存储电子文件的文件夹不能选 C 盘，因为 C 盘容易受到病毒的攻击。

2. 有序排列

平时产生的电子文件，应简单分类，使之有序化。

具体分类方法有如下几种。

（1）按时间分类。同一时间放一起，如在 2014 年度文件夹里再建“2014 上半年”“2014 下半年”两个文件夹。

（2）按内容分类。将同一内容、同一事由文件放在一起，如上级发文、上报材料、内部发文等建立不同文件夹进行排列。

（3）按文件性质分类。按电子文件 8 种信息类型（表 9-5）分类，建立文件夹进行排列。

文件夹建立最好先按时间分类，再按内容问题、性质格式分类排列。

3. 做好登记

平时搜集积累的电子文件，都应及时登记在电子文件登记表中。此表将电子文件的特征、运行环境等重要内容逐一登记，不仅起到登记统计作用，还可起到目录查询作用。

识别代码编排要求如下。

（1）电子文件稿本代码：M—草稿性电子文件；U—非正式电子文件；F—正式电子文件。

（2）电子文件性质或格式代码：T—文本文件；I—图像文件；G—图形文件；V—影像文件；A—声音文件；P—程序文件；D—数据文件；O—超媒体链接文件或其他。

（3）保管期限代码：Y—永久；C—长期；D—短期。

（4）文件类别代码：HR—人力资源类；FD—财务会计类；QC—品质管理类；GM—行政办公类；EQ—基建设备类；PU—供应采购类。

（5）载体编号：年度+文件类别码+载体流水号。如 2013 年度人力资源类文件第一份文件的编号为“2013HR0001”。

4. 复制备份

由于电子文件对电脑设备及软件系统和电源的依赖性，为防止电脑故障或其他原因导致的对电子文件的丢失和损坏，对产生的电子文件应及时进行复制备份，存在不同存储区或其他载体上（如移动硬盘），还应采取必要的保护措施来确保电子文件的安全保密。

5. 及时归档

按照国家档案局发布的《电子文件归档与管理规范》（GB/T 18894—2002）的规定，应及时把有价值的电子文件进行归档，转化为电子档案。

（二）电子文件的归档

1. 电子文件归档的责任部门

电子文件形成单位应当根据国家有关规定明确电子文件归档范围和保管期限，并对具有保存价值的电子文件及时进行归档，由本单位档案部门负责管理。

2. 电子文件归档要求

电子文件归档应当符合下列要求。

（1）电子文件应当在办理完毕后实时或定期归档，定期归档应当在第二年

6 月底前完成。

（2）归档电子文件的保管期限划分准确。

（3）电子文件及其元数据应当同时归档。

（4）电子文件归档时，应当进行真实、完整、可用方面的鉴定、检测，并由相关责任人确认。

（5）电子文件应当以国家规定的标准存储格式进行归档，属于国家秘密的电子文件应当使用专用保密存储介质存储，并按保密规定办理归档手续。

（6）具有永久保存价值或者其他重要价值的电子文件，应当转换为纸质文件或者缩微胶卷同时归档。

（7）归档电子文件应当按照相关管理要求进行分类和整理。

（8）属于国家综合档案馆接受范围的电子文件，应当按照规定时限向同级国家综合档案馆移交。已建立电子文件备份中心的，应当按照其要求进行移交。

3. 归档方法

实行“以我为主，兼顾其他”“谁形成，谁归档”的归档办法，单位的文件一般是收文、发文和内部文件。归档时一般是外单位的文件和自己形成的文件。

电子文书两种归档类型：在网络上实时进行的逻辑归档和可脱机存储的物理归档。先做逻辑归档，办结后随时归档以防文件丢失，然后定期完成物理归档。

（1）登记电子文件。每份电子文件均应在电子文件登记表中登记，用于电子文件日常登记（表 9-6）。

表 9-6 电子文件登记表

<table>
<tr><td rowspan="5">文件特征</td><td>形成部门</td><td colspan="3"></td></tr>
<tr><td>完成日期</td><td></td><td>载体类型</td><td></td></tr>
<tr><td>载体编号</td><td></td><td>题名</td><td></td></tr>
<tr><td>地址</td><td colspan="3"></td></tr>
<tr><td>电话</td><td></td><td>联系人</td><td></td></tr>
<tr><td rowspan="4">设备环境特征</td><td>硬件环境（主机网络、服务型号、制造厂商等）</td><td colspan="3"></td></tr>
<tr><td rowspan="3">软件环境（型号、版本）</td><td>操作系统</td><td colspan="2"></td></tr>
<tr><td>数据库系统</td><td colspan="2"></td></tr>
<tr><td>应用软件文字处理平台</td><td colspan="2"></td></tr>
</table>

续表

<table>
<tr><td rowspan="4">文件记录特点</td><td rowspan="2">记录结构
（物理、逻辑）</td><td rowspan="2"></td><td rowspan="2">记录类别</td><td rowspan="2">□定长
□可变长
□其他</td><td>记录总数</td><td></td></tr>
<tr><td>总字节数</td><td></td></tr>
<tr><td>记录字符通用格式</td><td colspan="3"></td><td colspan="2"></td></tr>
<tr><td>文件载体</td><td>型号
数量
备份数</td><td colspan="4">□一件一盘 □多件一盘
□一件多盘 □多件多盘</td></tr>
<tr><td rowspan="2">制表审核</td><td colspan="6">填表人（签名）
年　月　日</td></tr>
<tr><td colspan="6">审核人（签名）
年　月　日</td></tr>
</table>

登记电子文件应注意以下几点。

一是电子文件登记表应与电子文件的备份同时保存。

二是电子文件登记表如果制成电子表格，应与电子文件一同保存，永久保存的电子表格应附有纸质等拷贝件并与相应的电子文件拷贝一起保存。

三是电子文件登记表如果制成电子表格，应与备份文件一同保存，并附有纸质打印件。

（2）选择归档电子文件存储载体。按电子文件类别代码相对集中组织存储载体，目前采用光盘、移动硬盘较为普遍。复制刻录光盘，加封光盘标签：编号、套别、名称、密级、保管期限、软硬件平台及光盘盘面（表 9-7、表 9-8、图 9-11）。

表 9-7　光盘盒封面标签示例

<table>
<tr><td>光盘编号</td><td></td><td>套号</td><td></td></tr>
<tr><td>名称</td><td colspan="3"></td></tr>
<tr><td colspan="4">内容摘要：</td></tr>
<tr><td>保存年限</td><td></td><td>光盘版号</td><td></td></tr>
</table>

注：长121 mm，高121 mm。

表 9-8　光盘盒封底标签示例

<table>
<tr><td colspan="6">光盘背景信息</td></tr>
<tr><td rowspan="4">光
盘
编
号</td><td>文件格式</td><td colspan="3"></td><td rowspan="4">光
盘
编
号</td></tr>
<tr><td>光盘类型</td><td></td><td>光盘容量</td><td></td></tr>
<tr><td>制作部门</td><td></td><td>制作日期</td><td></td></tr>
<tr><td>复制部门</td><td></td><td>复制日期</td><td></td></tr>
<tr><td colspan="6">备注：</td></tr>
</table>

注：长151 mm，高118 mm；两边“光盘编号”栏宽各为7 mm。

图 9-11　光盘盘面示例

（3）确定归档份数。一般拷贝两套，保存一套，借阅一套。即使在网上运行，也要保存一套。必要时应保存两套，其中一套异地保存，提高安全性和可行性。

（4）编制归档文件目录，制成机读目录和纸质目录（表 9-9）。

表 9-9　电子档案机读目录

全宗号	件号	保管期限	机构（问题）	年度	题名	责任者	形成时间	密级	文件稿本代码	文件类别代码	份数	备注

填写归档电子文件表（表 9-10）和归档电子文件目录（表 9-11），与电子文件一同移交给档案管理部门归档。

表 9-10　归档电子文件表

文件特征	形成部门					
	完成日期		载体类型			
	载体编号		题名			
	地址					
	电话		联系人			
设备环境特征	硬件环境（主机网络、服务型号、制造厂商等）					
	软件环境（型号、版本）	操作系统				
		数据库系统				
		应用软件文字处理平台				
文件记录特点	记录结构（物理、逻辑）		记录类别	□定长 □可变长 □其他	记录总数	
					总字节数	
	记录字符通用格式					
	文件载体	型号 数量 备份数	□一件一盘 □多件一盘 □一件多盘 □多件多盘			
文件交接	送交部门					
	地址					
	电话		联系人			
	送交人（签名）		年　月　日			
	接收部门					
	地址					
	电话		联系人			
	接收人（签名）		年　月　日			

表 9-11　归档电子文件目录

文件编号	题名	形成时间	文件稿本代码	文件类别代码	载体编号	保管期限	备注

登记人：　　　　登记时间：　　　年　月　日

三、案例指导

[案例]

小郝是一家养老企业的办公室文员，来到公司不久，领导发现他动手能力很强，电脑操作熟练，很快熟悉 OA 办公系统，决定以后单位的电子文件日常管理和归档工作交给他负责。

请问：以 Windows 操作系统为例，小郝如何对办公室电脑里的文件进行日常管理？

分析：Windows 操作系统的文件管理功能是管理电子文件的实用工具，小郝认为单位的文件管理人员通过设置不同层次的文件夹，让电子文件在电脑存储器上合理分类，及时排序、清洁、整理桌面，可以有效避免文件存放混乱。

第一，在“我的电脑”选择存储器。选择存在 D 盘、E 盘或 F 盘中，使其存储量能满足电子文件递增的需要，一般不要放在桌面或 C 盘上，以防受病毒感染或重装系统丢失文件。

第二，创建文件夹。创建目录分类存放文件。选择一个存储器根据自己使用习惯和要求，创建一些有意义的目录，分别存放相应分类的文件夹。如先按时间顺序建一个文件夹“2015 工作”，在这个文件夹内再创建“行政工作”“医护工作”“上级检查”等子目录文件夹。一般按年度、内容分类。

第三，对下载、拟制、整理的文件进行排序。通过排序和重命名，重新整理文件夹中的文件，使之更整洁，一目了然。

第四，整理快捷方式。只保留常用的 Word、Excel、IE 等几个常用的快捷方式，删除过多且不必要的快捷方式。

第五，减少保存在“桌面”上的文件。下载文件或新建文件夹时，不要图方便而全放在桌面上，应放在创建的 C 盘之外的文件夹里。

第六，随时注意备份。应注意随时复制备份到创建的文件夹中。

第七，做好每日简易电子文件登记工作。在每个电子文件标上具体日期，以利日后查找归档，详细填写。

拓展阅读

一、电子文件相关概念

1. 背景信息

指描述生成电子文件的职能活动、电子文件的作用、办理过程、结果、上下文关系以及对其产生影响的历史环境等信息。

2. 元数据

指描述电子文件数据属性的数据，包括文件的格式、编排结构、硬件和软件环境、文件处理软件、字处理软件和图形工具软件、字符集等数据。

二、管理电子文件的几个小窍门

（1）区分文件是否有保存价值。很多时候我们下载的文件，或者从其他人那边发来的文件，如果确认这个文件没有任何价值，应直接删除。

（2）将需保存的文件放在非系统盘。选择任意非系统磁盘来保存文件，以免电脑突然崩溃或者重装电脑，造成重要文件丢失。

（3）程序文件放置在 D 盘。为避免重装电脑的风险，绿色软件以及常用软件都安装在 D:\Program Files 目录下。

（4）统一将重要文件存放在某一目录下。对于一般文件依照其原有的位置来存放，而重要文件用单独的目录来统一存放，同时定期备份。

（5）合理地命名文件名称。常见的命名方式是“日期+文件主题+相关负责人”以便回顾查看，或改进工作。

（6）将同一个中心的文件汇总成单独的文件夹。比如将同一个项目的文件统一放置在以项目名称命名的文件夹下面。不仅方便平时工作调用，也方便以后归档查询。

（7）定期备份重要文件。最好每周备份一下重要文件到移动硬盘或者其他地方。

（8）养成随时整理的习惯。文件管理最重要的是有一个好的整理习惯，随时整理随时归档才是正确的文件管理方法。

任务训练

训练一

下面是×养老院部分电子文件，请指出下列文件的存储格式类型，并写出类型代码。

1. ×县民政局关于对 90 岁以上老年人进行普查登记的通知
2. 县民政局开展“城乡低保对象”纸质档案电子信息采集工作
3. ×养老院消防行政许可、备案文件资料
4. ×养老院设计文件、计算书及施工图
5. 上级民政、老龄委、公安消防等领导及社会各界人士来本院指导、视察工作时形成的录像和照片
6. 反映本院工作概貌及重要活动的录像和照片
7. 上级党政机关领导、人大代表、政协委员等来本院指导、视察工作时形成的录音
8. 反映本院领导、员工、院民等重要活动的录音和照片
9. ×养老院老人健康登记表
10. ×养老院老人个人照片（扫描）
11. ×养老院竣工报告、竣工图
12. ×养老院会计档案移交清册（表格）

训练二

实地调查。

从网上下载电子文件种类格式及归档技术方法现状调查表，6 人结成一组，到所在区域养老机构进行问卷调查，了解当地养老机构电子文件使用状况。

学习测评

学习态度、能力评价。

<table>
<tr><th colspan="2" rowspan="2">检测要素</th><th rowspan="2">检测内容</th><th colspan="3">完成情况</th></tr>
<tr><th>80%</th><th>60%</th><th>60%以下</th></tr>
<tr><td rowspan="2">理论知识</td><td>应知应会</td><td>电子文件的含义</td><td></td><td></td><td></td></tr>
<tr><td>理解要点</td><td>电子文件管理系统</td><td></td><td></td><td></td></tr>
<tr><td rowspan="3">专业能力</td><td rowspan="3">1. 把握电子文件整理归档工作任务
2. 符合工作场景
3. 适合工作需要</td><td>能准确判断电子文件种类，说出代码</td><td></td><td></td><td></td></tr>
<tr><td>熟悉并能说出电子文件归整程序每一环节具体工作要点</td><td></td><td></td><td></td></tr>
<tr><td>能按照电子文件归整要求熟练整理电子文件</td><td></td><td></td><td></td></tr>
<tr><td rowspan="2">老师评价</td><td>长处</td><td colspan="4"></td></tr>
<tr><td>努力方向</td><td colspan="4"></td></tr>
<tr><td rowspan="2">同学评价</td><td>长处</td><td colspan="4"></td></tr>
<tr><td>不足</td><td colspan="4"></td></tr>
<tr><td rowspan="3">自测</td><td>我的长处</td><td colspan="4"></td></tr>
<tr><td>我的不足</td><td colspan="4"></td></tr>
<tr><td>应该努力方向</td><td colspan="4"></td></tr>
</table>

综合练习

一、填空题

1. 文书整理归档是文书工作的________环节，这些文书都是______的，有一定查考利用价值的可以作为档案保存的文件材料，按照它们在形成过程中的联系，以______为单位，进行分类整理，并进行装盒、归档，使之有序化。

2. 归档文件针对的是________材料。只有把办理完毕的具有参考利用价值的文件进行系统化整理编目后，才算完成了______工作。

3. 16 年以上文书保管期限属于____，50 年以上文书保管期限则属于_____。

4. 电子文书是一种_____的文书，是通过计算机等数字化媒介形成的电子文件。

5. 文书整理归档一般实行纸质文书归档与_____归档同时进行。

二、选择题

1. 根据文书档案保管期限的规定，文书的保管期限分为（　　）。

A. 永久　　B. 长期　　C. 短期　　D. 临时

2. 文书整理归档的基本单位是（　　）。

A. 件　　B. 份　　C. 卷　　D. 页

3. 纸质文书、电子文件归档上交时间是一样的，一般在（　　）。

A. 当年年底　　B. 第二年年初

C. 第二年上半年　　D. 第二年的 6 月底之前

4. 电子文件归档类型有（　　）。

A. 物理归档　　B. 逻辑归档

C. 随时归档　　D. 定期归档

5. PDF 指的是哪种电子文件。（　　）

A. 文本文件　　B. 图像文件

C. 超媒体链接文件　　D. 数据库文件

三、判断并改错

1. 归档文件的责任者就是发文单位，题名即文件标题。

2. 在初步整理阶段给文件编号以便有序排列。

3. 电子文件一般通过两个渠道形成：一是办公自动化系统（OA）；二是计算机辅助设计系统（CAD）和计算机辅助制造系统（CAM）。

4. F 指正式电子文件，M 指非正式电子文件。

5. 电子文件归档范围比纸质文书范围更广。

四、指出下述文书处理程序中的不当之处并提出改正意见

某单位业务部门的李处长外出参加了一次重要的业务洽谈会议，带回一些重要的会议文件。回来后他在向单位领导汇报时，领导要去了这批会议文件中的几份重要文件，其余的文件李处长随手放在自己的文件柜里。到第二年年初单位立卷时，李处长已经忘了有几份重要文件还在领导那里，这批会议文件也没有再交去立卷归档。